儒家思想と中国歴史思惟

黄俊傑 著

監訳 工藤卓司

訳 池田辰彰
前川正名

風響社

本書の出版にあたっては、国立台湾大学人文社会高等研究院「東アジアの儒学」研究計画の助成を受けました。記して感謝申し上げます。
本書承蒙中華民國國立台灣大學人文社會高等研究院「東亞儒學」研究計畫贊助出版，特此致謝。

原著：『儒家思想與中國歷史思維』
（臺大出版中心、2014年）

自序

本書『儒家思想と中国歴史思惟』は、筆者がここ二〇年来、この分野について思索し、著してきた旧稿を大幅に加筆修正して、新たに三章（序論・第二章・結論）及び第七章の第五節を書き加えて、整理した新書である。

ここ二年程、本書の原稿の整理を進める中で、数十年前の高校時代の記憶が甦ってきた。筆者が初めて『春秋左氏伝』を目にしたのは高校一年生の時である。勿論、高校における学業のストレス下では、その全てを読み終えることはできなかったが、その中で「君子曰」として史実を評論する言辞は、当時の筆者に深い感銘を与えるものであったことを今でも鮮明に覚えている。後に『史記』の本紀と列伝を読んでみると、歴史上の人物が紙上で生き生きと躍動し、強く心惹かれたが、それも太史公の悲惨な境遇と義憤の横溢のためであったのだろう。高校二年の時、高雄高級中学の運動場の傍にあった鳳凰木の樹の下で「報任安書」を諳んじては感動の余り涙し、二〇〇〇年前の太史公の悲憤に遥かに思いを致したが、それはまるで彼の「歴史的霊魂」が、時空の壁を超えて、台湾南部の地方出身の一高校生を、強烈にかつ精神的に召喚しているかのようであった。かくして筆者は台湾大学歴史学系を受験することを決めたのであった。

大学一年になると、銭穆の『国史大綱』を読み始めたが、銭氏が二〇世紀中国の動乱の時代を背景としながらも、歴史を学ぶ者が具えるべき「温情と敬意」に対して懇切に心を砕いていることに深い感動を覚えた。銭氏が晩年に提出した「世運興衰」「人物賢奸」の八字は歴史学の規矩として、最も筆者の心に適うものである。しかし、筆者は大学時代、同時に「自然科学によって歴史言語を読み解く学問」、「凡そ仁義道徳を説くものは、全て我々の同志ではない」といった歴史学の論説に触れることになり、嘗てはそのために随分と驚嘆したものである。それから半世紀が過ぎたが、その時の情景は今でも目に焼きついたまま離れない。後になって深く学習してみてわかったことだが、それは五四時代という狂乱の時代における行き過ぎた言説だったのであり、特定の歴史的背景の中に生まれ、その「物事を正そうとするなら、度を超えてしまわなければならない」という苦心孤詣があってこそ、「同情的了解」を経ることができ、それでようやく釈然とするものであった。饒宗頤は嘗て「歴史家が史事を論じるのは、道徳によって歴史の適否をはかることができることを尊ぶからで、決して歴史に従って道徳を動かすべきではない」(『中国史学上之正統論』、香港：龍門書店、一九七六年、五七頁)と述べているが、この言葉は二一世紀の多種多様なことばが錯綜する「ポストモダン」の今日にあって、なお幾度も顧り見るに足るものではなかろうか。

本書の初稿は、台湾大学の同僚である蔡振豊教授・林永勝教授・閻鴻中教授、台湾師範大学の張崑将教授、及び天津南開大学の孫衛国教授、そして中国社会科学院の楊念群教授による審査を受けた。多くの貴重なご意見を賜り、筆者にとっては益する所大であった。ここに心より謝意を表したい。ご意見を頂き、改めた箇所には注を施し明記してある。

さて、儒家思想は果たして中国歴史思惟とどのような関係にあるのか。これが数十年にわたり、筆者の魂が惹かれ続けた学術的問題である。本書各章の著述時間はとても長いが、いずれもこの大きな問題と直接に関連するものであり、「儒学と中国歴史思惟」という主軸をめぐって展開されている。今、本書を整理して、筆者がこの問題について思索した雪泥鴻爪を誌しておきたい。読者の皆様には筆者の学殖荒劣、能力不足を憐れみ、及ばぬ部分についてはご指正いただければ幸甚である。

黄俊傑

二〇一四年九月二十八日
歳次甲午孔子誕辰

●目次

装丁：オーバードライブ＝伏見瑠美菜

●儒家思想と中国歴史思惟

序論　儒家人文精神の伝統と中国史学

一　はじめに

中国の歴史思惟の歴史は長久で、史学は栄えて伝統中国の学術の中心となり、儒家の人文的伝統との間に密接かつ複雑な関係を築いた。儒家思想と伝統中国の歴史的思惟の間には、互いに浸透し合うという性質があり、歴史的思惟はより深く儒家の人文精神の中へと浸潤していくのだが、他方、両者の間には内在的な緊張もある。こうした相互的浸透と内在的緊張とは、特に「事実判断」と「価値判断」との間[1]、及び歴史家が研究する歴史的事実の「特殊性（particularity）」と儒家の道徳的理念が求める「普遍性（universality）」との間に立ち現れる。本書著作の目的は、そうした儒家的伝統と中国の歴史思惟との間の複雑な関係について検討を加えることにある。本書は三部に分かれている。第一部は二章から成り、それぞれ中国の歴史思惟の核心的概念――「時間」と、中国の歴史的著述の中の史論が発揮する作用について論じる。第二部は全四章、それぞれ儒家の歴史的思惟の方法・運用やその歴史的叙事について論じ、宋儒及び朱子の歴史観を中心として、伝統中国の儒家における歴史解釈理論の意義とその関連問題について分析を加えた。また、第三部では二〇世紀の儒家学者銭穆（賓四、一八九五～一九九〇）の史学を主として、伝統中国の歴史思惟の近代的転化と、銭穆の史学中の儒家的価値観について明らかにしてみたいと考えている。そして、本書の結論では、儒家思想と伝統中国の歴史思惟の中に現れる人文精神の特質について総合的に論じることにしたい。

はじめに、本書の主題に入るに先立って、中外学界の中国史学に関する研究論著について簡単にふりかえっておきたい。それぞれの論著の主題によって、中国史学について論じた著作は次のように大きく三種類に分けることができるだろう。

第一は、中国史学の通史的な作品である。チャールズ・S・ガードナー（Charles S. Gardner、一九〇〇～一九九五）が一九三八年に著した『伝統中国史学[2]（*Chinese Traditional Historiography*）』は、二〇世紀で最も早期の通論的な作品であり、多くの困難の中で新たな分野を拓いた、功績ある成果である。この書の第一章では二〇世紀初頭の古史弁運動を紹介し、第二章から第七章まではそれぞれ中国史家著作上の動機や文献、考証、史実評論、総合、体裁及び史著の分類について述べており、特に第二章の文献考証について論じた箇所は最も詳密で、分量もほとんど全書の半分を占めるに至っている。また、金毓黻（一八八七～一九六二）が一九四一年に出版した『中国史学史[3]』は古代史家とその歴史著作から清代史学の発展までを通論し、一九四三年の朱希祖（一八七九～一九四四）『中国史学通論[4]』は史学の起源及びその類別について述べている。一九四九年には、日本の漢学の大家内藤湖南（一八六六～一九三四）がその生前に京都大学において三度にわたって開講した中国史学史講義の筆記が、門生によって整理され、『中国史学史』

として出版された[5]。この書は一一章から成り、上古から清代までの史学の発展について紹介しており、授業の筆記ではあるが、その内容は該博詳細で、中国史開山の作だと言ってよい。しかし、宋代史学の部分は正統論と経学の変化について論及しているものの、儒学と史学との影響関係については多く筆を費やしていない。一九五三年の李宗侗（玄伯、一八九五～一九七四）『中国史学史』[6]は、上古から清代史学について通論した上で、中国史学の特色とその展望について論じている。

一九八二年出版の劉節（一九〇一～一九七七）の遺著『中国史学史稿』[7]も古代から清代までの中国史学の発展について通論しているが、個別の歴史家、例えば司馬遷（前一四五?～前八七?）・班固（後三二～九二）・劉知幾（六六一～七二一）・司馬光（一〇一九～一〇八六）・鄭樵（一一〇四～一一六二）・王夫之（一六一九～一六九二）や章学誠（一七三八～一八〇一）といった人々の史学にも注目している。劉節は中国史学史は三つの時期に分けることができると主張し、「私は嘗て王朝によって分けていたが、その重点は三つである。魏晋南北朝、両宋、そして清代である。着眼点は史籍の種類と数の増加であり、歴史的考拠学の萌芽とその発展である」と述べている[8]。劉著はまた各時代の史学の概要についても通論している。一九八五年の尹達（一九〇六～一九八三）主編『中国史学発展史』[9]は多くの学者による共著であるが、中国史学史の発展を「奴隷社会における史学」、「封建社会における史学」、「半殖民半封建社会における史学」と分けており、著作当時の政治的イデオロギーの支配から免れていない。

一九九三年から二〇〇四年にかけて、杜維運（一九二八～二〇一二）撰、三巻本『中国史学史』[10]が出版されている。古代史学の起源から始まって、一九世紀の西洋史学の中国流入と中国史学の衰退まで、時間的に長く深く歴代史学の発展について通論するのみならず、各時代の特定の史家の史学に焦点を当てて、新たな知見を見出している。例えば荀悦（一四八～二〇九）の儒家史学思想や劉知幾の史学方法論、『資治通鑑』における取材や考証・編集・潤色といった点については、いずれも先人が論じてこなかったものである。杜氏はまた、中国史学を世界史学の視野の中に置いて検討を加えた専著も出版している。[11]続いて、一九九四年の潘徳深（一九二八～）『中国史学史』[12]、一九九九年の瞿林東（一九三七～）『中国史学史綱』[13]、二〇〇五年の呉懐祺（一九三八～）『中国史学思想史』[14]が出版されているが、潘著は先秦から清代まで政治史上の断代によって中国史学を論じ、瞿著は学界における影響力が甚だ大きく、呉著は史学思想の検討を重んじている。二〇〇五年の伍安祖（一九五三～）と王晴佳（一九五八～）の共著『世鑑――中国伝統史学（*Mirroring the Past: The Writing and Use of History in Imperial China*）』[15]の一書は、これまでの英語世界における最も全面的な中国史学史の論著であり、孔子時代の中国史学の萌芽から始まって、戦国時代・両漢・魏晋南北朝・唐・宋・金・元・明・清といった歴代史学の発展について論じ、中外における研究成果を取り込みながら、中国伝統の歴史観が「尚古」・「懐古」・「信古」を特徴とする論断であったと指摘している。二〇〇六年の謝保成（一九四三～）主編『中国史学史』[16]は多くの学者の力を結集して中国史学史について通論したもので、末尾には二つの表が付されて非常に便利である。二〇〇六年にはまた、蒙文通（一八九四～一九六八）の遺著も『中国史学史』[17]として出版された。白寿彝（一九〇九～二〇〇〇）主編の六巻本『中国史学史』[18]が世に問われたのも二〇〇六年である。その分量は上記の中で最も多く、カバーする範囲も最も広い編著である。二〇一一年に喬治忠『中国史学史』[19]が出版されているが、この本は大学における講義テクストであり、官修史学と私家史学という二つの軸によって中国史学の発展について論述したもので、内容はとてもわかりやすく、用いられている概念もまた明白である。

第二は、中国史学の特定の時代、或いは特定の問題を主として論じた著作である。饒宗頤（一九一七〜）の大著『中国史学上之正統論』[20]は、前漢から明代までの中国史学関係著作における正統論について細論したもので、スケールも大きく思考も精密で、その勝義は多岐にわたっている。また、巻末に付された秦から現代中国までの正統論についての資料は三種にも及び、参考資料として学界に大きく恩恵を及ぼすことになった。雷家驥（一九四八〜）『中古史学観念史』[21]は、漢代から唐代までの史学と史観とについて検討を加え、第八章では南北朝官修の史学における「史を以て君を制す」及びその反体制的態度とを論じる。瞿林東編『中国史学研究史』[22]は梁啓超（一八七三〜一九二九）以降の中国史学家が出版した中国史学の序文や導論・結論といった総合的文章を収録している。また彼の『中国史学的理論遺産』[23]は論文集であるが、中国古代史学理論の特徴、及び史学の伝統における人文精神等を論じた二つの論文はとても意義深いものである。その他、施建雄（一九六六〜）『十至十三世紀中国史学発展史』[24]は宋・遼・金時代の歴史関係著作に焦点をあてて、歴史著作中の文化的アイデンティティの問題についても論及している。文化大革命期間に中国大陸史学界に流行した、当時の事件や人物を風刺するために過去の事件・人物を取り上げる「影射史学」については、余英時が一九八一年に中国を訪問した後、次のような見解を洩らしている。「私から見れば、影射史学は中国の政治的現実と理論の中に深く根を張っており、中国共産党内部における派閥争いの激化が歴史を政治的な武器としてしまっているのである。[25]」それは余英時の一九八〇年代初期中国史学界への直接的な観察と分析であった。

ここ一〇年の中国史学の特定問題を論じた新著については、まず、一九九九年にズザネ・ヴァイゲーリン＝シュヴィードルツィク（魏格林、S. Weigelin-Schwiedrzik）とアクセル・シュナイダー（施耐徳、Axel

Schneider 一九〇八～一九九三）との共編として中国史学論文集[26]が出版されている。この中では、中国史学に関する多くの特定問題が論じられている。また二〇〇六年、筆者とジョン・B・ヘンダーソン（John B. Henderson）とで編纂した『中国歴史思維における時間概念（*Notions of Time in Chinese Historical Thinking*）』[27]は、九篇の論文を収め、古代・近世及び近代中国の歴史思維における時間概念について論じたものである。収録した論文はそれぞれテーマが異なるものの、多くが中国の時間概念が「時間」の具体性と普遍性、「時間」と「超時間」、「内在性」と「超越性」、及び「歴史的」と「超歴史的」との間に現われ、ある種の弁証的な関係を有することを指摘している。ヘルビッヒ・シュミット‐グリンツァー（Helwig Schmidt-Glintzer、一九四八～）、アーヒム・ミタグ（Achim Mittag）とヨルン・リューゼン（Jörn Rüsen、一九三八～）共編の『歴史的真実・歴史評論と意識形態——比較という視野からの中国史学と歴史文化（*Historical Truth, Historical Criticism, and Ideology: Chinese Historiography and Historical Culture from a New Comparative Perspective*）』[28]は、全十八篇の論文を収録しているが、中西史学について兼論し、中国史学における「真実（truth）」・『史記』・姚際恆（一六四七～一七一五）・章学誠と近代及び当代の中国史学について述べている。二〇一二年、ギャレット・P・S・オルバーディング（Garret P. S. Olberding）が出版した『疑うべき事実——早期中国史学の「証拠」（*Dubious Facts: The Evidence of Early Chinese Historiography*）』[29]は、戦国時代から前漢にかけての宮廷の対話（特に戦争事務についての対話）における歴史的「証拠」の信頼性[30]（“the evidentiary reliability of memorialized utterance at court”）に対して疑義を呈している。オルバーディングは詳細に『左伝』・『戦国策』・『史記』・『漢書』が記載した君臣間の対話内容を分析し、宮廷対話の文脈が国君によって掌握されており、大臣の歴史についての論述も常に政治化されていたり、歪曲されていたりすると指摘するのである。全書各章が展開する論述は説得力に富んでいるものの、第二章で、古代中国史学には既に「証拠（evidence）」という観念があったが「事実（fact）」を尊重したかどうかははっきりしないと考えており、[31]この点については再考の余地があるだろう。早くも前五四八年（魯の襄公二五年）、中国の史官は「崔杼、其の君を弑せり」という歴史記録を守るため、自らの命でさえ犠牲にすることを惜しんでいない。[32]また、『左伝』僖公一六年（前六四四年）[33]の「宋に隕つる石あり、五つ、隕星なり。六鷁退飛して、宋都を過ぐ、風なり」という記載は、その用字は正確で、歴史記載の正確性を保っている。オルバーディングの説は実際とはかけ離れており、中国古代史学の事実とは合わないのではないだろうか。

さて、第三の種類の著作は歴史家及びその史学名著を主題とするものである。この類の著作では銭穆の『中国史学名著』[34]が最高傑作である。この著作はもと銭氏の一九六九年から一九七一年にかけての講義を整理し、『尚書』から『文史通義』までの歴代の名著について分析を加えたもので、精義が次々と出現し、今でもなお中国史学名著の最良の入門書である。エドウィン・ジョージ・プリーブランク（E. G. Pulleyblank、一九二二〜二〇一三）とウィリアム・G・ビーズリー（W. G. Beasley、一九一九〜二〇〇六）共編の『中日史学家（*Historians of China and Japan*）』[35]の前半部は、中国編年史の著述、唐代官修史学、明代実録及び一四世紀の私修史学、また、劉知幾・司馬光・章学誠及び二〇世紀の中国の歴史著作について論じた全一一篇の論文から成っている。日本の貝塚茂樹（一九〇四〜一九八七）の『中国の史学』[36]は、司馬遷の史学における運命観と劉知幾の史学理論の特質について論じた部分に最もその精神をみることができる。貝塚氏が、中国の史学理論は修史の理論であり、西方の史学理論は考史の理論だと指摘しているのは慧眼である。[37]増井経夫（一九〇七〜一九九五）の『中国の歴史書——中国史学史』[38]は、全面的に中国史学の名著を紹介した日本語著作である。稲葉一郎（一九三六〜）の『中国史学史の研究』[39]は、彼が数十年にわたって綴った論文の集大成であり、主として歴史家と史著とについて述べている。また、杜維運が修士論文において論じたのは清代史学と歴史家についてであったし、[40]王汎森（一九五八〜）の『近代中国的史家与史学』[41]は晩清から民国にかけての史学の転変について論述している。龐天佑（一九五二〜）の『思想与史学』[42]に収められている各篇の論文は、董仲舒（前一七九〜前一〇四）、司馬遷、荀悦、袁宏（三二八〜三七六）、魏収（五〇六?〜五七二）といった歴史家の史学思想についてそれぞれ論じている。一九八六年、許冠三（一九二四〜二〇一一）には史学の派別によって二〇世紀の中国史学家及びその成果に応えた専著があり、[43]汪栄祖（一九四〇〜）が一九八八年に発表した『史伝通説――中西史学之比較』[44]は、劉勰（彦和、四六五?〜五二〇?）『文心雕龍』の史伝という篇について、二十四段に分けて詳細な解説を施し、また随時、西方史学と中国史学とを比較しているが、理解は深く言葉にも力がこもっており、頗る古人の「疏通知遠」の旨を得たものだと言ってよい。張舜徽（一九一一〜一九九二）は嘗て、「文心の史伝一篇は、つらつらと旧史の源流の得失を論じており、至って詳尽、乃ち史評の前駆である」と述べている。[45]汪著は『文心雕龍』史伝という一篇の要点について奥深くて精微な部分を抉り出し、その隠徳の幽かな光を解き放つのである。銭鍾書（黙存、一九一〇〜一九九八）がこの書に序文を寄せて「書物や事物の精髄を探求し、折衷して是《ぜ》を求めるのは、真に心に通じていて胸を洗うものがあり、また耳目を開くに足る。文辞が典雅整飭であることは、この書物の中ではそもそも大したことではない」[46]と述べているのは決して誇張ではない。二〇〇四年の李弘祺（一九四五〜）主編の論文集は宋代史学の論文八篇を収録しており、それぞれ司馬光、宋儒の賈誼（前二〇〇〜前一六八）観、朱熹（晦庵、一一三〇〜一二〇〇）、鄭樵（一一〇四〜

一一六二）、祖琇（一一五〇年代～一一六〇年代頃）といった歴史家の史学、及び宋代地方志の編纂について論じている。[47]

『左伝』と『国語』の研究については、二〇〇一年、デヴィッド・スカバーグ（David Schaberg）が出版した専著が最もすぐれたものであろう。スカバーグの著書は二つの部分全八章から成っており、第一部の四章は『国語』を主として、古代中国史家の言説傾向と思想内容について分析し、第二部の四章は古代史家の歴史事件に対する叙述について検討を加えている。スカバーグは、『左伝』と『国語』における言説は、いずれもある種の道徳的判断を支持するためのものであり、言説者は若干の原則（史義）を通して歴史事件を叙述することで、[48]彼らが孔子の追随者であることを示し、儒家的価値観を現わすのだと指摘している。[49]スカバーグの専著は古代中国史学中の言説性（orality）とテクスト性（textuality）という問題について考察を加える際、中国古代史学研究に一つの新たな視野を提供するものである。

中国史学における名著と言えば、まず『春秋』と『史記』とが挙げられよう。現代の学者の関係論著も数え切れないほどであり、『史記』は尚更、汗牛充棟の体をなしている。[50]中でも徐復観（一九〇四～一九八二）・阮芝生（一九四三～）と張大可[51]（一九四〇～）三氏の著作の貢献が特に大きい。阮芝生は早くも修士論文で公羊学の立場から『春秋』の性質について論じ、[52]博士論文では司馬遷の史学方法と歴史思想について論じて、[53]その内容を修正後に単篇論文として発表しているが、中でも「報任少卿書」によって司馬遷の「心」について論じた一文、[54]また、『史記』における孔子と『春秋』について論じた一文[55]は、最も貢献度が高いものである。阮芝生は「『春秋』は孔子の明志・伝道・立法の書であり、史のようでいて実は経である。『春秋』は事に託して義・法を明示し、その意義は口授にあった。『公羊』『穀梁』

はその意義を伝え、『左氏』は事件を伝えたが、『史記』はその三『伝』について、義は『公羊』を主とし、事は『左伝』を採ったのだから、『史記』が述べ、伝えようとする『春秋』とは『公羊春秋』であったろう」と断言している。[56]徐復観は晩年、『両漢思想史』三巻を出しているが、[57]巻三には「原史――由宗教通向人文的史學的成立」と「論史記」の二本の長編が収録されており、考証と義理とを融合し、様々な観点が展開されて、書き出しは独創的、文気にも澱みが無い。徐氏の「原史」は、まず春秋時代の史官の職掌が祭神時に祝と神に向かって祈りを奉げることにあり、また筮や天文星暦、録命や策命、氏族譜系といった事務を主管していたことを指摘する。古代史官の職務が宗教から人文へと変化したことは、古代中国文化人文精神の躍動の主な指標である。こうした史官の職務の変化は、中国文化に「歴史の審判」による「神の審判」の淘汰を引き起こしたのである。[58]徐氏は続いて、孔子が『春秋』を作った動機について、古代の優秀な史官が「歴史の審判」によって「神の審判」に取って代わるという荘厳な使命を発揮させることにあったと指摘する。孔子は史学の重大な貢献が疑問を疑問のままに残しておいて証拠を重んじる治学精神を打ち立てることにあったことについて、因・革・損・益の歴史的発展の法則を発見し、歴史的真相を探求して、時間の統一性を打ち立て、そして『春秋』を作ることで『左伝』の成立を促したというのである。[59]また、「論史記」も八万字に及ぶ長編であるが、はじめに太史公の『史記』著作の動機と目的を、太史公の家系と時代背景の中に分析を加え、司馬遷の生きた時代が皇帝権力が専制的に恣に残虐の限りを尽くした時代であったと言う。司馬遷の史学思想は、文化的意義を現実的政治の上に置いて、政治に対して天下為公を求め、明晰な理性によって歴史を著すものであった。[60]徐復観は太史公の「天人の際を究め、古今の変に通じ、一家の言を成す」という言葉を分析しているが、その議論は鋭く急所をついており、言葉にも力がこもっている。司馬遷の「天人の際を究む」は歴史中の「理性」と「非理性」、及び「必然性」と「偶然性」とを区分しており、歴史の「応然性」を指摘するものである。続く「古今の変に通ず」は、歴史の「変遷」の中で「不変」の常道を指摘するものである。また、「一家の言を成す」は、史料から史学へと向かうキーポイントであり、「過去」と「現在」とを時間の上で貫通させるものだと言う。[61] 徐復観が太史公の史学の目的について論じたものは、いずれも未刊である。徐復観は『史記』の「本紀」「世家」「表」「書」「列伝」の五つの形式が持つ意味について分析しているが、[62]『史記』が巧妙な手法によって歴史的真実と歴史的良知とを展開して、人物を浮き彫りにし、わずかな手掛りから物事の発展方向を判断し、鍵となる材料をうまく掴んで人物の特質をくっきり浮かび上がらせ、微言側筆によって歴史的人物と歴史的真実とを描くのだと指摘するのである。太史公が描くのは、いずれも抽象的人物では無く、具体的人物であり、太史公は深く道徳の因果応報の観念に思いを致していたのである。[63] 上述の「論史記」以外に、徐復観には「史漢比較之一例」という長文もあり、当代史学界における多くの『史』『漢』比較の研究[64]の中で、最も本質に触れた大作であると言える。

一〇世紀以降の理学の興起は、その後の中国歴史思惟の産出に多大な影響を及ぼした。本書の第二章、そして第五章から第七章まではこの問題について考察する。張元が一九七五年に台湾大学歴史系に提出した博士論文『宋代理学家的歴史観——以資治通鑑綱目為例』はこの問題について論じた重要な著作であるが、残念なことにこの博士論文は正式に出版されていない。張氏ははじめに、理学家の歴史思想の発展を三期に分けることができると指摘する。即ち周敦頤・邵雍・張載の開創期、二程と胡宏との定型期、そして朱子をその大成期の代表としている。[65] 続いて張元は、理学家の歴史観の特色として、（一）歴史的価値が「理」の検証にあること、(二)歴史的規則と判例とが天命と心性に本づくこと、(三)歴史的功用が道徳の実践にあることの三点を指摘する。[66] 理学家の歴史的現象に対する解釈は特に「古今の変」「夷夏の防」と「天人の際」に集中し、[67] また世運の興廃の中で厳しく歴史的人物の賢奸を区別し、井田制や封建制といった歴史上の政治制度についても評価を下すのである。[68] 宋儒の中でも、朱子はとりわけ史学を重んじ、多くの史学関係著作を著している。朱子の史学については、銭穆の『朱子新学案』全五冊が「江河万古の流を廃さぬ」大著であり、『朱子語類』を主な材料としていて、[69] 最も詳密である。また、湯勤福(一九五〇〜)の『朱熹的史学思想』[70] 一書は、南開大学に提出された博士論文であるが、全八章から成り、朱子の歴史哲学・治史の態度・史学の方法・史学の編纂・史学批評といった点について集中的に討論しているし、さらには朱子の史学史における位置及びその日本や朝鮮への影響についても論じている。

唐以後の伝統的な中国史家と史学名著として、現代の学者が最も重んじているのは、劉知幾『史通』・鄭樵『通志』及び章学誠『文史通義』の三書であろう。一九八〇年、史学者呂思勉(誠之、一八八四〜一九五七)の遺著を結集した『史学四種』[71] が出版され、その中の『史通評』は一九三四年に出版されていたが、『文史通義評』は未刊原稿であった。呂思勉は「中国で作史の法を論じて、独特の見解がある者として、劉知幾・鄭漁仲・章実斎の三人を推すべきである。世の人は皆これらの人の才能が乏しいことを怪しんでいるが、それはこれらの人をよく知らないからであり、史学が大きく変化した後に生まれていれば、そうした批判は多くなろうはずは無い」と述べている。[72] 呂思勉はまた、時代性の中で劉知幾と章学誠の相違を捉えて、「章学誠は最も歴史に通じていると称え、劉氏の意はこれとは相い反しているが、それは時代が作り上げたものであり、互いに批判すべきものでは無い。思うに劉氏の時は、歴史書はまだ少なく、書物の閲覧は容易であった。だから彼が求めたのは精詳という点であり、要点を掴むということではなかったのである。精詳であることを求めて、自ら断代がよいとしたのである。章氏の世は、史籍の蓄積も既に多く、史体の多様化も甚だしく、閲覧も既に容易なことでは無くなっていた。重点を捉えたり、繁を削り簡単にすることは、尚更実に容易ではなかったのである。こうした点がそれぞれの持論の異なる所以である」とも言っている(73)。こうした論断はいずれも従前は触れられることのなかった部分に焦点をあてたものであると言える。

また、一九八三年に張舜徽撰『史学三書平議』が出版されているが、その「引言」中に「三書中の議論の精髄について取り上げて明らかにする。其の疎漏紊乱している所については考察を加える。前人の短所は擁護することはせず、求是を期するのみである」と述べている(74)。この書は所謂「史学三書」について、詳しく評論を加えて損益を斟酌し、得失を権衡して奥深くまで見透かし、その勝義は様々な方向への展開可能性を示すものであった。例えば、張氏は鄭樵を重んじて、「この二千年の間、史才の雄偉であることを論じ、司馬遷を継いで出てきた人物に鄭樵がある。通志を修めるという点において当初の予定にまでは至っていないが、事の成否によってその得失を論じてはならない」と述べている(75)。しかし、鄭樵が班固を評して「班固は、浮華の士なり、全く学術無くして、事事剽竊《ひょうせつ》せり」としていることについて(76)、張氏は鄭樵の誤りを糾して「班固の家には代々淵源があって、その学問には根があるのだ」と言う(77)。それでも張氏は鄭樵について、「鄭氏は大いに相因の義を主張し、主に古今を会通して一つの歴史を完成させようと努力した。故に断代的に歴史を記すことの弊害について、次のようにまとめている。一つ目は紀伝が重複してしまうこと。二つ目は前後が隔絶してしまうこと。三つ目は記述が互いに異なっていれば互いに矛盾することになる。四つ目は記載が同じであれば互いに補い合うことになり、甚しい場合は是非が転倒し、賢奸を分かつことが無い。奴隷が主人となってしまうような物言いでも、怪しむに足る者は無い。本当にこうした弊害を救おうとするのなら、通史的に研究しなければならない、そうすることでこうした誤りは正すことができるのである」と評している。[78] また、王守仁（一四七二～一五二九）及び王世貞（一五二六～一五九〇）が章学誠に先立って「六経は皆史なり」という説を提出したと指摘している点も、[79] 張氏がその高い見識を示したものだと言ってよい。

一九八七年、林時民（一九五〇～）は劉知幾の『史通』を分析した専書を出版し、[80] 一九九七年には張舜徽に続いて、史学理論を中心とした「三書」の分析を行っている。[81] 林著は緒論と結論の他、五章に分けて、それぞれ「三書」の作者の生涯、史家思想の比較、史学理論の比較、史学方法の比較、及び「天命論」等の史学概念の比較を行っているのだが、劉知幾・鄭樵・章学誠の史学を総括して、三氏の史学思想の深層にある理念はいずれも孔子が『春秋』を作り、司馬遷が『史記』を著した精神に由来するものであると指摘している。[82] これもまた優れた見解である。

一九四九年以後、中国大陸に逗留した中国史学家の中で、中台の史学界において最も重んじられているのは陳寅恪（一八九〇～一九六九）である。陳氏の生涯と事跡については、門弟蒋天枢（一九〇三～一九八八）がまとめており、[83] 汪栄祖も『史家陳寅恪』という一書を著して、陳寅恪史学の考証学や仏教史、唐史、六朝史といった様々な面について析論し、口を極めて高い評価を下して、「陳寅恪は民国史学における一大家である」[84] とか「民国史学の第一人者である」[85] と述べているが、「寅恪が提示した史学の研究方法は多いものの、彼が創出した史学理論は比較的少なく」[86]、それ故に民国史学の「学院化」や「専業化」、「独立化」には貢献したが、ついに新たな学派を開くことはできなかったと結論づけている。[87]陳寅恪は晩年、その両眼を失明し、ついで足も不自由になった。陸鍵東撰『陳寅恪的最後二十年』[88]は、広東省檔案館や嶺南大学・中山大学にあった資料及び多くの訪問記録を利用しながら、陳氏晩年の困窮生活と政治的迫害とを鋭く描き出しているが、その叙述は読者をして長大息させるほどである。陳寅恪は晩年、一〇年もの時間を費やして『柳如是別伝』という大著を著したが、当時の助手であった黄萱は嘗て、「驚天地、泣鬼神[89]（天地を驚かし、鬼神を泣かす）」の六字によって、そうした陳氏の忍耐強さを賞賛している。余英時はそうした陳寅恪の方法を見習って、陳氏の学術精神と晩年の心境とを明らかにして、陳寅恪の精神世界における歴史的心魂に鋭く分け入った。[90]それに対して、アクセル・シュナイダーは、陳寅恪と傅斯年の史学理論について研究し、陳氏の史学思想と民族的アイデンティティとの関係に注目している。[91]

本書のテーマ——儒家思想と中国史学——について言うならば、余英時の陳寅恪研究の中で最も関連するのは、「陳寅恪与儒家実践」と「試述陳寅恪的史学三変」の二文であろう。余英時は陳寅恪の史学が三段階の変化を経ていることを分析している。第一段階は一九二三年から一九三二年までの、陳寅恪が仏教訳本の中国文化への影響について考証し、唐代以後の中央アジアや西北諸民族と漢民族との交渉を研究した時期である。第二段階は中国中世史と西北史地の学を研究し、王国維（一八七七～一九二七）や日本の東洋史学者藤田豊八（一八六九～一九二九）等と密接な関係をもった時期、そして、第三段階では『論再生録』と『柳如是別伝』に代表されるように、才女について研究し、「独立の精神、自由の思想」

を強調するのである。[92] 余英時は更に、陳寅恪が彼自身が固執した「独立の精神、自由の思想」という価値理念を、個人的な、国家・民族的な集合体の上に行おうとしたと指摘する。「自由」と「独立」は近代的概念ではあるが、儒家的伝統の道徳的モチベーションを貫くものでもある。[93]

二〇世紀下半期の中国大陸と台湾における史学の発展状況を回顧した専著としては、王学典（一九五六〜）の『二十世紀後半期中国史学主潮』[94]と王晴佳（一九五八〜）の『台湾史学五十年（一九五〇〜二〇〇〇）』[95]という二書がある。王学典はまず、毛沢東（一八九三〜一九七六）が抗戦時期に提出した歴史理論が、二十世紀下葉の中国大陸史学思潮の直接の源になったと指摘し、続いて平民主義の歴史観や歴史主義の問題、歴史発展の動力の問題、歴史の創造者の問題、農民戦争史理論についての論戦、そして翦伯贊（一八九八〜一九六八）と黎澍（一九一二〜一九五四）二人の歴史学者に焦点をあてている。一方の王晴佳は二〇世紀後半の台湾における史学の発展について回顧して、三つの段階に分けている。はじめに「史学学派」の興起とその影響、そして一九六〇年代中期から一九八七年にかけての科学的史学の変化、そして最後に一九八七年から二〇〇〇年までの台湾史の発展について論じている。こうした二〇世紀後半の両岸史学の発展について回顧した二書は、マクロな視野においてミクロな論述を行うことに成功しており、その貢献は確かに卓越したものがある。しかし、両書は共に史学研究の典範の「断裂」に焦点をあててはいるものの、伝統史学の典範の「連続」という問題については筆が及んでいない。本書第七章は銭穆の史学、及びそれと儒家的伝統との関係について検討を試みた。或いは上記の点について補足ができるのではないかと考えている。

ここまで国内外の中国史学に関する論著について回顧してきたが、いずれも中国史学を主体とし、或いは中国史学史の発展について通論するもの、或いは中国史家の歴史著作について分論するものであり、さもなくば特定の時代の史学及びその問題に重点を置くものであって、意識的無意識的問わず、中国史学の独立性や自主性、独自性を強調するものであったと言える。しかし、史学とその他の学術的伝統（例えば儒学）との関係について検討を加えたものは少ないのである。本書はこれまでの議論を踏まえて、特に中国における歴史思惟と儒家思想との複雑な関係について論じてみようと思うのである。

二　儒家の人文伝統中の歴史意識

内外学界における中国史学の代表的論著について回顧した今、我々は簡単に儒家人文精神の伝統における歴史意識について検討を加えることができる。

儒家の人文精神の伝統は固より多方面に渉っているが、その中でも最も重要な核心的価値とは、人は生まれながらにして内在的善性を具え、それを育んでさえいけば、修身養性・経世済民はおろか、果ては聖域に踏み込み、聖賢にもなることができるという「人の完全可能性」への信念である。儒家が頑なに護持してきた「人の完全可能性」への信念は、仏教の人には生来「無明」が具わっているとする思想や、ユダヤ教・キリスト教の「原罪」或いは「人の堕落性」といった信仰とは、鮮明な対比を成している。儒家の「人間観」にはその遠古からの文明的背景が現れているが、東アジア文明の中心としての中華文明は主導性を具えた「創世神話」を持たなかったために、一種の「有機体」的宇宙観[97]、或いは「連携的人為宇宙論[98]」、「連携的思惟方式[99]」が現れることになったのである。

儒家の「人の完全可能性」を核心とする人文精神は、主として次の四つの方面に表れている。(一)身心一如、(二)自他円融、(三)天人合一、(四)歴史意識である。この四者は、和諧を特徴とする一つの世界観を共に構成するのであるが、中でも深く厚い歴史意識は最も重要な位置にあると言える。[100]

儒家の人文的伝統における「歴史意識」は、主として、さらに次の三方面に表れることになる。第一は、儒家思想における「人」が「歴史的人物」であることである。人の「自我」は「時間性」を基礎とする歴史文化の伝統の中に浸潤している。故に、儒家思想中の「歴史意識」は特に強烈である。儒家の歴史意識は濃厚な時間感覚の中に深く根ざすものであり、早くも紀元前七世紀、孔子は川のほとりで「昼夜を舎かず」時間が流れ去ることに嘆きを漏らしている。孔子は時間の流れが揺り動かす人事の変遷の中で、歴史における「変」と「不変」とを悟ったのである。孔子は「尭舜を祖述し、文武を憲章」[101]して、周の文化を恢復することを生涯の目標としていた。孔子より以降、儒家はいずれも深い歴史意識を所有し、彼らの人文精神の重要な基礎を構成した。『朱子語類』中に、朱子と門人との間で交わされた、歴代の王朝や人物、その行為と心術についての対話が大量に記載されているのは、正しくそれである。

しかし、「歴史人物」としての「人」は決して完全に歴史的構造によって制約を受けるわけでは無い。儒家は「人」には「自由意志」があることを肯定し、そしてそれにこだわるのである。春秋魯の宣公二年(前六〇七)、史官は「趙盾、其の君を弑せり」と記載している。史実としては、趙盾は決して自ら国君を殺したわけでは無い(訳者注:本書第二章、九三頁参照)から、史官の記録は明らかに実際の歴史事実とは合わない。しかし、孔子はこの史官を「古の良史」[102]だと称賛し、彼の記録を全く肯定するのである。我々はこの孔子の評価の中に、人が歴史の流れの中で「自由意志」を持つことを、孔子が肯定していたということを見出すことができる。人は決して経済的構造や生産方式によって決定される、自主性を欠く客体では無いのである。孔子は、趙盾の行為は彼の自由意志の下で為された決定であり、そうであるならば、趙盾は自身の行為の結果に対して道徳的責任を負うべきだと考えているのである。孔子からしてみれば、歴史「事実」とは「価値」のコンテクストにおいて考えられるべきもので、そうすることによってこそ、その歴史的意義を明らかにすることができるのである。孔子より後、儒家思想の中に深く浸潤していくことになる歴史学者達は皆、歴史の中の「人」とは「自由意志」を具えた行動主体であると認めている。

如上のように、儒家人文主義の伝統において、人は自由意志を具えた主体であった。したがって、その人が創造する歴史は倫理・政治或いは道徳的原則の保存場所とされた。こうした意義における「歴史」は確かにベンジャミン・シュワルツ（Banjamin Schwartz、一九一六～一九九九）が述べたように、ある種の「非歴史」的特質を有するものである。(103)儒家思想の中で、「歴史」は博物館の中の「ミイラ」のようなものでは無く、人が入ることのできる教訓と智恵とに溢れた図書館そのものなのである。人はその「歴史」の図書館の中で、古人と対話することができる。つまり、「現在」にして「過去」なのであり、「過去」と「現在」とを一体にすることで、「人」の生命は博厚高明の時間感覚と歴史感覚とに充ちるのである。

儒家の歴史意識の二つ目の側面は、歴史的変化発展の中で、外在的世界の転変が「自我」の変化に起因しており、「自我」の上昇と転化の鍵は、歴史上の模範的人物（「paradigmatic individuals」）を学ぶことにあるという点である。とりわけ、堯・舜・禹・湯・文・武・周公は、「典型は夙昔に在り、古道は顔色を照らす」（文天祥「正気《せいき》の歌」）模範であった。歴史上の聖賢と「三代」といった典範は、時間と空間の壁を越えて現代人の心を召喚する。それは一種の、歴史から出発する思考方式であり、中国史学に及ぼす影響は至って深遠なものとなった。本書の第五章ではこの問題をとりあげて論じてみたい。

儒家の歴史意識の第三の側面は「文」「質」交代論である。[104] そうした歴史的変化における「文」「質」交代説は、表面上は歴史循環論のように見える。孔子は歴史的変化の中に因・革・損・益があることを知っていたし、[105] 孟子は「一治一乱」[106]（滕文公下、第八章）を歴史の常態だと考えて、

堯・舜より湯に至るまで、五百有余歳、禹・皐陶のごときは則ち見て之れを知り、湯のごときは則ち聞きて之れを知る。湯より文王に至るまで、五百有余歳、伊尹・莱朱のごときは則ち見て之れを知り、文王のごときは則ち聞きて之れを知る。文王より孔子に至るまで、五百有余歳、太公望・散宜生のごときは則ち見て之れを知り、孔子のごときは則ち聞きて之れを知る。[107]（尽心下、第三八章）

と言う。五〇〇年毎に歴史上の治乱の循環が起こると考えているのである。こうした孟子の考えが循環史観に近いことは明白であろう。前漢の董仲舒も歴史の「三統」説を提出し、次のように考えている。

王者は必ず命を受けて而る後に王たりて、王者は必ず正朔を改め、服色を易へ、礼楽を制し、天下を一統す。易姓を明らかにする所以は、人を継ぐに非ず、通ずるに己の之れを天より受くるを以てすればなり。（中略）湯は命を受けて而して王たりて、天に応じて夏《か》を変へ殷号を作《おこ》す、時は正しく白統なり。（中略）文王は命を受けて而して王たりて、天に応じて殷を変へ周号を作す、時は正しく

赤統なり。（中略）故に春秋は天に応じて新王の事を作す、時は正しく黒統なり。（中略）三正は黒統を以て初とす。（中略）天統の気は始めて化物に通じ、物は萌達せらるるとき、其の色は黒なり。故に朝の正服は黒（中略）。正しく白統とは、（中略）天統の気は始めて化物を蜕し、物は始めて芽《めぶ》くとき、其の色は白なり。故に朝の正服は白（中略）。正しく赤統とは、（中略）天統の気は始めて化物を施し、物は始めて動くとき、其色は赤なり。（中略）其の統三正と謂ふ者は、曰はく、正なる者、正なり。其の気を統致して、万物は皆応じ、而して正統正しく、其の余も皆正し[108]（後略）。（『春秋繁露』三代改制質文第二三）

北宋になると、邵雍（一〇一一～一〇七七）は皇極経世説を提出し、「元」・「会」・「運」・「世」を歴史発展の単位とし、それぞれ時間があり、「皇」・「帝」・「王」・「霸」といった異なる政治体制と互いに応じるとしている[109]。しかし、こうした表面上は循環論のように見える歴史観も、決して近代西洋の宇宙観と世界観におけるような機械的な循環的時間論では無く、歴史もまた大きな時計のように看做されてはいない。中国の儒家は歴史発展の過程において、しばしば「文」「質」の交替が出現すると主張する。南宋の大儒朱熹は、秦が天下を統一して「君尊臣卑」の体制を確立して以降、中国の歴史は只管堕落の道を歩んでいると主張し、「尚古的歴史観」を採用する傾向にあるが[110]、朱子は嘗て弟子と歴史の起源について討論して、

問ふ、「開闢より以来、今に至るまで未だ万年ならず、知らず、已前は如何」と。曰はく、「已前も

亦た須らく此の如きこと一番、明白来なり」と。又問ふ、「天地は会《まさ》に壊たれんとするや否や」と。曰はく、「会に壊たれんとせず。只だ是れ相将の人無道なること極まれり、便ち一斉に打ち合ひ、混沌一番、人物都《みな》尽くれば、又重《ふたた》び新び起こらん」と。(111)

と述べている。朱子のこうした言葉は正しく歴代儒者に一貫する歴史観であり、彼らは歴史とは治乱が交代しながら発展していく過程だと考えているのである。朱子は「夫の古今の変のごときは、極まれば而ち必ず反ること、昼夜の相ひ生じ、寒暑の相ひ代はるがごとし(112)(後略)」と述べている。こうした「文」「質」交替の歴史観もまた、儒家の楽観主義精神の一種の表れである。この点については、本書第六章で朱子の歴史解釈及びその理論基礎について明らかにする。

三　中国の歴史思惟中の儒家要素

ここで、我々は目を転じて中国の歴史思惟に見られる儒家的要素について、簡単に論じてみたい。筆者は次の三点にまとめることができると考えている。

まず一点目は、古によって今を謗り、古を今に用いようとすることである。中国の歴史思惟は「現在」や「未来」のための「過去」であって、決して「過去」のための「過去」では無く、伝統的中国史学はある種の概念のゲーム(「intellectual game」)で無いばかりか、享楽主義的な文字の積み重ねでも無く、淑世・経世・救世の思いに満ち溢れたものである。司馬遷は、董仲舒が孔子『春秋』述作の目的が「善を善とし、悪を悪とし、賢を賢とし、不肖を賤しむ」ことにあり、また「王道の大なる者」を明らかにすることにあったと説いたのを引用している。故に伝統的中国史学の著作はしばしば過去によって今を諷刺することによって、古を今に用いようと強く求め、伝統的中国史家の歴史叙事（historical narration）においてしばしば現れる強烈な「反事実的（counter-factuality）」歴史叙事は、歴史に見られる「実に然り（to be）」を未来の理想における「応に然るべし（ought to be）」へと転化して、歴史「事実」と当時の「現実」との間の対話を促すのである。こうした特質は、いずれも儒家思想の要素を含むものであり、本書の第三章及び第四章において、こうした中国歴史思惟における儒家的要素について述べる。

二点目は、特殊事例から普遍性を導き出すことである（以偏例全、pars pro toto）。伝統的中国史家は特殊事例から普遍性を導き出すことに長じており、「特殊性」を具えた歴史的事実の中から、「普遍性」を具えた歴史的規則や道徳的命題を抽出する。したがって、中国史学には長い歴史ある「史論」の伝統があり、「特殊性」と「普遍性」との間、「事実」と「価値」の間、及び「古」と「今」の間において、互いに通じる新たな橋をかけるのである。本書第二章では、この中国史学の「以偏例全」の特質について論じる。

三点目は、「事実判断」と「価値判断」の融合である。伝統的中国史家の「史事」と「史理」とを貫くという方法は、歴史的「時間」の中から「超時間性」を抽出するためであった。本書第一章ではこの問題について論じる。本書第四章で指摘するように、こうした「史事」と「史理」とが互いに貫かれるという中国史学の特質は、鮮明な儒家的要素を示している。かなり大きな幅の中で、伝統的中国の歴史学はある種の意義の道徳学、或いは倫理学だと看做され得る。伝統的中国史家における歴史書編纂の目的は、歴史的事実を組み立てるだけで無く、より歴史的叙述の中から「善を善とし、悪を悪とし、賢を賢とし、不肖を賎しむ」という価値判断に到達するということに置かれているのである。伝統的史家が歴代王朝と統治者の合法性という問題について論じる時、とりわけ「正統」問題を重視するのは、実は儒家が「価値」という脈絡の中で「事実」を論断してきた思想的伝統と密接な関係がある。中国の歴史家が尚古・懐古・信古的であるのは、彼らが深く儒家的価値の伝統の中に浸っているからに他ならない。

しかし、本節の所謂「中国史学における儒家要素」という語も、あまりに強調し過ぎてはいけない。全ての中国史学が即「儒家史学」だと思わせてしまうからである。汪栄祖が述べているように、中国史学は司馬遷の創始以来、ずっと「春秋の筆法」によって歴史書を編纂してきたわけでは無い。北宋の宋祁（九九八～一〇六二）と欧陽脩（一〇〇七～一〇七二）撰『新唐書』に至って、初めて「義類凡例」の「春秋の筆法」を重んじたが、それでも普遍的な同意を得られたわけでは無いのである。純粋に「春秋の筆法」によって褒貶を加えたのは朱子一人である。なお、「春秋の筆法」は決して歴史事実を捻じ曲げるものではなかった。中国史家は歴史的著述の中でとりわけ道徳的判断を重視したが、決して事実保存を放棄したわけでは無い。汪氏は、西洋史家の所謂「儒家史学」に対するステレオタイプは度を越していると考えているが、[113] まさしくその通りであり、優れた見解だと言ってよいだろう。

総じて、本書の各章の趣旨は「儒家思想」と「伝統中国の歴史思惟」との不可分性とその相互の緊張について分析することにある。伝統中国の歴史家は儒家的伝統の中に浸り、中国史学は儒家学術の伝統の最も輝かしい組成部分であった。しかし、別の角度から見てみると、儒家思想と伝統的中国の歴史思惟とは相互に複雑に絡み合い、浸透し合うという関係にあり、それ故、中国史学における「価値（value）」

と「事実（fact）」との間、「普遍性（universals）」と「特殊性（particulars）」との間には、常にそれが創り出す緊張が存在しているのである。

注

（1）牟宗三（一九〇九～一九九五）も「歴史について、道徳的判断と歴史的判断とはいずれも欠くことのできないものである。（中略）道徳的判断が無く、歴史的判断のみだとすると、歴史的判断は単に現象主義・歴史主義となるに過ぎず、歴史を真実化するには不足である。また、歴史的判断が無く、道徳的判断だけであっても、道徳的判断は単に基準であって、歴史はその基準についての正・反の事例となるのみであり、それもまた歴史を真実化するには不足である（対於歴史、道徳判断与歴史判断無一可欠。（中略）無道徳判断、而只有歴史判断、則歴史判断只成為現象主義・歴史主義、此不足以真実化歴史。無歴史判断、而只有道徳判断、則道徳判断只是経、而歴史只成為経之正反事例、此亦不足真実化歴史）」と述べている。牟宗三『政道与治道』（台北：広文書局、一九六一年）、二二三頁。

（2）Charles S. Gardner, *Chinese Traditional Historiography* (Cambridge MA.: Harvard University Press, 1938; 2nd printing, 1961)。楊聯陞はこの本の一九六一年第二刷の序文において、作者が当時健康面の理由によって、第二冊では修訂を行うことができず、初版によって印刷する他なかったと述べている。

（3）金毓黻『中国史学史』（上海：商務印書館、一九四一年）。

（4）朱希祖『中国史学通論』（南京：独立出版社、一九四三年）。

（5）内藤湖南『支那史学史』（東京：弘文堂、一九四九年）、中国語版は馬彪訳『中国史学史』（上海：上海古籍出版社、二〇〇八年）。

（6）李宗侗『中国史学史』（台北：中華文化出版事業委員会、一九五三年）。

（7）劉節『中国史学史稿』（鄭州：中州書画社、一九八二年）。また、台湾版には『中国史学史稿』（台北：弘文館出版社、一九八六年）がある。

(8) 劉節『中国史学史稿』(中州書画社版)、四頁。
(9) 尹達主編『中国史学発展史』(鄭州：中州古籍出版社、一九八五年)。
(10) 杜維運『中国史学史(一)』(台北：三民書局、一九九三年)・『同(二)』(台北：三民書局、一九九八年)・『同(三)』(台北：三民書局、二〇〇四年)。
(11) 杜維運『中国史学与世界史学』(台北：三民書局、二〇〇八年)及び『中西古代史学比較』(台北：東大図書公司、一九八八年)。
(12) 潘徳深『中国史学史』(台北：五南図書出版有限公司、一九九四年)。
(13) 瞿林東『中国史学史綱』(北京：北京出版社、一九九九年初版、二〇〇五年再版)。
(14) 呉懐祺『中国史学思想史』(台北：文史哲出版社、二〇〇五年)。
(15) On-cho Ng and Q. Edward Wang, *Mirroring the Past: The Writing and Use of History in Imperial China* (Honolulu: University of Hawaii Press, 2005). 中国語版は、孫衛国・秦麗訳『世鑑——中国伝統史学』(北京：中国人民大学出版社、二〇一四年)。
(16) 謝保成主編『中国史学史』(北京：商務印書館、二〇〇六年)、全三冊。
(17) 蒙文通『中国史学史』(上海：上海人民出版社、二〇〇六年)。
(18) 白寿彝主編『中国史学史』(上海：上海人民出版社、二〇〇六年)。
(19) 喬治忠『中国史学史』(北京：中国人民大学出版社、二〇一一年)。この書籍については、天津南開大学孫衛国教授にご教示を頂いた。ここに謹んで謝意を申し上げたい。
(20) 饒宗頤『中国史学上之正統論』(香港：龍門書店、一九七六年、上海、上海遠東出版社、一九九六年)。
(21) 雷家驥『中古史学観念史』(台北：台湾学生書局、一九九〇年)。
(22) 瞿林東『中国史学研究史』(武漢：湖北教育出版社、二〇〇六年)。
(23) 瞿林東『中国史学的理論遺産』(北京：北京師範大学出版社、二〇〇五年)。
(24) 施建雄『十至十三世紀中国史学発展史』(北京：人民出版社、二〇一〇年)。
(25) 余英時著、李彤訳『十字路口的中国史学』(台北：聯経出版公司、二〇〇八年)、一五頁。

(26) 魏格林（S. Weigelin-Schwiedrzik）・施耐徳（Axel Schneider）主編『中国史学史研討会——従比較観点出発論文集』（台北：稲香出版社、一九九九年）。

(27) Chun-chieh Huang and John B. Henderson eds., *Notions of Time in Chinese Historical Thinking* (Hong Kong: The Chinese University Press, 2006).

(28) Helwig Schmidt-Glintzer et al. eds., *Historical Truth, Historical Criticism, and Ideology: Chinese Historiography and Historical Culture from a New Comparative Perspective* (Boston: E. J. Brill, 2005).

(29) Garret P. S. Olberding, *Dubious Facts: The Evidence of Early Chinese Historiography* (Albany: State University Press of New York, 2012).

(30) Garret P. S. Olberding, *op. cit.*, p. 1.

(31) Olberding, *op. cit.*, p. 9.

(32) 楊伯峻『春秋左伝注』（台北：源流文化事業有限公司、一九八二年）、下冊、襄公二五年、一〇九九頁。

(33) 楊伯峻『春秋左伝注』、上冊、僖公一六年、三六九頁。

(34) 銭穆『中国史学名著』、『銭賓四先生全集』（台北：聯経出版公司、一九九八年）、第三三冊所収。

(35) W. G. Beasley and E. G. Pulleyblank eds., *Historians of China and Japan* (London: Oxford University Press, 1961).

(36) 貝塚茂樹『中国の史学』、『貝塚茂樹著作集』（東京：中央公論社、一九七七年）、第七巻所収。

(37) 貝塚茂樹『中国の史学』、『貝塚茂樹著作集』、第七巻、三二一頁。

(38) 増井経夫『中国の歴史書——中国史学史』（東京：刀水書房、一九八四年）。

(39) 稲葉一郎『中国史学史の研究』（京都：京都大学学術出版会、二〇〇六年）。

(40) 杜維運『清代史学与史家』（台北：東大図書公司、一九八四年）。

(41) 王汎森『近代中国的史家与史学』（香港：三聯書局、二〇〇八年）。

(42) 龐天佑『思想与史学』（北京：中国社会科学出版社、二〇〇九年）。

(43) 許冠三『新史学九十年』（香港：中文大学出版社、一九八六年）。

(44) 汪栄祖『史伝通説——中西史学之比較』（台北：聯経出版公司、一九八八年、また北京：新華書店、一九八九年）。

(45) 張舜徽『史学三書平議』（北京：新華書店、一九八三年）、「史通平議・巻四」、一九九頁。

(46) 張舜徽『史学三書平議』、銭序、ⅲ頁。

(47) Thomas H. C. Lee ed., *The New and the Multiple: Sung Senses of the Past* (Hong Kong: The Chinese University of Hong Kong, 2004).

(48) David Schaberg, *A Patterned Past: Form and Thought in Early Chinese Historiography*, Harvard East Asian Monographs, no. 25 (Cambridge, Mass.: Harvard University Asia Center, 2001), p. 12.

(49) Schaberg, *op. cit.*, p. 8.

(50) 楊燕起・俞樟華編『史記研究資料索引和論文専著提要』（蘭州：蘭州大学出版社、一九八八年）。

(51) 張大可『史記研究』（北京：華文出版社、二〇〇二年）。

(52) 阮芝生『従公羊学論春秋的性質』（台北：国立台湾大学文学院、『台湾大学文史叢刊』第二八冊、一九六九年）。

(53) 阮芝生『司馬遷的史学方法与歴史思想』（国立台湾大学歴史学研究所博士論文、一九七三年）。

(54) 阮芝生「司馬遷之心――「報任少卿書」析論」、『台大歴史学報』第二六期（二〇〇〇年一二月）、一五一～二〇五頁。

(55) 阮芝生「論史記中的孔子与春秋」、『台大歴史学報』第二三期（一九九九年六月）、一～五九頁。

(56) 阮芝生「論史記中的孔子与春秋」、引文は一頁参照。

(57) 徐復観『両漢思想史（巻三）』（台北：台湾学生書局、一九七九年）。徐復観の思想史研究の方法論については、拙著『東亜儒学視域中的徐復観及其思想』（台北：台大出版中心、二〇〇九年）、第二章、七～四〇頁参照。

(58) 徐復観『両漢思想史（巻三）』、「原史――由宗教通向人文的史学的成立」、二二四～二三一頁。

(59) 徐復観『両漢思想史（巻三）』、二五八～二六一頁。

(60) 徐復観『両漢思想史（巻三）』、「論史記」、三一六～三二一頁。

(61) 徐復観『両漢思想史（巻三）』、三二一～三三七頁。

(62) 徐復観『両漢思想史（巻三）』、三三七～四〇七頁。

(63) 徐復観『両漢思想史（巻三）』、四〇八～四四二頁。

(64) 明清時代から、『史』『漢』の異同について論じる者がいた。例えば、明童養正編『史漢文統』（台南：荘厳文化出版社、一九九七年）、清潘椿重訂『史漢初学弁体』（台北：文海出版社、一九七四年）、成孺『史漢駢枝』（台北：芸文印書館、一九六四年）などがある。民国以後では、鄭鶴声編『史漢研究』（上海：商務印書館、一九三〇年）がある。最近のものとしては、朴宰雨『《史記》《漢書》伝記文比較研究』（国立台湾大学中国文学研究所博士論文、一九九〇年）や同氏『《史記》《漢書》比較研究』（北京：中国文学出版社、一九九四年）、呂世浩『従《史記》到《漢書》――転折過程与歴史意義』（台北：台大出版中心、二〇〇九年）等が『史』『漢』の異同について論じている。

(65) 張元『宋代理学家的歴史観――以資治通鑑綱目為例』（台湾大学歴史研究所博士論文油印本、一九七五年六月）、第二章、五一～八六頁。

(66) 張元『宋代理学家的歴史観――以資治通鑑綱目為例』、第四章、一一七～一七六頁。

(67) 張元『宋代理学家的歴史観――以資治通鑑綱目為例』、第五章、一七七～二三四頁。

(68) 張元『宋代理学家的歴史観――以資治通鑑綱目為例』、第六・七章、二三五～三一〇頁。

(69) 銭穆『朱子新学案』、『銭賓四先生全集』、第一一～一五冊。

(70) 湯勤福『朱熹的史学思想』（済南：斉魯書社、二〇〇〇年）。

(71) 呂思勉『史学四種』（上海：上海人民出版社、一九八〇年）。

(72) 呂思勉『史学四種』、一三四頁。

(73) 呂思勉『史学四種』、一〇二頁。

(74) 張舜徽『史学三書平議』、「引言」、一頁。

(75) 張舜徽『史学三書平議』、「通志総序平議小序」、一四四頁。

(76) 張舜徽『史学三書平議』、「通志総序平議」、一四九頁。

(77) 張舜徽『史学三書平議』、「通志総序平議」、一四九頁。

(78) 張舜徽『史学三書平議』、一五四頁。

(79) 張舜徽『史学三書平議』、「文史通義平議」、一七九頁。

(80) 林時民『劉知幾史通之研究』（台北：文史哲出版社、一九八七年）。

(81) 林時民『史学三書新詮――以史学理論為中心的比較研究』（台北：台湾学生書局、一九九七年）。

(82) 林時民『史学三書新詮——以史学理論為中心的比較研究』、四二二頁。

(83) 蔣天枢『陳寅恪先生編年事輯』（上海：上海古籍出版社、一九九七年）。

(84) 汪栄祖『史家陳寅恪伝』（台北：聯経出版公司、一九九七年増訂二版）、二四一頁。

(85) 汪栄祖『史家陳寅恪伝』、二八七頁。

(86) 汪栄祖『史家陳寅恪伝』、二四三頁。

(87) 汪栄祖『史家陳寅恪伝』、二四〇～二四一頁。

(88) 陸鍵東『陳寅恪的最後二十年』（北京：生活・読書・新知三聯書局、一九九五年）。

(89) 蔣天枢『陳寅恪先生編年事輯』、一七六頁に引く黄萱が蔣天枢に送った手紙の中に見える。

(90) 余英時『陳寅恪晩年詩文釈証』（台北：東方図書公司、一九九八年）、「増訂版序」に「彼はどうして一〇年もの工夫を費やして『柳如是別伝』を書こうとしたのか。それは銭柳の婚姻を通じて明清興亡の歴史的大悲劇を探索し、一方ではそこに彼個人の晩年における遭遇と感慨とを託すのみならず、また一方ではちょうど彼の新たな「五胡乱華」（「蒼鵝」の典に由来する言葉）時代における文化的関心を伝達することができたからに他ならない」と述べている（三頁）。

(91) アクセル・シュナイダー（施耐徳、Axel Schneider）著、関山・李貌華訳『真理与歴史——傅斯年・陳寅恪的史学思想与民族認同』（北京：社会科学文献出版社、二〇〇八年）。傅斯年の伝記については、Wang Fan-sen（王汎森）, *Fu Ssu-nien: A Life in Chinese History and Politics* (Cambridge: Cambridge University Press, 2000) 参照。

(92) 余英時「試述陳寅恪的史学三変」、『陳寅恪晩年詩文釈証』、三三一～三七七頁。

(93) 余英時「陳寅恪与儒家実践」、『陳寅恪晩年詩文釈証』、三一〇頁及び三二六頁。

(94) 王学典『二十世紀後半期中国史学主潮』（済南：山東大学出版社、一九九六年）。

(95) 王晴佳『台湾史学五十年（一九五〇～二〇〇〇）——伝承・方法・趨向』（台北、麦田出版社、二〇〇二年）。

(96) Frederick W. Mote, "The Cosmological Gulf between China and the West," in David C. Buxbaum and Frederick W. Mote eds., *Transition and Permanence: Chinese History and Culture: A Festschrift in Honor of Dr. Hsiao Kung-ch'üan* (Hong Kong: Cathay Press Limited, 1972), pp. 3-22; Frederick W. Mote, *Intellectual Foundations of China* (Cambridge, Mass.: The Colonial Press,

Inc., 1971), chap. 2, pp. 13-28.

(97) Joseph Needham, *Science and Civilization in China*, vol. 2: *History of Scientific Thought* (Cambridge: Cambridge University Press, 1956), p. 281.

(98) Needham, *op. cit.*, p. 279.

(99) Benjamin I. Schwartz, *The World of Thought in Ancient China* (Cambridge, Mass.: Harvard University Press, 1985), p. 350.

(100) この点については、拙著：Chun-chieh Huang, *Humanism in East Asian Confucian Contexts* (Bielefeld: Transcript Verlag, 2010), pp. 1-28に詳論しているので参照されたし。

(101) 〔宋〕朱熹『中庸章句』、『四書章句集注』（北京：中華書局、一九八三年）、三七頁。

(102) 楊伯峻『春秋左伝注』（台北：源流文化事業有限公司、一九八二年）、上冊、宣公二年、六六二～六六三頁。

(103) Benjamin I. Schwartz, "History in Chinese Culture: Some Comparative Reflections," *History and Theory*, vol. 35, no. 4 (December, 1996), pp. 23-33.

(104) この点については、楊念群教授に御教示を受け、また、楊念群「「文質」之弁与中国歴史観之構造」、『史林』（滬）二〇〇九年第五期（二〇〇九年）、八二～九〇頁を参考にした。ここに謹んで御礼を申し上げたい。銭穆は一九八六年に「中国史学中之「文」与「質」」という一文を発表し、既にこの問題について簡潔に論じている。銭穆『中国史学発微』、『銭賓四先生全集』、第三二冊、二三三～二四一頁。

(105) 『論語』為政篇に「子張問『十世可知也。』子曰『殷因於夏礼、所損益、可知也。周因於殷礼、所損益、可知也。其或継周者、雖百世可知也』」とある。〔宋〕朱熹『論語集注』、『四書章句集注』、巻一、五九頁。

(106) 〔宋〕朱熹『孟子集注』、『四書章句集注』、巻六、二七一頁。

(107) 〔宋〕朱熹『孟子集注』、巻一四、三七六頁。

(108) 蘇輿撰、鍾哲点校『春秋繁露義証』（北京：中華書局、一九九二年）、巻七、一八五頁。

(109) 蕭公権『中国政治思想史』（台北：聯経出版公司、一九八二年）、上冊、五二八～五三三頁。

(110) 本書第六章。

(111) 〔宋〕黎靖徳編『朱子語類』、巻一、「揚録」、『朱子全書』（上海：上海古籍出版社、合肥：安徽教育出版社、二〇〇二年）、第一四冊、一二一頁。

(112)〔宋〕朱熹「古史余論」、『朱子文集』（台北：徳富文教基金会、二〇〇〇年）、第七冊、巻七二、三六三九頁。

(113)汪栄祖「西方史家対所謂「儒家史学」的認識与誤解」、『台大歴史学報』第二七期（二〇〇一年六月）、一二五～一四九頁。

●第一部　中国歴史思惟の核心及びその現れ

第一章　中国伝統歴史思想に見られる時間概念とその特質

一　はじめに

伝統的な中国の歴史家は、「時間」と「空間」という二要素に基づいて歴史経験について思考することで歴史事実を語る。例えば、晋の杜預（二二二〜二八五）は「春秋左氏伝序」の中で、『春秋』の記事は「事を以て日に繫け、日を以て月に繫け、月を以て時に繫け、時を以て年に繫く」ものだと述べて[1]、時間概念を明確に示している。また、太史公司馬遷（前一四五〜前八六）は、『史記』貨殖列伝で古代中国各地の経済条件について通観して、山西（太行山以西）・山東（太行山以東）・江南・龍口・碣石等各地の産出物の特色などを詳細に列挙しているが[2]、それは空間概念を深く具えたものだと言ってよい。漢代の人々は王朝の正当性を論じる際、実質的な領域空間の支配以外に、「政権の正当性には時間経過の検証も必要である」とみなしていた[3]。宋代になって歴史家が王朝変遷の「正統」問題を論じるに当たって、特に「居正」や「一統」などを重んじたのは、中国史学における正統論が、時間を軸とするものから空間を主とするものへと移っていったからである。[4] しかし、全体から見れば、中国歴史思惟の最重要概念はやはり「時間」であり、それ故、ここではまず、中国における「時間」概念から論じることとしよう。

中国文化の伝統の中で、中国人の時間意識に対する思考は、人文世界の関心の中に深く浸潤し、「中区に佇《たたず》みて以て玄覧し、情志を典墳に頤《やしな》ふ。四時に遵ひて以て逝くを歎き、万物を瞻《み》て而して思ひは紛たり」と表現される。[5] 中国人は悠久の時間感覚と果てしなく広がる空間感覚の中で、[6] 一貫して人間の存在目的が、歴史イメージを正確に構築し、古代の聖賢が確立した人としてのあり方の模範を体得することにある、と考えている。中国人が認め、また追求する「人として」の意義と価値は、「時間」という脈絡の中で始めて現れてくると言ってよい。二〇世紀フランスの歴史学者マルク・ブロック（Marc Bloch、一八八六〜一九四四）は、歴史学とは「時間における人の科学である」と述べているが、[7] この言葉はそのまま中国史学の特質を示すものでもある。しかし、筆者はさらに一歩踏み込んで、中国史学の「時間」の中に現れる価値は、同時に超越的理則にも相応すべきものだったと指摘したいのである。そこで、本書ではまず、中国伝統思想の中に見られる「時間」と「超時間」の概念を論じ、中国文化独特の歴史思惟モデルとその特質について分析を加えることにする。

まず説明すべきは、中国文化が醸し出し形作る「時間」概念は、近代文化における科学的な時間では無く、人を主体とする知覚と密接な関係にある人文的な時間であるという点であろう。古代ギリシア人は、時間は記述すべき価値ある出来事に対して消耗作用を生み、歴史学とは、そうした時間の消耗作用に抗い、価値ある出来事を救い出すものだと考えていた。[8] それに対して、中国の歴史家は、「時間」は歴史を形成するための助けだと信じていた。中国文化の中で、「時間」は「具体的」要素を有しており、「時間」は人の居処の状況、時勢の脈動、及び歴史上の個々人の様々な営みを深く心に刻み込むものであって、決して単なる自然のできごとについての機械的な記録などでは無い。多くの中国の歴史学者が認めていることとして、「道」や「理」といった永遠の理則、或いは「尭」・「舜」・「三代」等の不朽の典範を基準として、保存されたり体現されたりしてきた実践過程は、中国史上の各時代の具体的内容を構成する。また、秦・漢・唐・宋等といった王朝の創建・衰退・中興・滅亡は繰り返され、ある王朝が衰退し不安定になると、また別の王朝が称賛すべき功業を成し遂げることになるのだが、歴史家は後者を再現するに値する「治世」や「盛世」として称えるのである。[9]古代中国史学の時間観念はこのように循環性を有しており、中国の歴史著作の中で、時間感覚は特に濃厚で、それ故に編年体史が早くから発達することになった。[10]中国の伝統文化の中で、生命の意義と価値とは、歴史上実在した道徳規範を学び体得し、そうした規範を導きとしながら、それぞれが生きる時代に召喚することにある。それ故に、中国文化における「時間」概念は、ある種の「超時間」的特質を含むことになった。[11]つまり、中国人が過去の歴史について学ぶということは、実は「超時間」という基準を理解することなのであり、その最終目的は結局、典範や規範を彼らの生きる時空間に用いることに置かれているのである。

上述の通り、中国人が認識する「時間」概念は人文的関心と密接に関係している。中国の古代思想家の「時間」に対する思考はすべて、人の営みや世の中の栄枯盛衰とは切り離されるものではなかった。儒家は「時」によって民衆の生活を規範し、知識人の智慧を検証し、また、「時」に対して道徳的意義を付与して治世の基準としたのである。道家の「時」は「道」に内在し、その古代で無ければ現代でも無く、始まりが無ければ終わりも無いという時間観も、「道」や「得道者」の「心」の境地であって、形而上学的な「永遠世界（eternity）」では無かった。墨家は時の抽象的観念には関心を抱くものの、その名詞的定義のみを取り上げ踏み込んだ議論には及んでいない。[12] 中国の歴史思惟の中で、「時代」とは時間の連なり、整合であるとともに分界でもあり、所謂「超時間」とは各時代の中から抽出された規範であった。そして、「時間」は口語と文書といった人々の描写を通して、「歴史」の発展へと転化させられることになる。より簡単に説明するなら、抽象的な「超時間」という概念は「時間」から汲み取られ、「時間」の流転を俯瞰して、全体的な「歴史」的発展を貫くのである。二〇世紀フランスの人類学者クロード・レヴィ＝ストロース（Claude Lévi-Strauss、一九〇八～二〇〇九）の言葉を借りれば、[13] 中国の歴史思惟は人類の自然時間に対する馴化の中に存在しているのである。

ここで、中国文化の中の「時間」がどのように繋がって「時代」となるのか、そして「超時間」がどのように「歴史」の中で形作られるのかを明らかにしたい。しかし、そのためには伝統的な中国の歴史叙述に注目しなければならない。重大な歴史的事件について具体的な説明を加えることの他に、歴史の中から時間的制約を受けない規律や規範を見つけ出すことが、ここではより重要な目的となる。つまり、歴史家の任務は、決して史料の整理や事実に対して評価を下すことだけでは無く、歴史の中に隠された「超時間性」を明らかにして、それをもって人類の生きるための指針とすることなのである。それ故に、歴史叙述の目的から見れば、中国歴史学は、実は一種の道徳学であり、また経済学、政治学であるとも言える。中国の歴史家にとって、人類史の経験を歴史的に整理し叙述することは、大道の運行を促すための必要不可欠な志業であり、その背後には、修身斉家治国平天下の願いと天人和諧の理想像がある。また、「過去」と「現在」とが合一し、時間概念が人文的関心によって深く浸潤されていること、それこそが所謂「中国の歴史的思惟」の特質なのである。あらゆる中国の歴史的思惟が、倫理的道徳的価値と結びつくことになったのは、中国の歴史的思惟そのものが強烈な「歴史性」を有しているからで、それ故、倫理的道徳的価値観は中国の歴史家が社会変動の理由を判断する糸口となるのである。

したがって、中国文化においては個人に対してであれ、社会全体に対してであれ、最も重要な仕事は歴史の中から聖賢の典範や事跡を学ぶことである。人文的価値を重視した歴史思惟は、伝統中国の歴史意識の主流であると言ってよく、この点については続く各節で詳論することにしよう。

さて、中国史学は深い人文的精神の基礎を含んでおり、それ故に人文的精神は中国文化の体系の中で西洋と全く違った内容を有するものとなっている。(14) そうした中国と西洋の文化における人文的精神の相違を検討することで、中国における「人文」という言葉の意義をより理解することが出来、同時に中国と西洋の文化的差異を明らかにすることができるだろう。ギリシアの伝統文化におけるホメロス（Homer）の叙事詩『イーリアス』と『オデュッセイア』は宗教世界と社会秩序とが密接な関係にあり、神の意志には逆らえない人間の運命を描いている。紀元前五世紀の悲劇作家アイスキュロス（Aeschylus、前五二五／五二四～前四五六）の『縛られたプロメテウス』、ソポクレス（Sophocles、前四九六～四〇六）の『オイディプス王』等では、人と神との関わりが重要なテーマとなっている。ユダヤキリスト教の伝統においては、『聖書』は神の啓示を人間に伝えるもので、アウグスティヌス（St. Augustine、三五四～四三〇）は「神の国」を「地の国」と対比して、後者は前者の支配下にあると考えていた。ルネサンス時代になると、西洋文化は「人文的精神」を神と人との間の対立を抑制して均衡を図るものと位置づけられ、近代工業文明の発展後は、人の力による自然の征服という思考を生み出すものとなった。

中国の伝統文化は、人と自然との平和的共存をひたすら強調してきた。中国文化が関心を抱くのは、現実の世界であり来世の生活では無い。故に、文化の根源的問題は人と人との関係の上において考えられる。[15]中国の人文主義の核心的価値は、「身心一如」・「自他円融」・「天人合一」のように強烈な歴史意識を含み、明らかな社会的、政治的方向性を示しており、全ての思想が現実の人生、当事者の生活的立場から説き起こされる。[16]人と自然、或いは超自然との関係は、伝統中国では「人」の脈絡中の思考に置かれ、それ故に人物の賢奸や世運の栄枯盛衰を記録する史学が特に発達してきたのである。

以上、本章第一節では、中国史学が経験してきた、中国史における「時間」と「超時間」が交錯する複雑な関係を主として論証してきた。ここでの「時間」は、確かに発生した一つ一つの事象の全てを織り成す隅々まで行き渡るネットワークのようなもので、「超時間」はそのネットワークの中から凝縮して産み出される深い意義である。続く第二節では「時間」が如何に纏められ「超時間」として抽出されるかを論じ、第三節では「超時間」が「時間」を基礎とすることで始めて形成され得ることを解説し、最後の一節で中国歴史思惟における「時間」の特質を総合的に論じてみたい。

二　「時間」からの「超時間」の抽出

古代中国の思想家は、各々の志業や社会制度の構築を全体として完成させることで、個体としての生命の意義を永続させ、創造し、歴史と文化の連貫性を打ち立てることを強調するのだが、そうした「前・後」或いは「因・革・損・益」を含み持つ人文活動の連貫性こそが、我々が現在認知する「時間」であり、その「時間」観念はまた自然の動きの中に含まれているのである。

中国古代の典籍にみられる「時間」観は純粋な抽象的概念としての「時間」では無く、人文活動の中に深く浸透した「時間」である。最近の研究は、『尚書』の時間観は「人を主体としたもので、時間を縦軸、自然や人の営みを横軸にして、絶え間無い調整により織り成された、反復操作や修正可能な動態的な規範体系」だと指摘している。(17)『周易』の「時間」観もまた、「天の時」と「人の営み」とを合わせて見たもので、それ故に、「時間」の変化の中において、人の行動は「時を察し」、「時を明らかにし」、「時を待ち」、「時と偕《とも》に行い」、「時に趣き」、「時中《あ》たる」必要があり、その「時」と人の「処」や「位」とのバランスが取れていなければならないと強調するのである。(18) また、老子の「時間」観には「先」・「長」・「不亡」・「寿」・「晩」・「自古及今」・「不去」・「常」などの語が見られ、人の生死や勝敗、寿命といった現象への関心があったことがわかる。荘子はさらに、人生という脈絡の中で「時間」の問題について考えており、「時」はその中で「順」・「勢」・「命」等の字と結びつけられている。(19)

発生順序から見ると、「時間」により貫かれた具体的な経験や出来事を根拠としているからこそ、その中から永遠の道、つまり「超時間」を抽出することができるのであるが、中国の歴史家は、常道それ自体が経験や出来事の変化を規範する主たる力だとも認識している。伝統的な中国文化における「歴史」とは、「時間」と「超時間」の相互作用の中で徐々に構築されてきたものなのである。

「時間」という問題について、伝統的な中国文化は極めて独特な考えを生み出した。歴史はある種の内在する力に基づいて前へと進むものであるが、ほぼ一定の傾向を有していると看做すのである。その内在する力は「勢」と呼ばれる。客観的存在である「勢」は、時・地・人などの異なる要素の作用と合わさるのだが、増殖して「時勢」や「形勢」・「情勢」などの、より緻密な力となることもでき、それらは各王朝や各年代の聖賢や英雄を媒介として、現在や未来への発展を主導し、永続的な法則を定めるのである。

伝統中国の歴史思惟は多くの特殊的側面を有しており、「勢」概念はその中の一つでしか無いが、それは二つの部分から観察することができる。一つは歴史的趨勢、もしくは潮流としての「勢」、もう一つは「人」の意志と密接に関係する相互作用としての「勢」である。まず指摘しておきたいのは、中国の歴史家の場合、過去の事跡の叙述が最大の目的では無い。彼らの関心は、事跡が発生した理由だけで無く、歴史的事跡が展開するその力、所謂「勢」により向けられているのである。唐代の柳宗元（子厚、七七三〜八一九）は古代封建制度の形成について評価を下して、「封建は勢なり、聖人の意に非ず」と述べている。[20]封建は客観的な力の条件が構成した制度であり、聖賢が意図した理想社会の青写真では無いため、安民の実質的効果が具わっていることを保証しない。故に時空を越えた価値を論ずることはできないと言うのである。柳宗元のこうした論点からは、中国歴史思惟中の「勢」が事物の運動に生じる慣性作用というよりも、異なる個体が元来持っている傾向が一つとなり、それらが統合して「事件」となるための潜在的動力を指し示すものであることが明らかである。[21]

また、主観的な情感を伴わない「勢」は、もとより社会の歴史構造を支配する決定的要素ではあるが、しかし人類の意志と行動は通常、歴史における「勢」の動向に影響を与える。中国の戦国時代（前四〇三〜前二二一）、「勢」概念は既に風潮になっており、最も早く「勢」の概念に言及した典籍は『孫子兵法』と『戦国策』であった。『荀子』に見られる「勢」はより重要な概念となっているし、「形勢」と「時勢」とは戦国時代の思想家によってしばしば用いられる言葉であった。伝統中国においては、「英雄が時勢を造り、時勢が英雄を造る」という言葉があった。孟子（前三七一？～前二八九？）と荀子（前二九八～前二三八頃）等が、混乱する政局のために不安を抱き落ち着かず、天下を奔走していた時、「勢」は既に様々な相互作用の中で形成されていた。南宋の大儒者朱熹（晦庵、一一三〇～一二〇〇）は、「唯だ聖人のみ能く其の理の在る所を察《あきら》かにして、而して因りて之れを革《あらた》むと為せり」と述べ[22]、聖人というのは、大局が変化し歴史が発展する方向性をはっきりと理解する能力を具えている人で、どのようにそうした変化に適応してより完全な方向へと導き、人文化成の功を成就させるのかよく知っている、と強調するのである。人の運命は世界の「勢」によって決められているため、人が時局の潜在的動向に適応できるかどうかが、歴史発展の盛衰の鍵となるのである。

伝統中国の歴史家における歴史の中の「勢」についての描写からは、中国人が、ただ「人」だけが歴史的行為における中心なのだ、と考えていることがわかる。ある歴史事件が重要なのは、それが正に人が生み出した鮮明な記憶だからに他ならない。歴史事件は特殊な個別の行為及びその意義に特徴的に表れるのだが、そこにはプラスとマイナス双方のイメージが含まれる。我々はそうしたイメージを認識することによって、是非を明らかにし、得失を正し、猶予を定め、善を善とし、悪を悪とし、賢を賢とし、不肖を賤しみ、そして歴史的誤りを繰り返すことを避け、強烈な人文的精神を明らかにするのである。

人文主義精神の洗礼の下、中国歴代の歴史家は皆一様に、事実に基づき善悪を隠さないという伝統を保持して、彼らの心にある道徳と正義とを擁護してきた。そうした道徳的判断の要求は、中国伝統史学の大きな特色である。中国文化の伝統の中で、知識のための知識という思考は発達せず、それ故に伝統的歴史研究は純粋な知識活動のみならず、知識活動と徳行主体の構築とが相互に作用し合い、互いに浸透するものになった。例えば『尚書』の典・謨・制・誥の背景には、強烈な教化的色彩が見られる。班固（孟堅、三二〜九二）は『漢書』芸文志で「『書』は広く聞くを以てす、知の術なり。『春秋』は事を断ずるを以てす、信の符なり」と言い[23]、『春秋』の主旨は治道を明らかにし、人事の判断する準則にあり、その記載内容は完全に道徳的範囲の中に帰すると考えている。

『春秋』の精神は中国史学に深く浸透しており、章学誠（実斎、一七三八〜一八〇一）は『文史通義』答客問で次のように語っている。

> 史の大原は、春秋に本づき、春秋の義は、筆削に昭らかなり。筆削の義は、僅かに事の始末を具さにするのみならず、文は規矩を成すなり。夫子の「義は則ち竊《ひそ》かに取る」の旨を以て之れを観れば、固より天人を綱紀するを将て、推して大道を明らかにす。古今の変に通じて、而して一家の言を成す所以の者なり[24]（後略）。

章学誠は、中国史学は『春秋』のみを本源としているのでは無く、同時に孔子の立言の精神をも継承しており、それゆえに歴史家はただ過去を叙述することに満足するのでは無く、天と人とを支配する秩序や大いなる道の運動の促進に関心を抱かなければならないと考えている。伝統中国の歴史家は、史学の創作と経学とを同一視し、歴史家が歴史を見る時の視点は儒家的倫理から離れることは無く、さらに道徳的理想の完成を理想としているのである。

では、中国の歴史家のこのような歴史的思考の方法は、すでに起こった出来事をただそれを用いて哲学的理論や道徳的命題を抽出するための素材とのみ仮定するものなのであろうか。実はそれほど単純では無いと思われる。中国の歴史家は決して歴史的行為や事件の中に隠された、真や善といった抽象的原理を意図的に探して抽出するわけではなかった。ただ歴史的事実の中である種の道徳的寓意が現れる時にだけ、それらを具体的に白日の下に曝すのである。つまり、歴史家は過去の様々な積極的啓示を有する経験を今日の典範とするのであり、複雑に錯綜した些細な出来事の中から現代人の所謂「定律」や「規則」を導き出す。これらの規律は異なる時空環境にも適応することができ、なおかつ、今昔の間の一致性によって、忘却される可能性のある人や事物を繋ぎ合わせて理解可能な歴史的イメージを作り上げ、永遠性を獲得させるのである。

したがって、中国の歴史家が「上古」・「三代」・「尭舜」といった概念等によって歴史叙述を行う時、実は「過去」のための「過去」としているわけでは無く、「現在」や「未来」のための「過去」として見ているのである。孟子は嘗て次のように述べている。

王者の迹熄《や》みて而して詩亡び、詩亡びて然る後に春秋作《おこ》る。晋の乗、楚の檮杌、魯の春秋は一なり。其の事は則ち斉桓・晋文、其の文は則ち史なり。孔子曰はく、「其の義は則ち丘竊かに之れを取れり」と。[25]

孟子は、斉の桓公（前六八五～前六四三在位）や晋の文公（前六三六～前六二八在位）といった人の事跡について行われた歴史叙述は、ただの歴史的意義を抽出する手段だと認識している。また、歴史を読んだり、歴史を書いたりすること、それ自体こそ意義創造の活動だと考えるのである。歴代王朝の興廃は目をやれば煙のように消え、風に随って去っていくような様相を呈しているが、歴史家は、歴史事件を観察したり、歴史人物・時勢や形勢の順逆関係を思考したりすることによって、経験の内側に潜む超越的意義を捕捉するのである。そうして捉えられる意義こそが、本書の言う「超時間」なのである。

伝統的な中国史学における豊かな「時間」意識は、古と今、特殊と普遍、実在と抽象といった明確に分かたれた領域を貫くもので、それ故に強烈な「非時間性」の特質を内包している。しかしここで強調したいのは、伝統的な中国史学が展開する「時間」の「非時間性」は、決して宗教的意義下の「永遠回帰[26]（eternal return）」を意味するものでは無く、さらにはヘーゲル的な意味での「絶対的精神（Absolute Spirit）」でも、人文的意義を完全に取り払った科学的な「自然時間」でも無い。「超時間（supertime）」という言葉の「超」は、ある意味で、ニーチェ（Friedrich Wilhelm Nietzsche、一八四四〜一九〇〇）が用いた「超人」の「超」の用法と似ている。ニーチェの「超人」は、実際には様々な面で通常の人と同じであったが、しかし、深い道徳的意識を有しており、それ故に円満で充足した人格を有するものであった。同様に、「超時間」は「時間」に由来しているが、「超時間」そのものは人文活動の影響を受けている。ただ、「時間」と比べると、「超時間」はより普遍的な意義と価値とを含んでおり、人のあらゆる活動が追い求め、模倣する対象なのである。中国史学は経世を目的としてきたため、中国の歴史思惟の「時間」における「非時間性」は、純粋に抽象的な「直観的形式[27]（intuitive form）」を取らなかった。それは長い歳月の中で、歴史上の聖賢英雄たちが生きた血と汗の結晶であり、また労苦の中で闘ってきた民衆が残した証しでもある。それは、一種の強力な社会的関心と倫理的意義を持つ「道」に対する憧憬なのである。

三　「時間」の中に現れる「超時間」

伝統中国の歴史思惟の中で、「超時間」は「時間」が結晶化したものである。つまり、「超時間」は「時間」の中に必ず存在しており、「時間」が存在しなければ「超時間」は生み出されない。しかしながら、「超時間」は一旦抽出されてしまうと、「時間」の効能を明確にするようになる。「超時間」は「時間」に深い意味を与え、二度と「時間」を恣に使い捨て可能な一種の過程のようなものとして誤解させるようなことは無い。孟子は嘗て、

> 尭・舜より湯に至るまで、五百有余歳、禹・皐陶のごときは則ち見て之れを知り、湯のごときは則ち聞きて之れを知る。湯より文王に至るまで、五百有余歳、伊尹・萊朱のごときは則ち見て之れを知り、文王のごときは則ち聞きて之れを知る。文王より孔子に至るまで、五百有余歳、太公望・散宜生のごときは則ち見て之れを知り、孔子のごときは則ち聞きて之れを知る。孔子よりして而来今に至るまで、百有余歳、聖人の世を去ること、此の若く其れ未だ遠からず。聖人の居に近きこと、此の若く其れ甚だし。然り而して有ること無くんば、則ち亦有ること無からん（『孟子』尽心下、第三八章）[28]

と述べている。孟子は、歴史は五〇〇年毎の時間で循環し、尭・舜・禹・湯などの聖人がその都度出現すると考えているが、こうした内在的連環がある種の「超時間」的規則を明らかにし、また、聖人は様々な形態の善行を実践し、長い時間を経たことにより更に新しくなった規範を生み出す。過去の「時間」が凝結し、不変の道徳モデルになるのである。それ故、「超時間」は社会的実践を経て、始めて成り立つと言われる。孟子はこのような循環観念に基づいて、当時聖人の出現が近く、世の中の乱れが収まる機会が近いと推察しているのだが、ここからは、孟子がある程度、「超時間」の出現には必然性があり、また経験世界に対して一種の制御力を有していると認めていたことがわかるだろう。

南宋永嘉学派の葉適（正則・水心、一一五〇～一二二三）もまた、人類の努力と献身があってこそ、天下を平治するという目的を達成することができ、人そのものこそが「超時間」の不可欠の要因であることを強調している。

天下を治めんと欲して而して其の勢を見ざれば、天下は治むべからず。（中略）古の人君、尭・舜・禹・湯・文・武・漢の高祖・光武・唐の太宗のごときは、此れ其の人は皆能く一身を以て天下の勢と為す。其の功徳に厚薄有り、治效に深浅有りと雖も、而も要《もと》めて以て天下の勢は己に在りて物に在らずと為す。（中略）其の後世に及びては、天下の勢は物に在りて己に在らず、故に其の勢の至れるや、湯湯然として能く遏《とど》むる莫く、反りて人君の威福の柄を挙げて以て其の鋒を佐く。其の去るに及ぶや、坐して視て而して止む能はず、而して国家も之れに随ひて以て亡ぶ。夫れ一身を以て天下の勢と為す能はずして、而して区を用ふるに刑罰を以てして、以て天下の勢に就きて、而して其の身を安んずる者を求むるは、臣 未だ其の可なるを見ざるなり。[29]

葉適は「其の勢の至れるや、湯湯然として能く遏むる莫く」と強調しているが、彼がここでより強調しているのは、歴史上の偉大な統治者が成功を収めることができたのは、彼らが「皆能く一身を以て天下の勢と為す」からだという点である。葉適は、「人」が「勢」を制御することを重視するのである。葉適の「実用を重んじ功利を言う」という政治論は[30]、朱子とは多くの点で立場が異なるが、歴史における「勢」の中での「人」の主体性を強調する点においては、朱子と同一の立場を採っている。朱子は次のように述べている。

夫の古今の変のごときは、極まれば而ち必ず反り、昼夜の相ひ生じ、寒暑の相ひ代はるがごとし、乃ち理の当に然るべくして、人力の為すべき者に非ざるなり。是こを以て三代の相ひ承くるに、相ひ因襲して而して変ふを得ざる者有り、相ひ損益して而して常とすべからざる者有り。然れども亦た唯だ聖人のみ能く其の理の在る所を察らかにして而して因りて之れを革むと為せり。是こを以て人綱人紀は以て之れを百世に伝へて而して弊るる無きを得たり。然らずんば、則ち亦た将に其の既に極まれるに因りて而して横潰四出せんとするに、要めて以て其の勢の便とする所へ趨かんとするも、而も其の変ずる所の善悪は、則ち知るべからざる者有らん。[31]

朱子は、聖賢だけが「理」の要諦を説明しそれを実行でき、「超時間」のもつ規律的意味を「時間」が

過ぎ去る中で失わせることは無いと考えていた。故に朱子は、

（前略）天下の事、其の本は一人に在りて、而して一人の身、其の主は一心に在り、故に人主の心一たび正しければ、則ち天下の事に正しからざる有るは無し。人主の心一たび邪まなれば、則ち天下の事に邪まならざる有ること無し。(32)

と述べるのである。朱子からすると、歴史の趨勢は統治者の心に委ねられており、時局の方向性は全て統治者の思いによって決まるのである。

このように、中国の伝統文化の中で、歴史思惟の「時間」概念は「超時間」の概念を染み出し、また、「超時間」は実は「時間」の道徳的意義を付与されて一種の道徳的典範となり、「歴史における意義（meaning in history）」、或いは「歴史的意義（meaning of history）」を明らかにするものであることがわかる。儒家の価値観の強い洗礼を受けた中国の歴史家の心の中では、尭・舜・禹・湯などの「道徳的典型」だけが、歴史中の「時間」概念の意義を具現化できるのである。ここで注意すべきは、筆者は歴史が道徳的路線に従って流れていると言っているわけでは無く、道徳そのものに「歴史性」がある、つまり歴史が道徳に定義を与え、具体的な人や出来事を通して現れる、と言いたいのだ、ということである。この思考に従うなら、伝統中国の歴史家は、桀や紂のような歴史上の不徳の人物は、自らの堕落によってそうなったのであり、抗し難い「運命」によるものでは無いと、考えていることになる。中国文化において、歴史とは人の本性の具体的な現れであり、人の本性は歴史を通して露呈される。中国の歴史思惟に

おける「事実」とは、決して中立的で価値を伴わない「事実」では無く、示唆に富む道徳的教訓と、価値が啓示する「事実」なのである。

同様の理由で、中国の歴史思惟では「時間」が「超時間」を育むため、もし「時間」を捨て去ることになれば、所謂「超時間」も消え去ってしまう。世運の盛衰や人物の賢奸といった「超時間的」教訓と啓示だけが、人類に対する歴史の意義となりうるのである。つまり、中国の歴史思惟において、もし「時間」の中に浸潤し結晶化する「超時間」を取り除くなら、歴史は無意味な事実の積み重ねになるのみである。また逆に、「時間」を価値判断の現実的基礎にできないのであれば、「超時間」は世界から無くなってしまい、決して理解できないものとなってしまうであろう。

ここでさらに踏み込んで、上述した「時間」と「超時間」との相互依存性について論じたい。朱子の「理一分殊」の説は、それを引用することで、歴史の中の「超時間」の問題を説明できる。朱子は、「世間の事は千頭万緒なりと雖も、其の実は只だ一個の道理なり、『理一分殊』の謂ひなり」と述べたが[33]、朱子はまた、中国史数千年の変遷について次のような見方を示している。

千五百年の間、正坐すること此くのごとし、所以に只だ是れ架漏牽補、時日を過ぐのみ。其の間或ひは小康無きにあらずと雖も、而も尭・舜・三王・周公・孔子伝ふる所の道は、未だ嘗て一日も天地の間に行はるるを得ざるなり。道の常存を論ずるがごときは、卻りて又初めて人の能く預る所に非ず。只だ是れ此箇は自ら是れ亘古亘今常在不滅の物にして、千五百年、人に作壊《こぼ》たるると雖も、終ひに他を殄滅《せんめつ》し得ざるのみ。[34]

朱子の歴史思惟において、歴史の中の「道」は「古今に亘って、常に在る不滅」のものであり、このように永遠で、歴史に隠されている「道」は、歴史の展開過程の中で、歴史上の人物や事件を経て自然と「流れ出てくる」[35]のである。中国の歴史家は、歴史の「超時間」は具体的な歴史事実の脈絡においてのみ解き明かされ、感知され、抽出されると考えている。故に章学誠は、「六経は皆史なり。古人は書を著さず、古人は未だ嘗て事より離れて而して理を言はず。六経は皆先王の政典なり」と述べていたが[36]、中国の歴史思惟における「超時間」としての「理」は、「時間」の脈絡の中、また、「時間」が決める「事」の中にあって始めてその姿を現すのである。中国の歴史家は歴史を回顧し、編纂する時、「道」・「理」、更には「勢」などの「超時間」的概念について論じる度に、歴史に回帰して、歴史人物や事実の中から知恵にあふれたアイデアを汲み取る。彼らは歴史の中を巡って古代の人と交友し、過去の聖賢に対して、或いは時代の移り変わっていく中で、歴史における「道」（即ち「超時間」）の真実について、耳を澄ませて問い質したり深く思考したりする。つまり、中国の歴史思惟において、「超時間」としての歴史の中の「道」や「理」は、豊かで明確な具体性を帯びており、それは時間（atemporal）や空間（aspatial）を占めることの無い抽象的な推理などでは無い。伝統中国の歴史思惟において、「論理性（logical）」と「歴史性（historical）」は常に連結した一つのものなのである。

このように中国の歴史思惟には二つの部分が含まれていると考えられる。それは、「時間」と「超時間」である。歴史の中でその是非や成敗はふり返ってみれば空しいものとなる歴代王朝や風流人物たち、歴史の波に淘汰された英雄たち、或いは具体的で特殊な歴史事実、それらはいずれも「時間」性を有しており、「時間」により支配されている。「豫の時、義は大なるかな」（『易経』豫卦）とあるように[37]、歴史の中の世運の興廃をふり返る時、歴史の流れの中の「時間」の暴力に対して恐れを抱き、深い畏敬の念を覚えざるを得ないのである。しかしその一方で、「時間」はダイナミックに変化する歴史の興亡の中に、「超時間」的な普遍的理則と道徳的命題とを潜ませてきたのである。歴史の畏るべき点はここにあり、歴史の敬うべき点もここにある。アメリカの漢学者ベンジャミン・シュワルツ（Benjamin I. Schwartz、一九一六〜一九九九）は嘗て、中国文化における「歴史」には二つの側面があると指摘している。一つ目は、歴史が倫理的、政治的、道徳的原則の保存場所とされていることである。この意味における「歴史」はある種の「非歴史」的特質を具えることになる。二つ目は、歴史が人の力の抗いがたい力によって主宰される発展過程だと考えられているということである[38]。こうしたシュワルツの考えは成り立つだろう。中国の歴史思惟の中には紛れも無く、「時間」と「超時間」という二つの側面を同時に包含しており、それらは相反していながら、相互補完的なのである。

四　結論

儒家の人文精神の伝統には豊かな時間意識が含まれており、古代の中国人は「時間」の「不可逆性」と、その「不可逆性」に本づく「時間」の偉大さに対して畏敬の念を抱いてきた。故に中国文化と儒家思想の伝統とは、「時間」に因循して変化することを極めて重視し、更には「時間」の動向を把握することで、その「超時間」的意義を抽出したのである。したがって、中国文化における史学は特に発展し、伝統的な中国人の時間意識は特に深いものとなった。彼らの生命は悠久の歴史文化の伝統の中に深く浸透し、上は過去の聖賢の志業を継承し、下は万世子孫の福祉を開くのである。中国文化の伝統の中では、個人の生命の意義と価値とは、しばしば、歴史の参与を経て集合的生命と結合し、集合的歴史文化継承という脈絡の中で、個人の生命の価値を明らかにする。それで、中国文化の中では、個人の孤独感はあまり発達することはなかった。一九六〇年代のヨーロッパ実存主義の作家が描く「異邦人」的な孤独感は、中国文化の中ではわずかに見られる程度である。中国人はただ「時間」に放逐され、「前には古人を見ず、後には来者を見ず」、集合的共同作業に参与できない時に限って、個人の生命の中で、「念ふ天地の悠悠たる、独り愴然として而して涙下る」というような孤独感が湧き上がるのである。[39]

さて、本章では中国の伝統的な歴史思想の特質を分析し、そこから中国人の歴史思惟中に極めて深い「時間」概念が含まれていることを見出したが、注意すべき点は、中国人の「時間」概念が、純抽象的で空間を占めることの無いカント的な「感性直感的形式」では無く[40]、強烈な具体性を有する概念だということである。中国の歴史思惟における「時間」概念には、具体的意義が溢れている。それは忠臣孝子の行動や帝王将相の功績と過失、または烈女の堅貞不屈、官吏の官吏的残酷であったり、佞臣の無恥や任俠の士の真心、そして庶民大衆の血涙と歓喜などである。これらによって、中国人の「時間」観念は織り成されているのである。歴史上の人物とその行為は、中国人が「時間」概念を構築するための素材であり、または基礎であるとも言えるのである。

しかし、中国文化は強烈な具体性を有する「時間」概念を具えていると共に、「超時間」の概念をも生み出している。本書で言う「超時間」は、「時間」の精華であり、「時間」の中から粋を抽出して出来た道徳的理則である。伯夷と叔斉は周の穀物を食べる事を恥として首陽山で餓死したが、司馬遷は、この「時間」における史実から、「天道は親しむ無く、常に善人に与《くみ》す」という「超時間」的な道徳的命題の普遍的必然性に対して疑問を呈している。また唐（六一八〜九〇七）の詩人杜牧（八〇三〜八五三）は、戦国時代の「六王畢はり、四海は一たり」から「楚人の一炬に、憐れむべし焦土」までの秦帝国の狂乱の政権興亡の史実から、帝国興亡の普遍的動因に思いを巡らしている。

さらに言えば、中国の歴史思惟の中の「超時間」的道徳理則は、必ずや「時間」の中で始めて充分な展開を見る。所謂抽象的で普遍的な「超時間」の理則は、ただ歴史上の人物のあらゆる面からの裏付けや体現・反駁によって、始めて歴史の読者に十分に認知され、体認されるのである。故に、中国の歴史思惟は「時間」と「超時間」の間で往復しており、一方では具体的な「時間」の中から「超時間」を生み出し、別の面では「超時間」が「時間」の中に実現し、そして、その中に広がるのである。

中国の歴史思惟は「時間」と「超時間」の間で往復を繰り返し、二一世紀の現代社会の中で豊かな啓示を与えてくれる。こうした現代への啓示は、次の二つの角度から見ることができるだろう。

第一は、現代社会における「時間」は直線的で不可逆的な「時間」であり[41]、現代人はその直線的な「時代」の凌辱を十分過ぎるほど受けており、現代人の生命の悲劇は「時間」の不可逆性の上に根差している点である。こうした現代文明における「時間」の特質に比して、伝統的な中国文化の「時間」は「過去」と「現在」との間を往来するものである。伝統的な中国人の歴史的思考は、豊かな「時間」意識により、往古の史実の中から、人物の事跡や歴史事象の意義を発掘し、「時間」の中にある「超時間」の意義を創造するのである。伝統的な中国文化の中の、「古」と「今」との間で往復を繰り返す「時間」は、現代文明の直線的な「時間」とは大きく異なり、直線的な「時間」の支配によって傷ついた現代人を慰め、現代人の生命の奥深さをより広げることができるのである。

第二に、現代生活の中で「個人の時間」は常に「社会的時間」の制限を受け[42]、それによって、各個人は社会システムにおいて、大きな機械の中の取替え可能な一本のネジのような部品になってしまうという点である。現代的生活のこうした苦悩とは対照的に、伝統的な中国文化における「時間」と「超時間」の相互浸透性は深く啓示を与えてくれるだろう。伝統的な中国文化の中で、「時間」の中から枠を集めて「超時間」は抽出されるが、その「超時間」はまた、具体的な歴史の中に現れるのである。こうした創造的な往復の過程の中で、「個人」と「社会」とは対抗関係では無く、相互浸透の関係となる。伝統的な中国人の思惟の中で、「個人」的生命に与えられる時間はたとえ限られてはいても、「個人」は「時間」の中から「超時間」の意義を創造し、自身を集合的生命の中に溶け込ませて、永遠の意義を創出するのである。こうした伝統的な中国文化の思考方法はまた、現代文明における「個人」と「社会」との間に生じる緊張関係を緩めたり、清めたりすることができるのではなかろうか。

注

（１）〔晋〕杜預「春秋左氏伝序」、『左伝』（台北：芸文印書館、一九八一年影印宋刊本）、巻一、六頁下。

（２）〔漢〕司馬遷『史記』（台北：芸文印書館、一九五六年拠清乾隆武英殿刊本景印）、巻一二九、貨殖列伝、一三二六〜一三四五頁。

（３）楊念群『何処是「江南」？清朝正統観的確立与士林精神世界的変異』（北京：生活・読書・新知三聯書店、二〇一〇年）、二三五頁参照。楊念群教授にはこの点についてご教示を賜った。ここに特に謝意を記す。

(4) 饒宗頤『中国史学上之正統論』（香港：龍門書店、一九七六年、上海：上海遠東出版社、一九九六年）、五六頁。

(5) 〔晋〕陸機（士衡、二六一～三〇三）「文賦」、〔梁〕昭明太子『文選』（台北：芸文印書館、景印宋淳熙本重雕鄱陽胡氏蔵版）、巻十七、一頁上～一〇頁下。引文は二頁上に見える。

(6) 中国文化における時空観について、通論的な論著としては、劉文英『中国古代時空観念的産生和発展』（上海：上海人民出版社、一九八〇年）が挙げられる。この書は『中国古代的時空観念』（天津：南開大学出版社、二〇〇〇年）として改訂され、堀池信夫等訳『中国の時空論——甲骨文字から相対性理論まで』（東京：東方書店、一九九二年）の日本語版がある。Chun-chieh Huang and Erik Zürcher eds., *Time and Space in Chinese Culture* (Leiden: E. J. Brill, 1995) 参照。

(7) 布洛克（Marc Bloch）著、周婉窈訳『史家的技芸』（台北：遠流出版事業股份有限公司、一九八九年）、三三～三四頁。

(8) Arnaldo Momigliano, "Time in Ancient Historiography," *History and the Concept of Time, History and Theory: Study in the Philosophy of History*, Beiheft 6 (Middletown, CT.: Wesleyan University Press), p. 15.

(9) 中国諸子の歴史意識は古代への憧憬の中に表れている。筆者が嘗て指摘したように、夏・商・周の「三代」という概念は、伝統的な思想の上に強烈な「反事実性（counter-factuality）」を具えており（この点については、Kuang-ming Wu, "Counterfactuals, Universals, and Chinese Thinking," *Tsing Hua Journal of Chinese Studies*, New Series, vol. 19, no. 2, Dec., 1989, pp. 1-43 参照）、古代の思想家はこの「三代」概念を運用して、彼らが注ぎ込もうとする意義をそこに注ぎ込むことで、「歴史」に新たな意味を付与し、歴史経験が「現在」に対して衝撃と未来への導きを産み出すようにする。こうした思惟方式は、中国の歴代の思想家を貫くもので、「言は必ず堯・舜を称す」と言われる儒家がその際たるものである。詳しくは本書第三章参照。

(10) Qingjia Edward Wang（王晴佳）, "Time Perception in Ancient Chinese Historiography," *Storia della Storiografia*, 28 (1995), pp. 69-86 参照。

(11) 中国の歴史思想の中で、ここに言う「超時間性」とは決して「非時間性」では無く、「時間」の精緻化または結晶化されたものである。詳しくは拙著 Chun-chieh Huang, "'Time' and 'Supertime' in Chinese Historical Thinking," in Chun-chieh Huang and John B. Henderson eds., *Notions of Time in Chinese Historical Thinking* (Hong Kong: Chinese University

Press, 2006), pp. 19-44 参照。

（12）栗田直躬「上代シナ思想における「時」と「時間」」、『早稲田大学大学院文学研究科紀要』第九号（一九六三年）初出、後、氏著『中国思想における自然と人間』（東京：岩波書店、一九九六年）、第四章、一四九〜一八七頁。

（13）クロード・レヴィ＝ストロースは著作『野生的思維』で、「宗教は人類の自然法則に対する馴化において存在している」と述べる。Claude Lévi-Strauss, *The Savage Mind* (Chicago: University of Chicago Press, 1973), p. 221 参照。

（14）勿論、ここで用いた「西洋文化」とは総称であるに過ぎない。時間秩序上、多くの異なる文化的淵源を含んでいる。ギリシャ・ローマの伝統とユダヤ・キリストの伝統とはその代表であり、ここでは、この二大伝統と中国文化とを試みに比較したまでである。

（15）陳栄捷（一九〇一〜一九九四）は『中国哲学文献選編』の中で、中国人文主義の特質を強調して、「中国哲学史の特色は、一言で言うなら人文主義であろう。ただしこの種の人文主義は超越した力を否認したり無視したりはしていない。むしろ天と人の合一を主張している。これは中国の思想の嚆矢であり、人文主義は主流の思潮になった」と述べている。Wing-tsit Chan, *A Source Book in Chinese Philosophy* (Princeton: Princeton University Press, 1963), p. 3.

（16）Chun-chieh Huang, *Humanism in East Asian Confucian Contexts* (Bielefeld: Transcript Verlag, 2010) 参照。

（17）孫長祥「先秦儒家的時間観——従『尚書』試探儒家時間観的原型」、『銭穆先生紀念館館刊』第三期（一九九五年八月）、八五〜九六頁、引文は九五頁。

（18）黄慶萱「『周易』時観初探」、『中国学術年刊』第一〇期（一九八九年二月）、一〜二〇頁。

（19）王煜「道家的時間観念」、『鵝湖月刊』第二巻第一〇期（一九七九年四月）、一七〜二二頁、後、氏著『老荘思想論集』（台北：聯経出版公司、一九八一年）、九九〜一一二頁収載。

（20）〔唐〕柳宗元「封建論」、『柳河東集』（台北：河洛図書公司、一九七四年景印廖氏世綵堂刊本）、巻三、四三〜四八頁。

（21）中国思想における「勢」概念の初歩的研究については、何佑森「歴史思想中的一個重要概念——「勢」」、『第二届国際漢学会議論文集（歴史与考古組）』、上冊（台北：中央研究院、一九八九年）、二四一〜二四九頁参照。また最近、フランスの学者フランソワ・ジュリアン（François Jullien、一九五一〜二〇〇九）にもこの問題について論じた専著がある。François Jullien, *The Propensity of Things: Toward a History of Efficacy in China,* translated by Janet Lloyd (New York: Zone Books, 1995). しかし書名が示すとおり、作者は人力が「勢」に逆らえないという点を過度に強調しており、中国の儒家たちが強調した人の努力は歴史の中で「勢」の発展とその影響力を導き出すという主張を無視している。

(22) 〔宋〕朱熹「古史余論」、『朱子文集』（台北：徳富文教基金会、二〇〇〇年）、第七冊、巻七二、三六三九頁。三浦国雄「気数と気勢――朱熹の歴史意識」、『東洋史研究』第四二巻第四号（一九八四年三月）、二九〜五二頁、また、Cf. Conrad M. Schirokauer, "Chu Hsi's Sense of History," in Robert P. Hymes and Conrad Schirokaue eds., *Ordering the World: Approaches to State and Society in Sung Dynasty China* (Berkeley: University of California Press, 1993), pp. 193-220 参照。

(23) 〔漢〕班固『漢書』（台北：芸文印書館、一九五六年拠清光緒庚子長沙王氏校刊本影印）、巻三〇、八八六頁下。

(24) 〔清〕章学誠「答客問上」、葉瑛校注『文史通義校注』（北京：中華書局、一九九四年）、巻五、四七〇頁。

(25) 〔宋〕朱熹『孟子集注』、『四書章句集注』（北京：中華書局、一九八三年）、巻八、二九五頁。

(26) Mircea Eliade, *The Myth of the Eternal Return or Cosmos and History*, translated by Willard R. Trask (Princeton: Princeton University Press, 1954, 1991)、また、中国語版として楊儒賓訳『宇宙与歴史――永恒回帰的神話』（台北：聯経出版公司、二〇〇〇年）がある。

(27) 中国文化における「時間」概念の具体性と歴史性については、Chun-chieh Huang and Erik Zürcher, "Cultural Notions of Time and Space in China," in Chun-chieh Huang and Erik Zürcher eds., *Time and Space in Chinese Culture*, pp. 3-16 参照。

(28) 〔宋〕朱熹『孟子集注』、巻一四、三七六〜三七七頁。

(29) 〔宋〕葉適「治勢」、『水心先生文集』（台北：台湾商務印書館、一九六五年四部叢刊初編縮本）、巻四、五三頁上〜同下。

(30) 蕭公権『中国政治思想史』（台北：聯経出版公司、一九八二年）、上冊、四七九頁。

(31) 〔宋〕朱熹「古史余論」、『朱子文集』（台北：徳富文教基金会、二〇〇〇年）、第七冊、巻七二、三六三九頁。

(32) 〔宋〕朱熹「己酉擬上封事」、『朱子文集』、第二冊、巻一二、三九四頁。

(33) 〔宋〕黎靖徳編『朱子語類』、巻一三六、謨録、『朱子全書』（上海：上海古籍出版社、合肥：安徽教育出版社、二〇〇二年）、第一八冊、四二二二頁。朱子の「理一分殊」については、本書付録二参照。

(34)〔宋〕朱熹「答陳同甫六」、『朱子文集』、第四冊、巻三六、一四五八頁。

(35)朱子の言葉。『朱子語類』、巻九八、義剛録、『朱子全書』、第一七冊、三三二一頁参照。

(36)〔清〕章学誠「易教上」、葉瑛校注『文史通義校注』、巻一、一頁。

(37)高亨『周易大全今注』（済南：斉魯書社、一九七九年）、巻二、一八六頁。

(38)Benjamin I. Schwartz, "History in Chinese Culture: Some Comparative Reflections," *History and Theory*, vol. 35, no. 4 (December, 1996), pp. 23-33.

(39)唐陳子昂「登幽州台歌」に「前は古人を見ず、後に来者を見ず。念ふ天地の悠悠たる、独り愴然として而して涕下る」とある。『全唐詩』（北京：中華書局、一九九二年）、第三冊、九〇二頁。また、この点については、斯波六郎『中国文学における孤独感』（東京：岩波書店、一九九〇年）を参照。

(40)Norman Kemp Smith, *Immanuel Kant's Critique of Pure Reason* (NY: St. Matin's Press, 1929, 1965), pp. 65-91.

(41)この問題に関しては、真木悠介の詳細な討論がある。真木悠介『時間の比較社会学』（東京：岩波書店、一九八一年、一九九一年再版）、一八三頁参照。

(42)N. Elias, *Time: An Essay* (London: Blackwell, 1992).

第二章　中国歴史著作中の史論の作用とその理論について

一　はじめに

本書序論第二節で、儒家人文精神の伝統の中において、歴史意識は第一の地位を占めており、伝統中国の史学理論に強い影響を与えてきたことを指摘した。また第一章では、伝統中国の歴史思惟の核心的概念が「時間」であり、中国の文化人は常に「時間」の中からその「超時間」の意義を抽出してきたと論じた。儒家思想を主流とする中国文化における時間感覚は極めて重要で、それゆえに歴史意識もまた特に発達したのである。『詩経』や『尚書』といった西周時代（前一〇四五〜前七七一）の経典には、殷（商、?〜前一〇四五）の歴史的経験を鑑戒とする文章が多く見られる。『詩経』大雅（蕩）に見える「殷鑑遠からず、夏后の世に在り[1]」や『尚書』召誥の「我れ有夏に監《かんが》みざるべからず、亦た有殷に監みざるべからず[2]」などは、いずれも歴史を鑑戒とすることを強調するものである。孔子（前五五一〜前四七九）は更に「述べて而して作らず、信じて而して古を好む」（『論語』述而、第一章[3]）と言い、彼自身の歴史文化の伝統を重んじる態度を示した。他方、中国史上の政治的闘争において、歴史解釈権の争奪は、しばしば歴代王朝の政権交代の際や政治的権力闘争が激化した時の重要な争点となっている。例えば、漢帝国（前二〇六～後二二〇）建国直後の紀元前二〇六年、漢の高祖劉邦（前二〇二～前一九五在位）は、洛陽の南宮において酒宴を開き、群臣に対して「列侯諸将よ、敢へて朕に隠すこと無く、皆其の情《ありのまま》を言《もう》せ。吾れの天下を有する所以の者は何ぞや。項氏の天下を失ひし所以の者は何ぞや」と問いを発しているが、[4] 中国歴代の君臣は前代の歴史の中から知恵を汲み取り、治国政策の方針を定めてきたのである。また唐の時代（六一八～九〇七）に至り、官修史学の伝統が形成されると、[5] 皇帝の近くに常設の史官が置かれ、『起居注』が編纂されるようになった。中国の史官は歴史の真相を保存することをその天職としていたが、褚遂良（五九六～六五八）などは唐の太宗（六二六～六四九在位）による『起居注』閲読の要求さえ拒絶している。二〇世紀、文化大革命時期（一九六六～一九七六）の中国では、批孔揚秦運動が繰り広げられた。これは表向きは孔子批判であったが、その現実的な政治的目的は林彪（一九〇八～一九七一）批判にあった。戦後の台湾では、一九四七年勃発の「二二八事件」をめぐる歴史解釈が朝野で政治的に重大な論争となっている。このように、古代以来、中国の政治的発展は、歴史解釈権の争奪と深い関係にあった。中国人は歴史意識が非常に強い民族であると言ってよいだろう。

　時間意識の強さは、伝統中国の学術の中で史学が特に発展した理由だと言える。中国の歴史家も「過去」に経験した知識の構築に力を注いだが、彼らの視線は常に「現在」と「未来」の上に注がれていた。彼らは過去の栄光の時代（夏・殷・周の「三代」）や典範的人物（尭・舜等の聖賢）などを引き合いに出すことで、「現在」の実情を批判し、「未来」の方向を正すことを常としたのである。[6] これはある意味で、中国の史学は一種の道徳学であり、中国の歴史家は歴史叙述を通して道徳的哲学的命題を構築し、歴史を読む者に鑑戒を与えるものであったと言うことができる。(7) 伝統中国の歴史家は歴史叙述を通して、道徳的哲学的命題を世に問うことを目的としていたからこそ、彼らは常に歴史事件や人物の描写の後に批評を加えるのである。このような史論は『左伝』の「君子曰」、『史記』の「太史公曰」、『漢書』の「賛」、『三国志』の「評」に見ることができる。また、司馬光（一〇一九～一〇八六）が記した『資治通鑑』の「臣光曰」から王夫之（船山、一六一九～一六九二）『読通鑑論』や『宋論』、さらには北宋の文人蘇洵（一〇〇九～一〇六六）や蘇軾（一〇三七～一一〇一）といった人々の歴史や人物への評論に至るまで、いずれも「事」によって「理」を述べ、事跡を追いながら本源を求めるものであり、そこには中国の伝統的な学術における史哲一貫の特質が現れている。

本章では、中国歴史著作の史論の中に見られる「事」と「理」の複雑な関係について分析し、史論が発揮する史哲融合、つまりは史学であり哲学でもあるという機能について論じてみたい。

二　伝統中国の歴史著作における「事」「理」関係の変化

伝統中国の歴史著作における史論の中で、歴史家は史「事」と史「理」のあいだに繋がりを持たせる。彼らは歴史という潮流の巨大な変化の中の王朝や人物の興廃を黙って観察し、史論の中で歴史の「事」の中に潜む「理」を抽出するのである。したがって、中国の歴史家が書き記す歴史とは、ミイラのようなものでは無い。それは図書館のようなものであり、後世の人々はその歴史の図書館に入り、古代の人物と対話することで、古の人々の経験の中から歴史的な啓示や知恵を汲み取ることができるのである。

大まかに述べるなら、西暦一〇世紀の北宋以前、中国の歴史著作における史「理」は、史「事」の中に託されていたと言えるだろう。太史公司馬遷（前一四五?〜前八七?）はそうした時期の代表的な歴史家である。

西洋史学の鼻祖ギリシアのヘロドトス（前四八四〜前四二五）とトゥキディデス（前四六〇?〜前四〇〇?）とは、特に戦争における英雄について書き記したが、司馬遷がその著『史記』の中で特に表彰したのは、歴史的変遷の中で埋もれていた伯夷・叔斉のような人物や、孔子（前五五一〜前四七九）や孟子（三七一?〜二八九?）のような文化的英雄であった。司馬遷は『史記』において、伯夷・叔斉のために伝記を作り、しかもそれを列伝の始めに置いて、殷から周への政権交代の際（前一〇二七?）、周王朝の成立を受け入れない伯夷と叔斉とが首陽山上で餓死したという史実を記載する。司馬遷はこの歴史的事実から、「天道は親無し、常に善人に与《くみ》す」という古代中国人の共通認識としての「理」の信頼性について思考するのである。司馬遷の歴史著述の中で、「天」「人」関係という「理」は、ただ伯夷・叔斉の歴史事実の中でのみ感知され、また見出される。この意味において、史「理」は史「事」の中に存在しているのである。

しかし、西暦一〇、一一世紀以降は理学の発展に伴い、儒家的価値観が次第に歴史的思考に影響を及ぼし、延いてはそれを支配するようにもなる。史「理」は史「事」を凌駕するようになり、儒家の価値観の中に生きる多くの歴史家の歴史変遷に関する解釈にも影響が広がっていく。

北宋の歴史家司馬光（一〇一九〜一〇八六）は成熟した史学的手法と微細にわたる批判的技巧を用い

て、[8] 紀元前四〇三年から紀元後九五九年に亘る中国一三九二年の歴史を編年体で記した『資治通鑑』を編纂した。しかし、彼は儒家的な色彩を強く帯びた「名分論」を歴史事実と人物とを評価する基準としている。

司馬光は『資治通鑑』巻一、周紀一で、周の威烈王治世二三年（戊寅、前四〇三）の事跡として、「初めて晋の大夫魏斯・趙籍・韓虔に命じて諸侯と為す」という史実を記した後に、次のような評論を記している。

臣（司馬）光 曰はく、臣聞けり、天子の職は礼より大なるは莫く、礼は分より大なるは莫く、分は名より大なるは莫しと。何をか礼と謂ふ。紀綱 是れなり。何をか分と謂ふ。君臣 是れなり。何をか名と謂ふ。公・侯・卿・大夫 是れなり。

夫れ四海の広き、兆民の衆きを以て、制を一人に受くるは、絶倫の力、高世の智有りと雖も、奔走して而して服役せざる者莫く、豈に礼を以て之れが紀綱と為すに非ざらんか。是の故に天子は三公を統し、三公は諸侯を率ゐ、諸侯は卿大夫を制し、卿大夫は士庶人を治む。貴は以て賤に臨み、賤は以て貴を承《う》く。上の下を使ふは、猶心腹の手足を運らし、根本の支葉を制するがごとく、下の上に事ふるは、猶手足の心腹を衛り、支葉の本根を庇ふがごとし。然る後、能く上下 相ひ保ちて而して国家 治安す。故に曰はく、「天子の職は礼よりも大なるは莫きなり」と。[9]

ここに記された「名分論」は、儒家の「礼治」中心の鮮明な政治思想を示しており、司馬光の政治思想が極めて保守的であったことを表している。[10] 彼は王安石（一〇二一〜一〇八六）の新政に反対し、孟子の周王を敬わない立場を批判している。[11] また司馬光は、こうした帝制化された儒家の「名分論」によって、自ら編纂した『資治通鑑』の中で歴史上の人物を評価する。例えば、秦の二世皇帝は蒙恬兄弟を誅殺しようとし、兄弟は自殺して果てたが、司馬光は「（蒙）恬は人臣たるの義に明なり」と認め、[12] 唐の粛宗（七五六〜七六二在位）が陳希烈等七人に大理寺で自害を命じたことについては、「人臣たる者、秉名委質（身命を国君に捧げる）しては、死有るとも貳《ふたごころ》無し」と考えている。[13]

南宋の理学が盛んになると、朱熹（晦庵、一一三〇〜一二〇〇）の歴史解釈は、より完全に歴史を超越した「理」を解釈の基礎とするようになった。本書第六章で朱子の歴史思想について述べるに当たって、伝統的中国史学の道徳解釈が「理」もしくは「道」に集中していることを指摘することになるが、この時、「理」は宇宙自然の規律であると同時に、人事行為の規範でもあり、両者は一体なのである。故に朱子を代表とする歴史解釈は、そうした「理」の哲学の支配下にあり、歴史は時空を超えた「理」によって統轄されて、人事変遷の支配的な力となっている。あらゆる具体的な歴史上の事件は、いずれも「理」の永久的特質を正面乃至は反面から証明するためのものであり、「理」は歴史を批判するための「精神的支柱」となるのである。

朱子を代表とする宋儒の歴史解釈は、ある種の「超時間的」な道徳的立場を採用して、時間性を具えた歴史的事実を観察することで、一種の「非歴史（ahistorical）」的性格[14]を獲得することになった。また、歴史的事実の探求は決して朱子の歴史研究の目的では無く、その手段に過ぎなかった。この種の歴史解釈の本質について言えば、歴史的知識は単に道徳に奉仕するものに過ぎず、史学の自主性は明瞭で無いため、終には倫理学の奴隷と成り下がる他無かったのである。

こうした一一世紀以後の理学の支配下にあった道徳的歴史解釈は、二つの理論的問題を含むものであった。一つは、理学者の歴史解釈体系において、「理」が宇宙の規律（principle）であると同時に、人事の規範（norm）であり、永久不滅の特質をもっているとすれば、「理」は歴史上の政治的な暗黒時代や文化の混濁した時代をも支えていたことになる。つまり、道徳的歴史解釈では「歴史中の邪悪」という問題を解釈できないのである。第二に、朱子及び宋代の理学者は、「理」の明らかさとその重責とを、聖賢や英雄に託してしまっていることである。これにより、歴史は少数の人々の「伝記」となり、大多数の人々が共同で作り上げた記録とはならなかった。このような歴史観は、当然一つの重大な問題に直面することになる。もし、聖賢や英雄が適当な時期に出現して、形勢を立て直すということがなければ、歴史的発展が「理」にかなった軌道の上を進んでいることを保証できないからである。

つまり、中国の史論は一一世紀の宋代理学の勃興を分水嶺とし、それより以前は、「理」が「事」の中にあり、それより以後は「理」が「事」の上にあったとすることができよう。しかし、史「事」と史「理」の弁証的関係は、中国の学術的伝統の中での史学と哲学とが会通する舞台であり続けたのである。

三　史論の作用（二）――「特殊性」から「普遍性」へ

伝統中国の歴史著作中の史論には各種の類型がある。その批評対象について言えば、歴史上の人物の善悪を批評したものもあれば、歴史事件の盛衰について評論したものもある。また、その論述内容について言えば、ある歴史事件に潜む意義や教訓を分析したものもあれば、歴史事件そのものの意義を説いたものもある。類型が異なれば、異なる作用を発揮することになるが、いずれも史学と哲学との間に一本の橋を架けるものであり、中国の伝統的学問の史哲融合の特質を表している。

史論の作品の一つ目の作用は、「特殊性」の中から「普遍性」をあぶりだすことである。伝統中国の歴史家が、史料の収集や史実の再現を歴史学の最高目標とすること無く、彼らが具体的で特殊な歴史事実を再構築したのは、歴史事実の背後にある抽象的で普遍的な原理を抽出して、政治（経世）の根拠とするためであった。例えば章学誠（実斎、一七三八～一八〇一）は、「史学は経世する所以なり、（中略）、整輯排比、之れを史纂と謂ひ、参互捜討、之れを史考と謂ふ。皆史学に非ず」と述べているが[15]、それはまさしく、

> 僕は竊かに不遜なれども、近くは自ら無能の辞に託し、天下の放失旧聞を網羅して、之れを行事に考へ、其の成敗興壊の理を稽ふ。凡そ百三十篇、亦た以て天人の際を究め、古今の変に通じて、一家の言を成さんと欲す[16]。

という司馬遷の言葉に共通するものであろう。このように司馬遷以降、中国の歴史家は「通」を史学の最高目標としてきた。特に唐杜佑（七三五～八一二）の『通典』（八〇一）、南宋鄭樵（一一〇四～一一六二）の『通志』（一一六一）、そして馬端臨（一二五四～一三二四／五）の『文献通考』、この三つの制度史の百科全書は歴史著作上に、「通」という歴史著作の理想を最もよく定着させたものである[17]。嘗て貝塚茂樹

（一九〇四～一九八七）は、中国の史学理論は修史の理論であるが、西洋の史学理論は考史の理論であると述べたが、これは卓越した見識であると言ってよい(18)。

しかし注目に値するのは、伝統中国の歴史著作における史論が発揮する「通」の作用はまさしく、雑多で陳腐、具体的で特殊な歴史事実や人物の中から、抽象的で普遍的な原理・原則や規範を抽出し、それによって、歴史的叙述と哲学的思考とを一貫させて、史学によって経世を行うという目的に合致させようとするものであった。

こうした「特殊性」から「普遍性」へと向かう史論は、早くも『孟子』告子下（第一五章）に現れている。

孟子曰はく、「舜は畎畝の中に発《おこ》り、傅説は版築の間に挙げられ、膠鬲は魚塩の中に挙げられ、管夷吾は士より挙げられ、孫叔敖は海より挙げられ、百里奚は市より挙げらる。故に天は将に大任を是の人に降さんとするや、必ず先に其の心志を苦しめ、其の筋骨を労し、其の体膚を餓えしめ、其の身を空乏にし、行ひは其の為す所を払乱せしむ。心を動かし性を忍び、其の能はざる所を曽益せしむる所以なり。人は恒に過ち、然る後に能く改む。心に困しみ、慮に衡りて、而る後に作る。色に徴はし、声に発し、而る後に喩る。入れば則ち法家の払士無く、出づれば則ち敵国外患無き者、国は恒に亡ぶ。然る後に憂患に生きて而して安楽に死するを知るなり」と(19)。

孟子は歴史的人物の特殊な事跡の中から、普遍的で必然的な意義を持つ「憂患に生き、安楽に死す」という命題を抽出している。こうした歴史的思惟方式こそ、中国伝統の歴史家たちの思惟方式だったのである。

中国の歴史学者は「特殊性」の叙述から「普遍性」の提示へと向かうが、その中で最も重要なことは「通則化（generalization）」の構築であった。司馬遷は『史記』の「太史公曰」として語られる史論の中で、多くの通則的な考えを提出しているが、それ以外にも中国伝統の歴史家たちは、一七世紀の王夫之の『宋論』[20]、一八世紀の趙翼（一七二七～一八一四）の『廿二史劄記』[21]から二〇世紀の陳寅恪（一八九〇～一九六九）の『唐代政治史述論稿』[22]に至るまで、いずれも中国の歴史について叙述した後に、多くの通則的な見方を提出している。

中村元（一九一二～一九九九）は嘗て、中国人の思惟方式を研究して、中国人は具体性を重視したため、抽象的な思惟が発達せず、特殊性のみを重視したと強調した[23]。また、中国人は特殊な例証のみに関心を持ち、個別で特殊な例証を超越した「普遍性」には関心を持たないとも述べている[24]。吉川幸次郎（一九〇四～一九八〇）も、中国人の思惟方法は感覚を特に信頼し、抽象的な原理の統一性には関心を抱かなかったと考えた[25]。しかし、「特殊性」から「普遍性」へという中国史論の力点から見ると、これらの主張はいずれも偏見であり、再検討しなければならないであろう。

当然、ここでは近代以前の中国史家が、カール・ヘンペル（Carl Hempel、一九〇五～一九九七）式の「演繹的法則的解釈（deductive-nomological explanation）」をいくらか採り入れていたと言うのでは無い。なぜなら、伝統中国の史学作品の史論においては、「説明されるべきもの（explanadum）」は必ずしも説明されるべきものから演繹されてはおらず、かつヘンペル式の「カバー法則（covering law）の仮説」を欠いているからである[26]。伝統中国の歴史家は、アイザイア・バーリン（Isaiah Berlin、一九〇九～一九九七）の述べる次のような考えに賛同するかもしれない。それは、科学が重視するのは「同（similarity）」と「普遍性（universality）」であるが、歴史学が重視するのは「異（dissimilarity）」と「特殊性（particularity）」であるというものである[27]。したがって、伝統中国の歴史家が打ちたてた解釈的歴史哲学（interpretive philosophy of history）は分析的歴史哲学（analytic philosophy of history）では無く、また、彼らが提出した「通則（general laws）」とは論理的法則では無くて一種の啓発的な（heuristic）原則であった。こうした啓発的な原則を通して、読者は歴史的情況を追体験（re-enact）し、古人の心を体認（embody）し、古人と手を携えて、古人と共に歩むことができるのである。

ところで、伝統中国の史論の論述には、もう一つの理論的問題が潜んでおり、考察するに値する。伝統中国の歴史家は、史論を通じて「特殊性」から「普遍性」へと向かうのだが、彼らが打ち立てたのは、正にヘーゲル（Georg W. F. Hegel、一七七〇～一八三一）の言う「具体的普遍（concrete universals）」であった[28]。しかし、そうした「具体的普遍」としての哲学や道徳的命題は、普遍性と必然性とを有しているのだろうか。中国の歴史家は史「事」の中から史「理」を抽出したが、その史「理」は「具体性」という本質を具えていた。故に、中国の史「理」は打ち立てられた後でも、自主性はあるものの、普遍的に適用できる抽象的原理とはならなかった。この問題は、考察に値する理論的問題であろう。

四　史論の作用（二）――「今」を以て「古」を釈し、「古」を「今」の鑑と為す

中国の史論著作の第二の作用は、「今」によって「古」を解釈し、「古」と「今」との間に橋を架けて、

歴史経験に現代の歴史を学ぶ者たちのための歴史的教訓を提供させることであった。伝統中国の歴史著作の中には、歴史家自らの価値観や時代の影響が常に深く刻まれているのである。

この点についても、司馬遷の『史記』は最も代表的な著作である。太史公は『史記』高祖功臣侯者年表の序の中で、「今の世に居り、古の道を志すは、自ら鏡とする所以なるも、未だ必ずしも尽くは同じからず」と述べている。今と昔は違い、人物も異なるが、中国歴史著作中の史論は、これを克服して「古」「今」の距離を縮めるという作用を発揮しようとしているのである。太公史が記した孔子世家賛は、孔子の人格と模範に無限の憧れを寄せ、外戚世家序を書いては、古来外戚が国家を乱すことを挙げて、はっきりとは述べないものの、しかし何度も「慎まざるべきか」、「豈に命に非ざらんや」と述べて、そこに漢の武帝時代における外戚の擅権に対する嘆きを託している。また、伯夷列伝の筆法は特異である。太史公の「天道は親無く、常に善人に与す」というテーゼへの疑念は、より自分の経験への思いであった。管晏列伝を書いて管鮑の交わりを称賛し、晏子が越石父を上客としたことを尊んでいるのは、太史公が獄中に囚われて以後の「交遊は救ふ莫く、左右の親近、一言も為さず[29]」という惨めな経験の投射だと看做すことができる。屈原列伝では、屈原が「信なれども而も疑はれ、忠なれども而も謗ら[30]」れたことについて、無限の愛惜の情を寄せている。太史公の屈原についての記述が後世の読者の琴線に触れるのは、実は司馬遷自身、「讒諂の明を蔽ひ、邪心の公を害《そこな》ひ、方正の容《ゐ》れられざる[31]」という迫害を受けたことと密接に関係しているからであろう。このように、司馬遷の『史記』は至る所に古事と今情とのふれあいを見ることができる。『史記』中の「太史公曰」の筆法は、常に「今」という観点から「古」を解釈しており、故に「古」を「今」の鑑戒とすることができるのである。

司馬光撰『資治通鑑』は、史実を述べた後の「臣光曰」の中で、彼本人の価値観や時代背景を歴史事実の中に投影し、そこから過去の出来事に、現在の事象に対する「善は法と為すべく、悪は戒と為すべし」という作用を発揮させている。前文で『資治通鑑』巻一、周紀一の周威烈王二十三年（前四〇三）における「三家分晋」後の「臣光曰」を引いたが、(32)それこそは最も典型的な例である。宋末元初の胡三省（一二三〇～一三〇二）は『資治通鑑』に注を施し、その訓詁・名物・制度・地理についての考察は極めて精密であるが、彼は「新注資治通鑑序」の中で次のように述べている。

治平・熙寧の間、公（司馬光）は諸人と国事を議《はか》り相ひ是非するの日なり。蕭・曹の画一の弁（漢初の宰相曹参が蕭何が作った法を守って変えなかったことを指す）は以て変法者（王安石等の新法党）の口に勝つに足らざれば、西京に分司し、国論に予らずして、専ら書局を以て事と為せり。其の忠憤感槩の自ら言に已む能はざるは、則ち智伯才徳の論、樊英名実の説、唐太宗の君臣の楽を議する、李徳裕・牛僧孺の維州の事を争ふの類ひ是れなり。黄幡綽・石野猪の俳諧の語に至りては、猶書きて局官と与にし、之れを存して以て警を示さんと欲す、此れ其の微意は、後人尽くは知る能はざるなり。編年豈に徒らならんや。(33)

胡三省が上文に引く、各項の「臣光曰」における特定の史実に対する評論は、極めて正確なもので、司馬光の史論が「古」「今」を会通しようとし、歴史と現実との間にコミュニケーションの架け橋を架けようとしていることがわかる。

宋明時代には多くの歴史的事件や人物を評論する史論が書かれた。それらは「今」という立場から「古」を解釈することにより力点が置かれて、「古」を「今」の鑑戒とする作用を発揮している。例えば、蘇洵（字明允、号老泉、一〇〇九～一〇六六）の「管仲論」[34]、「弁姦論」[35]はいずれも強烈な「同時代的意義（Contemporary relevance）」を有するものである。特に「弁姦論」は、晋の恵帝と王衍の事跡を述べた後に次のように述べている。

今、人有り、口に孔（孔子）・老（老子）の言を誦し、身は夷（伯夷）・斉（叔斉）の行を履み、好名の士・志を得ざるの人を収召し、相ひ与に言語を造作し、私《ひそ》かに名字を立てて、顔淵・孟軻復た出づと以為《おも》ひしも、而も陰賊険狠、人と趣を異にするは、是れ王衍・盧杞合して而して一人と為るなり、其の禍は豈に勝《あ》げて言ふべけんや。[36]

ここでは厳しい批評が加えられているが、その全ては王安石のために発せられた言葉であった。中国の史学作品における史論は「今」によって「古」を解釈するものだが、本来は「古」を「今」の鑑戒とする意図があった。しかし、「今」の歴史読者の「自我」は、「多重の自我」であり、また「多重のアイデンティティ」も有している。故に、「今」によって「古」を解釈する史論は、常に多くの問題を引き起こしている。エドワード・W・サイード（Edward W. Said、一九三五～二〇〇三）は次のように述べている。

過去に訴えることは、現在を解釈するときのもっともありふれた戦略のひとつである。過去への訴えをうながすのは、過去に起こったことや過去のありように対して異議申し立てをしたくなるばかりか、過去がほんとうに過ぎ去り、終わり、決着がついたかについて、或いは過去が、さまざまに変容をとげながら、おそらくいまも続いているか否かについて、自信がもてなくなるときだ。この問題が活性化させるのは、ありとあらゆる種類の議論である――いわく、影響についての議論、非難と判断に関する議論、現在の現実と未来の正統性に関する議論[37]。

サイードの言葉は、文学批評に向けられて発せられたものであるが、この言葉は中国の史論が「今」によって「古」を解釈し、「古」を「今」の鑑戒とすることで引き起こされる問題をよく説明していると言える。

中国の史論における「今によって古を解釈する」こと、及び「古を今の鑑戒とする」ことが発揮する作用の中には、二つの大きな理論上の挑戦がある。第一は、現代の主体性を突出させ過ぎて、過去の史実の真相を覆い隠してしまうことをどのように避けるか、という点である。過度に「古を今のために用いる」ことを強調することになると、「古」は「今」の奴隷と成り果ててしまう。文革期間の中国大陸での「影射史学」の弊害は明らかであり、教訓とするに値するものであろう。

第二に、「今」という見地から「古」を解釈する史論は、多くの史実の中で、「今」と関係する、或いは「今」に至るまで余波の及ぶ「古」事にのみ焦点を当てることになる。それは、あたかも歴史というトンネルの中で車を走らせるかのようなもので、それをやり遂げる者は、「トンネル史学（Tunnel history)」の誹りを受けずにはすまないだろう。[38] 視野の狭さは避けられず、物事全体の一部しか見ていなければ、得失も容易には言うことは無い。

以上の二つの挑戦は、伝統中国の歴史家において見れば、解決可能な問題であろう。なぜなら彼らは儒家の価値理念の中に浸ってはいても、歴史事実を尊重する態度を堅持しており、「今」の圧力や必要への配慮から、「古」の事実を捻じ曲げたりはしないからである。春秋時代、魯の襄公二十五年（前五四八）に、史官は「崔杼、其の君を弑せり」という歴史的記載を堅持して、そのために命を投げ出すことをも厭わなかった。[39] 中国の歴史家は古来、史実を記載するのに、その用字の精確さに心を砕いてきたのである。[40] 彼らの「事実性（factuality）」に対する堅持が、彼らをして上記の二つの理論的問題を自身の歴史著作の中で解決することができると深く信じさせているのであろう。

五　史論の作用（三）――「事実判断」と「道徳判断」の融合

中国の史論の第三の作用は、歴史的事実と歴史的人物に対する判断を、道徳的判断と融合していることである。銭穆（賓四、一八九五～一九九〇）が「中国の歴史精神は、人については賢奸を分け、全ての事には必ず褒貶があるという点にある」と述べたが、[41] まさにその通りであろう。したがって、真実を求めることを目標とする史学と、善を追求することを目的とする哲学とが、伝統中国の学術においては一つになっており、それは伝統中国の学術の特質となっている。

伝統中国の史論が「事実判断」と「道徳判断」とを合わせて一つとしていることは、早くは『左伝』

の「君子曰」の論述中に見ることができる。魯隠公一一年（前七一二）、『左伝』の作者は鄭国と許国との政治的闘争に対する鄭の荘公の処理過程について述べた後、次のように評している。

君子鄭荘公を謂ひて、「是こに於いてか礼有り。礼は、国家を経し、社稷を定め、民人を序《ついで》し、後嗣を利する者なり。許は、刑無くして而して之れを伐ち、服して而して之れを舎《ゆる》し、徳を度《はか》りて而して之れを処し、力を量りて而して之れを行へり。時を相《み》て而して動き、後人を累《わずら》はすこと無し、礼を知れりと謂ふべし」と[42]。

この『左伝』の作者の史論の中には二つの特徴が表れている。第一に、鄭許間の政治闘争という歴史事実についての史官の叙述は一つの手段に過ぎず、史論を抽出して道徳判断を行うことこそ歴史致知の目的だったことである。第二に、歴史事実は、道徳的脈絡の中に置かれて、是非や価値を量られ、批判される点である。『左伝』の作者は雑多で陳腐な歴史事実の中から、最も道徳啓示的意義のある事件と人物とを選び出し、事実を描写した後で、続けて事件の背後に潜在している肯定的な価値と否定的な教訓を明らかにするのである。こうした歴史著作の伝統こそが、正しく孔子の『春秋』編纂の原則であった。

『孟子』離婁下（第二一章）には、

孟子曰はく、「王者の迹熄《や》みて而して詩亡び、詩亡びて然る後に春秋作《おこ》る。晋の乗、楚の檮杌、魯の春秋は、一なり。其の事は則ち斉桓・晋文、其の文は則ち史なり。孔子は『其の義は則ち丘 竊かに之れを取れり』と曰へり」と。[43]

とある。孔子が言う「竊かに取る」とは、まさに史実の中から史理と史義とを抽出することであり、歴史事実の叙述を道徳的推論の手段として、歴史学と道徳学とを一貫させるものであった。余英時（一九三一〜）は、「中国の伝統における歴史著作は一種の政治批判であり、道徳批判である」と言っているが、[44]その通りである。

中国史論において、歴史事実から道徳的命題を抽出した例は数多くある。漢代初期の賈誼（前二〇〇〜前一六八）は「過秦論」を著し、その中で秦帝国（前二二一〜前二〇六）が西端の小国から中国の大帝国へと発展する過程と、急激に勃興した帝国が、わずか一五年の間に煙のように滅亡へと向かったことを述べている。そして賈誼は、そうした秦の興亡から歴史的教訓を引き出し、「仁義を施さずして、而して攻守の勢（が）異」なっていたことが、[45]秦帝国興亡の決定的要因であったと指摘する。つまり賈誼の歴史解釈では、秦の始皇帝（前二二一〜前二一〇在位）が「仁」と「義」によって国を治めることができなかったことが、秦帝国崩壊の根本原因とされているのである。この種の儒家的価値理念の中に浸る歴史的解釈は、一つの理論上の仮説の上に成り立っている。それは、「外在範疇」の運用論理（*modus operandi*）は「内在範疇」の運用論理と等しく、故に「外在範疇」は「内在範疇」の拡大、または延長と看做し得るという仮説である。

中国史論中の「道徳批判」は、二つの種類に分けられる。一つは歴史的人物に対して行う「道徳批判」である。司馬遷は項羽（前二三二〜前二〇二）の事跡を述べた後、彼を批判して次のように述べている。

天下を分裂して、而して王侯を封じ、政は羽より出でて、号して「霸王」と為す。位は終へずと雖も、近古以来、未だ嘗て有らざるなり。羽の関（関中）を背にして楚を懐ひ、義帝を放逐して而して自立し、王侯の己に叛くを怨むに及ぶは、難し。自ら功伐を矜《ほこ》り、其の私智を奮ひて而して古を師とせずして、霸王の業を謂ひて、以て力征して天下を経営せんと欲するも、五年にして卒ひに其の国を亡ひ、身は東城に死すとも、尚覚寤せずして而して自ら責めざるは、過れり。乃ち「天の我を亡すなり、用兵の罪に非ざるなり」と引けるは、豈に謬りならざらんや。[46]

司馬遷の見るところ、項羽が失敗してしまったのは、自らを自己批判することを知らず、反省する能力に欠けていたからなのである。

また司馬遷は、『史記』李斯列伝で李斯（?～前二〇八）の行為を批判して、

太史公曰はく、李斯は閭閻《りょえん》を以て諸侯を歴《へ》て、入りて秦に事ふ。因りて瑕釁《かきん》を以て、以て始皇を輔けて、卒ひに帝業を成せり。斯は三公と為り、尊用せられたりと謂ふべし。斯は六芸の帰を知りしも、政を明らかにして以て主上の欠を補ふに務めず、爵禄の重を持するも、阿順苟合、威を厳にして刑を酷にし、（趙）高の邪説を聴きて、適を廃して庶を立てり。諸侯已に畔《そむ》く。斯は乃ち諫争せんと欲するも、亦た末ならずや。人は皆以へらく、斯は極めて忠なるも而も五刑を被りて死せりと。其の本を察するに、乃ち俗議と之れ異なれり。然らざれば、斯の功は且さに周（公）・召（公）と列

せられしならん。(47)

と述べ、淮陰侯列伝でも韓信（生年未詳〜前一九六）の人となりを批判して、次のように論じている。

太史公曰はく、吾れ淮陰に如《ゆ》くに、淮陰の人余れの為に言へり。韓信は布衣たりし時と雖も、其の志衆と異なれり。其の母死するも、貧しくして以て葬る無し。然れども乃ち行きて高敞の地に営み、其の旁をして万家を置くべからしむ、と。余れ、其の母の冢を視るに、良《まこと》に然り。假に韓信をして謙譲を道とするを学び、己の功を伐《ほこ》らず、其の能を矜らざらしむれば、則ち庶幾《ちか》からんか、漢家に於ける勳は以て周（公）・召（公）・太公の徒に比して、後世血食すべきに。此れより出づるに務めず、而して天下は已に集ひて、乃ち畔逆を謀りて、宗族を夷滅せしは、亦た宜ならざらんか。(48)

これら種々の論述は、いずれも歴史上の人物個人に対する批判である。

北宋の歴史家司馬光の『資治通鑑』に記載された最初の歴史事件は、紀元前四〇三年の「初めて晋の大夫魏斯・趙籍・韓虔に命じて諸侯と為す」で、僅か一行の記述である。しかし司馬光は、「臣光曰」に始まる一篇の史論を展開し、歴代王朝の興亡は執政者の徳行が決め手であったと述べている。司馬光は言う。

古昔より以来、国の乱臣と家の敗子、才に余り有れども而も徳は足らず、以て転覆するに至る者多きは、豈に特に智伯のみならんや。故に国のため家のためにする者は、苟も能く才徳の分を審らかにして而して先後する所を知らば、又何ぞ人を失ふこと之れ患ふるに足らんや。(49)

また司馬光は、別の箇所では、史学の教育的機能について、以下のように明確に記している。

臣の今述ぶる所は、止《た》だ国家の興衰を叙べて、生民の休戚を著し、観る者をして自ら其の善悪得失を択びて、以て勧戒と為さしめんと欲するのみにして、春秋の褒貶の法を立てて、乱世を撥《おさ》め諸れを正に反すがごときに非ざるなり。(50)

司馬光はこの中で、歴史に対して「事実判断」を施すのは、「道徳判断」を明らかにするために他ならないと強調しているのである。

歴史上の人物の行動に対する「道徳批判」以外に、中国史論にはもう一つの「道徳批判」がある。それは、制度に対する批判である。例としては、明の太祖は洪武一三年（一三八〇）、左丞相の胡惟庸を「図謀軌ならず」として中書省を廃止し、丞相を罷免して、六部を皇帝の直轄としたが、黄宗羲（一六一〇〜一六九五）は『明夷待訪録』置相の中で、この制度改革を次のように痛烈に批判している。

明の善治無きこと有るは、高皇帝（洪武帝）の丞相を罷《や》むるより始むなり。

原《も》と夫れ君に作るの意は、天下を治むる所以なり。天下は一人にして而して治む能はざれば、則ち官を設けて以て之れを治む。是の官なる者は、分身の君なり。孟子曰はく、「天子一位、公一位、侯一位、伯一位、子男同じく一位、凡そ五等なり。君一位、卿一位、大夫一位、上士一位、中士一位、下士一位、凡そ六等なり」と。蓋し外よりして而して之れを言へば、天子の公を去るは、猶公・侯・伯・子・男の遞《かはるがは》る相ひ去るがごとく、内よりして而して之れを言へば、君の卿を去るは、猶卿・大夫・士の遞る相ひ去るがごとし。独り天子に至りて遂ひに截然として等級無きに非ざるなり。昔者、伊尹・周公の摂政、宰相を以てして而して天子を摂るも、亦た大夫の卿を摂り、士の大夫を摂るに殊ならざるのみ。後世の君は驕り臣は諂ひ、天子の位は始めて卿・大夫・士の間に列せずして、而して小儒も河漢に其の摂位の事を遂げて、以て君崩じ子立つに至るも、哭泣衰経の哀を忘れ、礼楽征伐の治を講ずるも、君臣の義は未だ必ずしも全からず、父子の恩は已に先に絶えたり。不幸にも国に長君無く、之れを母后に委ね、宰相と為る者は方に嫌を避けて而して処り、寧ろ其の決裂敗壊をして、貽笑千古とせしむ。乃ろ天子の位の高過ぎしの致す所と視る無からんや[51]。

勿論、全ての史論中の「道徳判断」が褒貶の語句を用いているわけでは無く[52]、時には直接的な方法で褒貶の事実叙述を行っていない場合もあるが、それでも、より批判力を具えているものもある。司馬遷が荊軻の秦王暗殺という事実について描いて、荊軻の匕首が「(秦王に)中《あた》らず、銅柱に中れり」と記し[53]、史家として、秦王の暗殺失敗に対する無限の哀惜の念をそこに託していることは、その最も典型的な例であり、それは最も強力な「道徳批判」であったと言えよう。

古代中国の、「事実叙述」と「道徳判断」とを融合した史学の伝統は、実に歴史の行為者の「自由意志」

に対する肯定の上に成り立っている。その最たるものは、『左伝』宣公二年の記載である。

趙穿（晋の）霊公を桃園に殺せり。宣子（趙盾）は未だ山を出でざれば而ち復《かへ》る。大史（董狐）書して、「趙盾其の君を弑せり」と曰ひて、以て朝に示す。宣子曰はく、「然らず」と。（董狐）対へて曰はく、「子は正卿たるに、亡《に》げて竟《さかひ》を越えず、反《かへ》りて賊を討たず、子に非ずんば而ち誰《すなわ》ぞ」と。宣子曰はく、「嗚呼、詩に曰はく、『我れの懐《おも》ひて、自ら伊《こ》の慼《うれ》ひを詒《おく》れ』と。其れ我れの謂ひか」と。孔子曰はく、「董狐は、古への良史なり、法を書して隠さず。趙宣子は、古への良大夫なり、法の為に悪を受く、惜しいかな、竟を越ゆれば乃ち免れん」と。(54)

孔子が春秋時代晋の史官董狐を「古への良史なり」と賞賛したのは、孔子と董狐の二人がいずれも歴史の行為者である趙盾の「亡げて竟を越えず、反りて賊を討たず」という行為を、彼の「自由意志」から出ているものとして肯定しているからである。それ故に、趙盾は自身の行為の結末について、自ら道徳的責任を負い、歴史的審判としての「趙盾 其の君を弑せり」という記載を受け入れなければならないのである。


伝統中国の歴史家は、人は生まれながらにして「自由意志」があるという考えを堅持しており、それ故に、人は人の行為に対して道徳的責任を負っており、帝国の盛衰、乃至は歴史の発展方向は、すべて歴史的行為者の「心」に左右されるのである。明末の王夫之は『読通鑑論』叙論四の中で、歴史上の治乱が統治者の「心」次第であることについて述べて、次のように言っている。

然らば則ち治の資《と》る所の者は、一心のみ。心を以て政を馭すれば、則ち凡ての政は皆以て民に宜しかるべく、治の資に匪ざるは莫し。而して善く資を取る者は、変通して以て可を成すこと久し。身を古の時勢に設け、己の躬ら逢ふ所と為す。慮を古の謀為に研ぎて、己の身ら任ずる所と為す。古人宗社の安危を取りて、代ふるに之れが憂患を為して、而して己の危を去りて以て安に即く者は在り。古昔民情の利病を取りて、代ふるに之れが斟酌を為して、而して今の利を興して以て害を除く者は在り。得は資るべく、失も亦た資るべきなり。同は資るべく、異も亦た資るべきなり。故に治の資る所は、惟だ一心に在るのみにして、而して史は特だ其の鑑なり[55]。

王夫之及び儒家の人文精神の伝統の中に浸っている中国の歴史家において見れば、歴史の変化で、人の「心」と密接に関係しないものは無い（mind-correlative、或いは mind-correlated）。だからこそ、「修心」が統治者の最も重要な使命となるのである。

　伝統中国の史論が道徳的審判の作用を発揮するという点から言えば、中国文化における「歴史的審判」はユダヤ・キリスト教文化における「最後の審判」になぞらえることができる。西洋文化における「最後の審判」は「人」と「神」との誓約（covenant）の上に成り立つものであるが、中国文化の伝統における「歴史的審判」は、余英時が「中国の歴史学の中では、人を超越した神の奇跡や自然律といった概念には全く縁が無いと言ってよい」と述べているように[56]、「人」と「人」との間の暗黙の（tacit）道徳的責任（moral duty）を基礎とするものである。中国文化はまさしく「歴史的審判」によって、ユダヤ・

キリスト教文化における「最後の審判」に取って代えることができるのである。伝統中国の歴史家が心の中で待ち望む永遠とは、人の血涙や苦難であり、天上の神の国の設立や歴史における集団的力では無い[57]。司馬遷の筆の下における、項羽のような敗者としての英雄に対する同情や、伯夷・叔斉といった核心的価値理念を明らかにした文化的英雄への憐憫、そして労苦の庶民への配慮などから、『史記』という古典的な歴史学の名著が、確かに世の乱れを悲しみ民の困窮を憂える情感に満ちた書物であることがわかるであろう。

歴史研究の中で「道徳判断」を行うべきか否かという問題は、二〇世紀ヨーロッパの歴史家たちの一つの問題であった。イギリスの著名な歴史家ハーバート・バターフィールド（Herbert Butterfield、一九〇〇～一九七九）は、歴史家の責任は歴史事実に対する描写であり、歴史上の人物の是非を判断することでは無いと考えていた。彼は、歴史研究の中で道徳判断を行うことは歴史的認知を隠蔽することになると主張したのである[58]。エドワード・ハレット・カー（Edward Hallett Carr、一八九二～一九八二）もまた、歴史行為者の「私的領域」と「公的領域」とを区別すべきだと主張している[59]。一方、アイザイア・バーリンはそうした考えに反し、「主観」と「客観」の境界は分け難く、歴史の主体は各個人であり、個人は個人の行為に責任を負うべきだと考えている[60]。

伝統中国の歴史家はバーリンの主張に同意し、バターフィールドには反対の立場を採るものと言えるであろう。司馬遷が歴史を著すにあたって、「天人の際を究め、古今の変に通じ、一家の言を成す[61]」ことがその目標であった。彼は自己の主観的な「一家の言」によって、客観的な「古今の変」に「通」じようとしたのである。『史記』の歴史世界の中で、主観と客観とは互いに融合し、「過去」と「現在」とは密接に連動している。歴史研究の所謂「客観性」とは、まさしく司馬遷の「歴史の精神」の「主観性」を経て、そこで屈折して構築されるのである。

以上をまとめるなら、中国の史論は「事実」を「道徳」の中で脈絡化し、「事実」を冷え切った時空の中の物理的現象としてとらえるのでは無く、生き生きとした血の通った人間の活動として見ているということになる。確かに「歴史事実」は李恵儀が「ただ我々が物語を述べ、論を提出することができる時のみ、『過去』は読み解かれる」と述べているように[62]、「歴史叙述」を経て再構築される。しかし、ここで強調したいのは、「『過去』の可読性（readability of the past）」は、ただ「価値」の脈絡性（the contextuality of "value"）の中でのみ、昇華されるということである。司馬遷の言葉を借りるなら、一つ一つの「古今の変」のかけらは、ただ歴史家の「一家の言」という価値の網のふるいにかけられ、整理され、再構築され、一連のものとなって、そこではじめて意義ある「事実」群となるのである。伝統中国の歴史家の歴史世界の中で、歴史は人の「実存的」経験世界である。この世界の中では「事実判断」と「価値判断」とは密接不可分であり、「主観性」と「客観性」の隙間無く融合しており、その意味では、中国の歴史家はロビン・ジョージ・コリングウッド（R. G. Collingwood、一八八九～一九四三）の次の言葉に完全に同意することになるだろう。「歴史とは、歴史家の心の中で過去の思想を再構築したものに他ならない（history is nothing but the re-enactment of the past thought in the historian's mind）」のである[63]。

中国の史論が発揮するこうした作用は、中国の伝統的学術の史哲合一という特質を形作っている。中国の歴史学と哲学とは人間の苦難を和らげ、人類の生命を高めることを目的としている。それ故に、「真」を求めるだけでは無く、「善」をも求めるのである。そのような方法は、中国の歴史学を「個々の事例により構築された哲学」にし、中国哲学は強力な時空性を具えているために、その歴史の深みと視野とを有することになるのである。

六　結論

本章はいくつかの代表的な史論を例にとり、伝統中国の史論の三大作用について分析を加えた。第一は、歴史事実の「特殊性」から「普遍性」を抽出することで、中国の歴史著作の中の「事」と「理」とを、常にある種の動態的弁証関係の中に置くのである。第二は、「今」によって「古」を解釈し、「古」を「今」の鑑戒とすることであった。「古」と「今」とは、あたかも対話するかのように一堂に会するのである。第三は、「事実」を「道徳」の脈絡中に置いて叙述し、是非を判断し、批判するということであり、それにより中国の歴史著作は主客融合の特質を呈することになった。史論の精神の流れの中で、伝統中国の歴史家が構築した歴史世界の中の人物は、博物館のミイラのような存在では無く、図書館内に置かれた書籍のようなものであった。現代の読者は自由に古人が体験した経験の中へ入ることができ、彼らと手を携え、共に歩み、彼自身が生きる時代の課題を古人に対して尋ねて答えを求めるのである。伝統中国の歴史著作が描く世界とは、氷のように冷たい概念ゲームの世界では無い。それは、聖君の徳治、賢相の国への忠誠、暴君専制の邪悪、酷吏の辛辣と民衆の血涙にあふれた世界なのである。

伝統中国の史論中に見られる経世済民の精神の流れは、中国の歴史著作に道徳的教訓をあふれさせ、読者に対して生命の意義と価値とを深く考えるための資源を提供させる。また、中国の哲学者に常に歴史を出発点として思考させ、彼らの多くを同時に哲学史家ともしたのである。彼らの哲学的論証は強烈な歴史的時間性と空間性とを具えており、中国の伝統的な学術における史哲融合の特質を表わしているのである。

注

（１）〔漢〕鄭玄箋、〔唐〕孔穎達疏『毛詩注疏』（台北：芸文印書館、一九六〇年影印宋刊本）、六四四頁上。

（２）〔漢〕孔安国伝、〔唐〕孔穎達等正義『尚書正義』（台北：芸文印書館、一九六〇年影印宋刊本）、二三二頁上。

（３）〔宋〕朱熹『論語集注』、『四書章句集注』（北京：中華書局、一九八三年）、巻四、九三頁。

（４）〔漢〕司馬遷『史記』（台北：芸文印書館、一九五六年拠清乾隆武英殿刊本景印）、巻八、「高祖本紀」、一七五頁。また、Chun-chieh Huang, “The Ch’in Unification (221 B.C.) in Chinese Historiography,” in Q. Edward Wang and Georg G. Iggers eds., *Turning Points in Historiography: A Cross-Cultural Perspective* (Rochester: University of Rochester Press, 2002), pp. 31-44 参照。

（５）Lien-sheng Yang, “The Organization of Chinese Official Historiography: Principles and Methods of the Standard Histories from T’ang through the Ming Dynasty,” in W. G. Beasley and E. G. Pulleyblank eds., *Historians of China and Japan* (London: Oxford University Press, 1961), pp. 44-59.

（６）Chun-chieh Huang, “Historical Thinking in Classical Confucianism: Historical Argumentation from the Three Dynasties,” in Chun-chieh Huang and Erik Zürcher eds., *Time and Space in Chinese Culture* (Leiden: E. J. Brill, 1995), pp. 72-88 参照。

（７）Chun-chieh Huang, “The Philosophical Argumentation by Historical Narration in Sung China: The Case of Chu Hsi,” in Thomas H. C. Lee ed., *The New and the Multiple: Sung Senses of the Past* (Hong Kong: The Chinese University of Hong Kong Press, 2004), pp. 107-124、並びに Conrad M. Schirokauer, “Chu Hsi’s Sense of History,” in Robert P. Hymes and Conrad M. Schirokauer eds., *Ordering the World: Approaches to State and Society in Sung Dynasty China* (Berkeley: University of California Press, 1993), pp. 193-220 参照。

（8）E. G. Pulleyblank, "Chinese Historical Criticism: Liu Chin-chi and Ssu-ma Kuang," in W. G. Beasley and E. G. Pulleyblank eds., *op. cit.*, pp. 135-166.

（9）〔宋〕司馬光撰、〔元〕胡三省注、章鈺校記『新校資治通鑑注』（台北：世界書局、一九七六年）、巻一、「周紀一」、威烈王二三年（前四〇三）、二～三頁。

（10）冀小斌は現代の研究がいずれも司馬光の政治思想の保守性について同意していると言い、その「保守主義」には守成不変と、歴史的意識が強く「古」を「今」の鑑戒とするという二つの特徴があると指摘している。Xiao-bin Ji, *Politics and Conservatism in Northern Song China: The Career and Thought of Sima Guang (A.D. 1019-1086)* (Hong Kong: The Chinese University Press, 2005), pp. 10-15 and pp. 35-60 参照。

（11）黄俊傑『孟学思想史論（巻二）』（台北：中央研究院中国文哲研究所、一九九七年）、第四章、一二七～一九〇頁、特に一五九～一七一頁参照。

（12）〔宋〕司馬光『新校資治通鑑注』、巻七、「秦紀二」、始皇帝三七年（前二一〇）、二五一頁。

（13）〔宋〕司馬光『新校資治通鑑注』、巻二二〇、「唐紀三十六」、粛宗至徳二年（七五七）、七〇五〇頁。司馬光が歴史人物やその行為を評論する時に依拠した「名分論」は、北宋以降の儒者の共通価値観の一つである。諸橋轍次（一八八三～一九八二）は宋儒の思想とその志業を、正名・経綸・修養の三大領域に分け、北宋の儒者の「正名論」が実は外患の頻発に起因しており、禦戎論・辺務論・名節論・忠論などを生んだことを強調している。諸橋轍次『儒学の目的と宋儒――慶暦至慶元百六十年間の活動』、『諸橋轍次著作集』第一巻（東京：大修館書店、一九七五年）、一九二～二七八頁。宋儒の修史事業と「正名」についての議論は、二六四～二七八頁参照。

（14）Benjamin I. Schwartz, "History in Chinese Culture: Some Comparative Reflections," *History and Theory*, vol. 35, no. 4 (December, 1996), pp. 23-33.

（15）〔清〕章学誠「浙東学術」、葉瑛校注『文史通義校注』（北京：中華書局、一九九四年）、巻五、五二四頁。

（16）〔漢〕司馬遷「報任安書」、〔漢〕班固『漢書』（台北：芸文印書館、一九五六年拠清光緒庚子長沙王氏校刊本影印）、巻六二、一二五七頁下。

（17）Hok-lam Chan, "'Comprehensiveness' (Tung) and 'Change' (Pien) in Ma Tuan-lin's Historical Thought," in Hok-lam Chan and

Wm. Theodore de Bary eds., *Yüan Thought: Chinese Thought and Religion Under the Mongols* (New York: Columbia University Press, 1982), pp. 27-88 参照。

(18) 貝塚茂樹「中国史学理論の特質——劉知幾の史通を中心として」、『貝塚茂樹著作集』（東京：中央公論社、一九七七年）、第七巻、三二七～三三二頁、特に三三一頁。

(19)〔宋〕朱熹『孟子集注』、『四書章句集注』（北京：中華書局、一九八三年）、巻一二、三四八頁。

(20) 王夫之撰『宋論』は宋朝の歴代皇帝に関する史実について述べたものであるが、商鞅・王莽・王安石の言葉について、「言を知る者は、古人の言に因りて、古人の心を見、古人の世を尚論して、古人精意の帰するを分析し、群言の異同を詳説して、而して其の統宗を会し、微言の委曲を深造して、而して其の旨趣を審らかにし、然る後に言の古と合ふを知る者は、必ずしも其れ離れずとせず（後略）」という通則を提出するなど、事に随って理を説いている。〔清〕王夫之『宋論』、『船山全書』（長沙：岳麓書社、一九八九年）、第一一冊、巻六、「四　温公明道之善王安石」、引文は一六〇頁。

(21) 趙翼の『廿二史劄記』は歴代の史事を主とするものだが、彼もまた、「古今の風会の遞変、政事の屢更に至りては、治乱興衰の故に関する者有り、亦た見る所に随ひて附して之れを著す」と述べている。〔清〕趙翼著、王樹民校証『廿二史劄記校証』（北京：中華書局、一九八四年）、「廿二史劄記小引」、一頁。

(22) 陳寅恪は唐代の多くの外民族との交流という具体的歴史事実から、「一は外族盛衰の連環性、二は外患と内政の関係」という二つの通則を導き出している。陳寅恪『唐代政治史述論稿』（台北：里仁書局、一九八一年）、一二八頁。

(23) 中村元『東洋人の思惟方法』全四巻（東京：春秋社、一九八八年）。徐復観は該書の第二巻を中国語に訳している。中村元著、徐復観訳『中国人之思維方式』（台北：台湾学生書局、一九九一年）。Hajime Nakamura, edited. by Philip P. Wiener, *Ways of Thinking of Eastern Peoples: India, China, Tibet, Japan* (Honolulu: University of Hawaii Press, 1968), pp. 175-203.

(24) Hajime Nakamura, *op. cit.*, p. 184.

(25) 吉川幸次郎『支那人の古典とその生活』、『吉川幸次郎全集』第二巻（東京：筑摩書房、一九六八年）、二六九～三五九頁、特に二七七頁。本書には中国語版として、吉川幸次郎著、林景淵訳『中国人之古典学術与現実生活』（台北：寰宇出版社、一九九六年）がある。

(26) Carl Hempel, "The Function of General Laws in History," in Patrick Gardiner ed., *Theories of History* (Oxford: Oxford University Press, 1959), pp. 344-355.

(27) Isaiah Berlin, "History and Theory: The Concept of Scientific History," in Alexander V. Riasanovsky and Barnes Rizrik eds., *Generalizations in Historical Writing* (Philadelphia: University of Pennsylvania Press, 1963), pp. 60-113.

(28) ヘーゲルは、「具体的普遍（concrete universal）」と「抽象的普遍（abstract universal）」は一組の相対的な概念だと考えている。「抽象的普遍」には、（一）普遍性（universality）・（二）規定性（determinateness）・（三）両者の単純統一（the simple unity of the two）という三つの要素が含まれており、「具体的普遍」には（一）客観的普遍（the objective universal）と（二）外面的普遍（singularized universal）という二つの要素が含まれている。G. W. F. Hegel, *The Science of Logic*, translated and edited by George Di Giovanni (New York: Cambridge University Press, 2010), pp. 537, 585. 別に中国語版の黒格爾著、楊一之訳『邏輯学』（北京：商務印書館、二〇〇九年）、二七六～三三八頁参照。またヘーゲルは、中国の「五行」こそは「具体的普遍」であると考えている。Hegel, *Lectures on the History of Philosophy 1825-6, vol. 1*, in Robert F. Brown ed., translated by R. F. Brown and J. M. Stewart with the assistance of H. S. Harris (Oxford: Oxford University Press, 2009), p. 110. 中国語版は黒格爾著、賀麟・王太慶訳『哲学史講演録』（北京：商務印書館、一九九五年）、第一巻、一二三頁。

(29) 〔漢〕司馬遷「報任安書」、〔漢〕班固『漢書』、巻六二、二二五六頁上。

(30) 〔漢〕司馬遷『史記』、巻八四、「屈原賈生列伝」、一〇〇四頁。

(31) 〔漢〕司馬遷『史記』、巻八四、「屈原賈生列伝」、一〇〇四頁。

(32) 〔宋〕司馬光『新校資治通鑑注』、巻一、「周紀一」、威烈王二三年（前四〇三）、二頁。

(33) 〔元〕胡三省「新注資治通鑑序」、『新校資治通鑑注』、二八頁。

(34) 〔宋〕蘇洵「管仲論」、『嘉祐集』（上海：上海古籍出版社、一九九三年）、巻九、二六一～二六二頁。

(35) 〔宋〕蘇洵「弁姦論」、『嘉祐集』、巻九、二七一～二七二頁。

(36) 〔宋〕蘇洵「弁姦論」、『嘉祐集』、巻九、頁二七二。この文章は最も早くは、〔宋〕邵伯温（一〇五七～一一三四）『邵氏聞見録』（北京：中華書局、一九八三年、二〇〇八年再版）、巻一二、一三〇〜一三一頁に収録されている。蘇洵は一〇六六年に卒しているが、この時、王安石はまだ変法を行っていない。この文章は或いは他人の偽作であるかもしれないが、その真偽は不明である。

(37) 薩依徳（Edward W. Said）著、蔡源林訳『文化与帝国主義』（台北県新店市：立緒文化事業公司、二〇〇一年）、三三頁、及び Edward W. Said, *Culture and Imperialism* (New York: Alfred A. Knopf, 1990), ch. 1, p. 1〔本訳ではエドワード・W・サイード著、大橋洋一訳『文化と帝国主義（1）』（東京：みすず書房、一九九八年）、三三頁参照〕。

(38) ジャック・H・ヘクスター（J. H. Hexter、一九一〇〜一九九六）の言葉。J. H. Hexter, *Reappraisals in History* (Evanston, Ill.: Northwestern University Press, 1961) 参照。

(39) 楊伯峻『春秋左伝注』（台北：源流文化事業有限公司、一九八二年）、下冊、襄公二五年、一〇九九頁。

(40) 楊伯峻『春秋左伝注』、上冊、僖公二六年、三六九頁。

(41) 銭穆『中国史学発微』、『銭賓四先生全集』、第三二冊、引文は一四一頁。

(42) 楊伯峻『春秋左伝注』、上冊、隠公一一年、七六頁。

(43) 〔宋〕朱熹『孟子集注』、巻八、二九五頁。

(44) Ying-shih Yü, "Reflections on Chinese Historical Thinking," in Jörn Rüsen ed., *Western Historical Thinking: An Intercultural Debate* (New York, Oxford: Berghahn Books, 2002), p. 161.

(45) 〔漢〕賈誼「過秦論」、『賈誼新書・揚子法言』（上海：上海古籍出版社、一九九〇年）、七頁。

(46) 〔漢〕司馬遷『史記』、巻七、「項羽本紀」、一五九頁。

(47) 〔漢〕司馬遷『史記』、巻八七、「李斯列伝」、一〇三七頁。

(48) 〔漢〕司馬遷『史記』、巻九二、「淮陰侯列伝」、一〇六六頁。

(49) 〔宋〕司馬光撰、〔元〕胡三省注、章鈺校記『新校資治通鑑注』、巻一、「周紀一」、威烈王二三年（前四〇三）、一五頁。

(50) 〔宋〕司馬光撰、〔元〕胡三省注、章鈺校記『新校資治通鑑注』、巻六九、「魏紀一」、文帝黄初二年（二二一）、二一八七頁。

(51) 〔清〕黄宗羲『明夷待訪録』（台北：台湾中華書局、一九七四年四部備要本）、「置相」、六頁上〜七頁下。

(52) Adrian Oldfield, “Moral Judgments in History,” History and Theory, XX:3 (Oct., 1981), pp. 260-277.

(53) 〔漢〕司馬遷『史記』、巻八六、「刺客列伝」、一〇二四頁。

(54) 楊伯峻『春秋左伝注』、上冊、六六二～六六三頁。

(55) 〔清〕王夫之『読通鑑論』、『船山全書』、第一〇冊、一一八一～一一八二頁。

(56) Ying-shih Yü, *op. cit.*, p. 153.

(57) ピーター・バーク（Peter Burke、一九三七～）は以前、西洋史学は集合の力に特に重視していると述べている。Peter Burke, “Western Historical Thinking in a Global Perspective: 10 Theses,” in Jörn Rüsen ed., *Western Historical Thinking: An Intercultural Debate* (New York, Oxford: Berghahn Books, 2002), pp. 15-30 参照。

(58) Herbert Butterfield, “Moral Judgments in History,” in Hans Meyerhoff ed., *The Philosophy of History in Our Time* (New York: Doubleday & Company, Inc., 1959), pp. 228-248.

(59) Edward Hallett Carr, *What Is History?* (New York: Alfred Knopf, 1962, c1961).

(60) Isaiah Berlin, “Historical Inevitability,” in Hans Meyerhoff ed., *op. cit.*, pp. 249-272.

(61) 〔漢〕司馬遷「報任安書」、〔漢〕班固『漢書』、巻六二、二二五七頁下。

(62) Wai-yee Li, *The Readability of the Past in Early Chinese Historiography* (Cambridge, Mass.: Harvard University Asia Center, 2007), p. 1.

(63) R. G. Collingwood, *The Idea of History* (Oxford: Clarendon Press, 1946), p. 228. 中国語版としては、R. G. Collingwood 著、黄宣範訳『歴史的理念』（台北：国立編訳館、一九九一年）、二三三頁参照。

●第二部　儒家思想と中国歴史思惟の展開

第三章　中国古代における儒家の歴史的思惟の方法とその運用

一　はじめに

筆者は第一章において、伝統的な中国史における思惟は「時間」の概念をその核心としているが、歴史家は「時間性（temporality）」を備えた具体的な歴史的人物、或いは事件を研究することを主要な職務としているものの、彼らはいずれも「時間性」のある史実の中から、「超時間性（supra-temporality）」を有する一般的な理法、或いは道徳的な命題を抽出することに尽力したということを指摘した。また第二章ではさらに、伝統的な中国の歴史家が「時間性」と「超時間性」の間にあって、悠々と自得して人生の流れに従い、古人を友とし、古えを今の鑑として未来を指し示すことができたのは、主として伝統的な歴史著作の中に歴史ある史論の伝統があったからに他ならないと述べた。伝統中国の歴史家は歴史的な事例を叙述した後、必ず史論を撰して、「特殊性」と「普遍性」とを貫き、また同時に、「時間性」の中から「超時間性」の意義や価値理念を抽出し、古今を会通して、「古」を「今」の鑑とするのである。

本章では古代の儒家が展開した歴史的思惟の方式とその運用方法を分析する。そのためには所謂「具体的思惟方法」という観点から検討を加えなければならない。この「具体的思惟方法」とは、中国文化の中に現れた多くの思惟方法の中で、最も悠久で、かつ中国文化の特色を具えた思惟方法だと言える。この「具体的思惟方法」とは、具体的状況から出発して行われる思考活動を指し、純粋な理論或いは抽象的な論理によって推論するものではない。こうした思惟方法は、中国文化において極めて多く見受けられ、とりわけよく見られるものは抽象的命題（特に倫理学或いは道徳論的命題）を、具体的で特殊な時空のコンテクストの中に置いて、古代の聖賢や歴史的人物、或いは過去の出来事を引用して証明し、論証の説得力を増すものである。[1]中国文化における「具体的思惟方法」の出現は、中国の歴史意識の発達と密接な関係がある。中国文化の中で「歴史的精神」の発達は極めて早く、過去の事例を調査し、起源を究明し、栄枯盛衰を観察し、教訓を明記することで、それを行為の根拠とすることは、遅くとも春秋時代（前七二二～前四八二）にはすでに中国人の共通認識となっている。中国古代における歴史意識は頗る早熟であったと言えよう。[2]そうした強烈な歴史意識の洗礼の中で、古代中国の思想家はしばしば事に即して理を述べる。彼らは具体的で特殊な個別的事例或いは経験の中から、普遍的で抽象的な命題を抽出したり帰納したりするのに手慣れていた。中国人の思惟は活発で変化に富んでいながら、また、日常の物事に密着しており、抽象的な「型式（form）」や「範疇（category）」、もしくは静止した命題の束縛を受けてこなかったのである。[3]

儒家の思想の伝統において、そうした「具体的思惟方法」の一種の表現形式こそが歴史的思惟方法であった。多くの儒家の論述において、歴史的思惟方式は幾度も運用、発揮され、儒家思想史上において重要な遺産となっている。そしてそれは今日でもなお、華人社会の中で、一定の影響力を有している。しかし、儒家の歴史的思惟の特徴とは何であろうか。また、古代の儒家はいかなる方法をもって歴史的思考を行ったのだろうか。さらには、儒家の歴史的思考を行う過程において、どのような概念、或いは要素が主導的な効果を発揮したのであろうか。これらの問題に対して、答えを導きだすことが本章の目的である。

本章ではまず、古代儒家の歴史的思惟における「時間」概念に対して分析を行い、古代儒家の「時間」概念には、次のような二つの特質があったことを指摘する。まず、(一)往復性である。これは、「時間」が「過去」と「現在」の両極間を往復し、「過去」と「現在」をして一方では分離しながらも他方では融合するという弁証的発展関係を構成していることを意味する。そして、(二)「今」は「古」によって形作られたものであると同時に、それでいて、「古」に新たな意味を与えることができるということである。続いて、筆者は古代儒家の歴史的思惟方法を、二つの方法に帰納する。すなわち、(一)比式思惟方法と(二)興式思惟方法である。前者は古によって今を諭すものであり、後者は史実に即して史義を求めるものである。さらに本章では、古代儒家の歴史的思惟の展開過程においてよく見られる四つの主要概念について検討する。その四つとは、(一)「三代」、(二)「道」、(三)「人文化成」を中心とする人文精神、(四)「聖王」である。この四者の中で、「聖王」の概念こそが最も重要な語であろう。なぜならば、儒家の理想における「聖王」とは、その盛徳大業によって、人文世界を化成し、「三代」を正しい「道」が行われた黄金時代とするからである。なお、古代儒家の歴史的思惟の展開過程において、ある種の「反事実的思惟方法（counterfactual mode of thinking)」とでも言うべき傾向が現れるが、この点も特に深く分析するに値すると考えられる。

二　儒家の歴史思惟における「時間」概念

１　「時間」の往復性

「時間」の意味とは何と偉大なことだろうか。春秋時代の孔子（前五五一～前四七九）は、川上の嘆にて、水の流れを時間の過ぎ行く様にたとえている。また、唐代の詩人陳子昂（六五六～六九五）の詩には「前に古人を見ず、後ろに来者を見ず。念ふ天地の悠悠たる、独り愴然として涕下る」[4]の句がある。ここには、人が「時間」に追われる中で、未曾有の孤独感に襲われる心情が端的に表されている。しかし、「時間」の本質とは何であろうか。これこそ我々がまず探求しなければならない課題であろう。

中国古代の儒家が歴史の論述を行う時、そこに現れる「時間」概念には少なくとも二つの特質がある。即ち（一）時間の往復性、そして（二）「時間」の序列の中での「古」と「今」とが、複雑に入り組んで現れる関係を具えていることである。ここで言う「時間の往復性」とは、古代儒家の歴史的思惟の中で、「時間」が決して近代社会の中で見られるような、可逆性を持たない、一方向的な「時間」ではないということを意味する。古代儒家の「時間」は、「過去」と「現在」、この両極の間を往復し弁証的に運動している。こうした「時間」の往復運動の下で、「過去」と「現在」とは、一方では分離しながらも、他方では結合するような関係を形成している。この意味において、古代儒家思想における「時間」とは、「往復する時間」なのである。

古代の儒家において、「時間」が往復性を具えている主な原因は、「時間」が一定の方向に沿って発展していることにある。歴史と文化は、一定の方向において因襲変革し損益するものなのである。孔子が子張の「十世知るべきや（十世の後も知ることができるでしょうか）」という問いに対する答えは、そうした態度の代表例となるであろう。孔子は「殷は夏の礼に因る、損益する所知るべきなり。周は殷の礼に因る、損益する所知るべきなり。其れ或ひは周を継ぐ者は、百世と雖も知るべきなり」（『論語』為政、第二三章）と述べるのである。[5] 孟子（前三七一？～前二八九？）はこれをさらに一歩進め、「時間」の発展過程には周期的な律動が現れることを次のように指摘している。

孟子曰はく、「尭・舜より湯に至るまで、五百有余歳、禹・皋陶のごときは則ち見て之れを知り、湯のごときは則ち聞きて之れを知る。湯より文王に至るまで、五百有余歳、伊尹・萊朱のごときは則ち見て之れを知り、文王のごときは則ち聞きて之れを知る。文王より孔子に至るまで、五百有余歳、太公望・散宜生のごときは則ち見て之れを知り、孔子のごときは則ち聞きて之れを知る。孔子よりして而来今に至るまで、百有余歳、聖人の世を去ること、此の若く其れ未だ遠からず。聖人の居に近きこと、此の若く其れ甚だし。然り而して有ること無くんば、則ち亦た有ること無からん」と。（『孟子』尽心下、第三八章[6]）

古代儒家はさらに、「時間」の往復の中で、歴史がある種の「理性」とでも言うべき因子を含み、歴史的発展にはある種の必然性がある、と考えている。孔子・孟子・荀子は、この点において持論が一致しており、そのため三者は共に人類の歴史の未来に対しても、比較的楽観的な見方をとっているのである。孔子は嘗て、春秋時代以来の歴史的発展を帰納して、歴史的発展には一定の法則があることを指摘している。

孔子曰はく、「天下に道あれば、即ち礼楽征伐、天子より出づ。天下に道なければ、則ち礼楽征伐、諸侯より出づ。諸侯より出づれば、蓋し十世にして失はざること希なり。大夫より出づれば、五世にして失はざること希なり。陪臣 国命を執れば、三世にして失はざること希なり。天下に道あれば、則ち政は大夫に在らず。天下に道あれば、則ち庶人は議せず」と。（『論語』季氏、第二章）(7)

孔子は、歴史の中にはある種の「理性」があり、そのため歴史の発展は一定の軌道に沿うことになり、それ故に必然性があるのだと考えている。孔子のこうした考えは、思想的淵源があるものと思われる。周初以降、歴史的経験の中から導き出された行為の規則は、常に強調されてきた。『尚書』召誥に記載されている召公の一節は、その代表的な言辞であろう。召公は、

我れ有夏に監《かんが》みざるべからず、亦た有殷に監みざるべからず。我れ敢へて知らずして曰はく、有夏の天命に服すること、惟れ年を歴たること有り。我れ敢へて知らずして曰はく、其れ延びず。惟れ厥《そ》の徳を敬まず、乃ち早く厥の命を墜せり。我れ敢へて知らずして曰はく、有殷の天命を受くる、惟れ年を歴たること有り。我れ敢へて知らずして曰はく、其れ延びず。惟れ厥の徳を敬まず、乃ち

早く厥の命を墜せり。今王嗣ぎて厥の命を受く。我れ亦た茲の二国の命を惟ひ、若《なんぢ》の功を嗣げ。(8)

と言う。周公や召公といった周初の統治者が歴史的経験を重視したのは、おぼろげながらも歴史の中に必然性があると仮定し、徳を敬えば大事をなすことができるが、徳を敬わなければ天命を失うと考えたからである。孔子は周の文王を敬慕し、「郁郁乎として文なるかな」という周代の文化に思いを馳せ、周公を夢に見なくなったことを自分の老衰の象徴とした。周の文王の、そうした歴史を尊重する思想は、孔子にとってある種の啓示となるべきものであった。

自らを孔子私淑の弟子とする孟子もまた、その論説の中で、歴史の変遷の中にある種の必然性が存在することを肯定している。紀元前三一二年、孟子が自分の理想を実践できないことを理由に、斉の国を離れることを決意した時、(9)充虞に対して語った一節には歴史の必然性の仮説が隠されている。孟子はこう述べる。

五百年にして必ず王者の興る有り、其の間に必ず世に名ある者有り。周よりして而来、七百有余歳なり。其の数を以てすれば則ち過ぎたり、其の時を以て之を考ふれば則ち可なり。夫れ天は、未だ天下を平治せんと欲せず。如し天下を平治せんと欲すれば、今の世に当たりて、我を舎きて其れ誰ぞや。吾れ何為すれぞ不豫ならんや。(『孟子』公孫丑下、第一三章)(10)

孟子のこの一節は以下のように、いくつかの位相の意義を含んでいる。まず、（一）英雄的人物の出現は歴史の必然であること（「五百年にして必ず王者の興る有り」）。次に、（二）こうした必然性を具えた歴史的律動は、およそ五〇〇年を一周期としていること。また、（三）歴史の中には理性的な成分を有していること（「天は〈中略〉天下を平治せんと欲す」）。それ故に、（四）人は楽観的な態度で未来を迎えるべきこと（「吾れ何為すれぞ不豫ならんや」）などである。

古代の儒家は人類の歴史の方向について基本的にはある種の楽観主義的態度を保持しており、長期的な観点から言えば、歴史は理性的成分を含み、人類の歴史は常に理性的な軌跡の上に進んでいくと考えているのである。

儒家のこのような歴史における楽観主義的態度、その最も主要な思想的根拠の一つは、彼らが歴史の中の「時間」が往復性を具えており、人は「現在」という時空の交差点に立って、歴史的な経験に対して思考を巡らし、歴史的な「過去」について意味を与えて、かつ歴史的思考を通して自分および自分の時代を定位すると信じているからに他ならない。故に歴史解釈は、孔子・孟子・荀子にとって、基本的には意義に対して打ち立てられる人文的な活動であって、外科の手術室内で行われる解剖行為のようなものではない。孔子・孟子・荀子の認識では、「歴史」は一方では「自我」を形成し、「自我」を「歴史」によって浸潤させることになるものであるが、別の一面から見れば、その「自我」もまた「歴史」を如何に解釈するかを決定する主体であり、「自我」もまた歴史の行方を決定することができるものなのである。したがって、「歴史」と「自我」とは、古代儒家の目には、互いに影響を与えあう関係として映っていたのである。

以上、儒家思想における「時間」の往復性について説明を加えたが、容易に次のような連想を引き起こすであろう。それは、古代中国は歴史意識が格段に発達した社会であり、人類学者のクロード・レヴィ＝ストロース（Claude Lévi-Strauss、一九〇八～二〇〇九）が描いた「歴史的生成を自己のうちに取り込んで、それを発展の原動力とする」、歴史感覚を有する「熱い社会」に酷似しているということである。[11] それでは、原始社会の人々も「時間の往復性」を信じているならば、彼らの「時間」概念と古代中国人の「時間」概念とは同一のものなのであろうか。

比較文化史の立場から見ていくならば、中国古代の「時間」観といくつかの原始社会の「時間」観とは、確かにある種の類似性がある。真木悠介（本名：見田宗介、一九三七～）は嘗て世界の文化史上における「時間」の四種の形態に関して分析している。その四種とは、

（一）近代社会：「直線的な時間」
（二）ヘブライズム：「線分的な時間」
（三）ヘレニズム：「円環的な時間」
（四）原始共同体：「反復的な時間」

である。[12] 古代ギリシア文化と原始共同体における「時間」は「反復的時間」に近く、一方の近代とヘブライ文化における「時間」は「非反復的時間」の傾向がある。また、近代及び古代ギリシア社会における「時間」は「抽象的な量的時間」であるが、原始共同体とヘブライ社会における「時間」は「具体的な質的時間」に傾いている。勿論、上文に述べたことは理想形態的な説明であり、この四種の「時

間」概念の中には、依然として細かな相違が含まれているが、ここでは挙げない。

もしも、㈠共通の歴史的経験の社会の全ての構成員への内在化、㈡「時間」の数量性が明らかで無いこと、㈢「時間」が「過去」と「現在」との間を往復運動しており、それ故に「往復性」を具えること等の三つの側面について言えば、中国古代と原始共同体における「時間」観念には、確かにある種の類似性を認めることができる。しかし、筆者がさらに一歩踏み込んで指摘したいのは、中国古代と原始社会における「時間」概念が、表面上の類似性の下に、大きな差異を隠しているということである。少なくとも以下の三点に関しては注意を要すると考えられる。

第一に、原始社会における「時間」の往復性は、ある種の儀式や自然物を通して創り出されるが、古代中国における「時間」の往復性は、古代の聖賢やその歴史的事実によって打ち立てられるのであり、両者間には本質的な異同がある。レヴィ＝ストロースは嘗てオーストラリア中部の原住民の集落におけるチューリンガ（churinga）の風習について、以下のように記している。

チューリンガとはご存知の通り石か木で作られた物体で、形はほぼ楕円形をしており、両端は尖っていることも丸味を帯びていることもある。そして多くはその上に象徴記号が彫り込まれている。しかし時には、単なる木片か石ころで、なにも加工されていない場合もある。外観がどうであれ、チューリンガはそれぞれきまったある一人の先祖の肉体を表わす。そして代々、その先祖の生れ変わりと考えられる生者に厳かに授けられるのである。チューリンガは、人のよく通る道から遠い自然の岩陰に積んで隠しておく。定期的にそれを取り出して調べ、手で触ってみる。またそのたびごとに磨き、油をひき、色を塗る。それとともにチューリンガに祈り、呪文を唱えることを忘れない。それは、役割においても取り扱いにおいても、われわれの古文書と著しい類似性をもっている。われわれは古文書を箱の奥深くしまい込んだり、公証人に託して誰にも見られないように保管してもらったりする。またときどき、神聖なものに対して必要な細心の配慮をしつつそれを調べ、必要があれば補修するし、上等な書類綴に移しかえたりもする。このようなとき、われわれも、破れたり黄ばんだページを見ると追憶が鮮かに蘇えり、好んで偉大な神話を朗誦することになる。それは先祖の事蹟であったり、建築もしくは最初の譲渡以来の家屋敷の歴史であったりする。(13)

オーストラリア北部の原住民集落では「チューリンガ」を通して、過ぎ去った「時間」およびその経験を「現在化」する。また、北アランダ族は土地に対する愛着を通して、「過去」と「現在」の間に連続性を構築するのである。レヴィ＝ストロースはT・G・H・ストレーロウが行ったフィールドワークの調査を次のように引用している。

山や小川や泉や沼は、原住民にとっては単なる美しい景色や興味ある景観にとどまるものではない……。それらはいずれも彼の祖先の誰かが作り出したものなのである。自分を取り巻く景観の中に、彼は敬愛する不滅の存在〔祖先〕の功業を読みとる。これらの存在はいまも、ごく短期間、人間の形をとることができ、その多くを彼は父や祖父や兄弟や母や姉妹として直接的経験で知っている。その土地全体が彼にとっては、昔からあって今も生きている一つの家系図のようなものである。原住民はそれぞれ各自のトーテム祖先の歴史をつぎのように考える。それは、今日われわれの知っている世界を作り上げた全能の手がまだその世界を保持していた天地開闢の時代・生命の曙の時代に対する、原住民一人一人の自分自身の行動の関係なのである。(14)

しかし、古代中国における「時間」の往復性は、その多くが歴史上の黄金時代（「三代」）や古代聖賢（例えば舜、禹、湯、周文王、周武王、周公、孔子など）、その善言善行の思考を通じて創り出されているのである。この点については、本章第四節において改めて詳論することにしよう。

続いて第二は、古代中国と原始社会における「時間」概念のもう一つの相違は、中国人が理想を意味する「古」と現実を意味する「今」との対比を通して、意義を創造する活動を行っていることである。ここに中国文化の特質があると言えよう。上述の様に、古代中国人の「時間」概念は、「古」と「今」の間を往復運動しており、そのため「自我」と「歴史」との間には相互浸潤性や参与性（inter-involvement）が具わることになった。こうした複雑な関係のため、「自我」は簡単に二つに引き裂かれてしまいやすく、その上、両者は常に緊張状態に置かれている。換言すれば、「歴史」に浸潤され、またそれによって「歴史」と相互に参与し合う「自我」には、（一）歴史的経験の蓄積としての「自我」と（二）現実の状況の制約下に存在する「自我」、という二つの側面があるのである。

ここで言う「歴史的経験の蓄積としての自我」とは、人の「歴史人（Homo historien）」としての側面を指して言ったもので、人は歴史的経験によって浸潤され、形作られているのである。孔子が周公を敬慕し、周初の歴史的経験を通して彼自身の時代を反省する時、また孟子が歴史を顧みて、特に「舜は畎畝の中より発り、傅説は版築の間より挙げられ、膠鬲は魚塩の中より挙げられ、管夷吾は士より挙げられ、孫叔敖は海より挙げられ、百里奚は市より挙げらる」（『孟子』告子下、第一五章）[15]といった歴史事実に注意を向ける時、彼らはすべて歴史の中に浸潤し、「歴史」によって形作られるのである。周公・舜・傅説といった人々の生命経験は孔子と孟子の「体知（embodiment、訳者注：具現化）」を経て、それらはすべて孔子と孟子の人格を形成する特質の構成要素となるのである。ここに「歴史人」としての「自我」は理想性に満たされることになる。

こうした「歴史的経験の蓄積としての自我」に対して、「現実の状況の制約下に存在する自我」とは、人の「現実人」としてのものであり、その時代その土地に生きて社会・経済・政治活動に参与している人を指す。近代以前の中国史において、「現実人」としての「自我」は専制政治の制約下にあり、現実世界の汚穢の深刻な影響を受けていた。そうであるならば、二つの「自我」の間に緊張関係があることは避けられない。実際、古代儒家の著作の中で、「古」と「今」との対比は、延々と続く歴史論議の重要なテーマの一つだったのである。

『論語』に記載されている文言を見ても、孔子は常に周代の文化に対して敬慕の念を示すことで、自身が生きる時代への不満を表している。孔子は同時代の知識人の学ぶ姿勢に対して、「古の学者は己の為にし、今の学者は人の為にす」（『論語』憲問、第二五章）と不満を漏らしている。[16]また、孔子は古今の社会の気風の変遷についても、「古は民に三疾有り。今や或いは是れ亡きなり。古の狂や肆、今の狂や蕩なり。古の矜や廉、今の矜や忿戻なり。古の愚や直、今の愚や詐りのみ」（『論語』陽貨、第一六章）と評している。[17]孔子の言論の中で、孔子はしばしば「古者（古は）」の一語によって自身の理想を投影し、

「今者（今は）」によって現実のせせこましい世相を述べるのである。
「古」と「今」との強烈な対比は、理想主義に満ち溢れる孟子の手によって更に発揮されることになる。『孟子』の中には、この種の比較が頻出しているが、次の二つは比較的そうした特徴が明確に表れた言論であろう。

（1）孟子曰はく、「天爵なる者有り、人爵なる者有り。仁義忠信、善を楽しみて倦まざるは、此れ天爵なり。公卿大夫は、此れ人爵なり。古の人は其の天爵を修めて、人爵之れに従ふ。今の人 其の天爵を修めて、以て人爵を要む。既に人爵を得て、其の天爵を棄つるは、則ち惑の甚だしき者なり。終ひに亦た必ず亡せんのみ」と。（告子上、第一六章[18]）

（2）孟子曰はく、「五霸は、三王の罪人なり。今の諸侯は、五霸の罪人なり。今の大夫は、今の諸侯の罪人なり」と。（告子下、第七章[19]）

（1）では古今の人の修養目的が異なることを比較し、（2）では古今の政治が異なっていることを強く嘆いているのである。
荀子（前二九八～前二三八）も、古今対比の論述の中で、自身の理想世界を提示している。この手の記述は多く見られ、ここでは一例のみを挙げるにとどめる。

古は先王分割して而して之を等異するなり。故に或ひは美或ひは悪、或ひは厚或ひは薄、或ひは佚

> 或ひは楽、或ひは劬或ひは労ならしむるは、特に以て淫泰・夸麗の声を為すに非ず、将に以て仁の文を明らかにし、仁の順を通ぜしめんとするなり。故に之れが雕琢刻鏤・黼黻文章を為すは、以て貴賤を弁つに足らしむるのみにして、其の観を求めず。之れが鍾鼓管磬・琴瑟竽笙を為すは、以て吉凶を弁ち、歓を合し、和を定むるに足らしむるのみにして、其の余を求めず。之れが宮室・台榭を為すは、以て燥湿を避け徳を養ひ、軽重を弁つに足らしむるのみにして、其の外を求めず。（中略）今の世は而ち然らず、刀布の歛を厚くして以て之れが財を奪ひ、田野の税を重くして以て之れが食を奪ひ、関市の征を苛にして以て其の事を難くす。然るのみならずして、有《ま》た掎挈伺詐・権謀傾覆して、以て相い顛倒し、以て之を靡敝し、百姓曉然として皆其の汙漫暴亂にして将に大いに危亡せんとするを知るなり。是を以て臣にして或ひは其の君を弑し、下にして或ひは其の上を殺し、其の城を粥ぎ、其の節に倍きて、其の事に死せざる者あり。它の故無し、人主自ら之れを取るなり。（『荀子』富国[20]）

荀子が孔子・孟子と同様、古代を理想化するのは、古代を軸として、理想とはかけ離れた荀子の時代を教え導こうとしているからである。

古代の儒家は「歴史人」としての「自我」と「現実人」としての「自我」との間に大きな溝があることに例外無く気付いており、彼らは古と今が異なっていると幾度も述べていた。それはつまり、「自我」の二つの側面の間には緊張関係が存在することについての認識であった。「時間の往復性」とは、古代の儒家がそれによって「古」と「今」の間の差異を縮め、「理想」と「現実」の矛盾を克服するための重要な道具であった、と言うことができよう。

第三は、古代中国人の「時間」概念における「過去」と「現在」とは、機械的に対立する両極のようなものでは無く、有機的で相互に浸潤する二つの時間点だったことである。これが、古代中国と原始人との「時間」観念の三つ目の差異である。

人類学者のエドマンド・ロナルド・リーチ（Edmund R. Leach、一九一〇〜一九八九）は嘗て、原始社会の「時間」は対立する両極（例えば夜と昼、冬と夏、旱魃と洪水、老人と幼児、生と死など）の間を往復運動していると指摘している[21]。原始社会の時間概念において、「過去」とは「現在」と対立するものであった。しかし、古代中国人の「時間」概念とは、純粋な自然の中の「時間」では無く、人文的な意味をもつ「時間」であった。この人文的な時間の中で、「過去」・「現在」・「未来」は、表面上は断絶しているように見えるものの、その深層では連続性を有している。孔子の子貢に対する賛辞「諸《これ》に往を告げて而して来を知るものなり」（『論語』学而、第一五章[22]）や、「周は殷の礼に因る、損益する所知る可きなり。其れ或ひは周に継ぐものは、百世と雖も知る可きなり」（『論語』為政、第二三章[23]）など、これらは全て「過去」と「現在」の間には連続性があると仮定した上での発言である。

以上、古代儒家の歴史的思惟における「時間」の往復性について述べてきた。その特質は、表面上は原始社会の「時間」の概念と類似性を有している。しかし、その本質について見るならば、中国人の「時間」には強烈なまでの人文化成的意義が含まれており、それはプラトンが述べるような抽象的な概念では無く、また、原始社会のような儀式を通して「過去」を現在化するような「往復する時間」ではなかった。それは「理想」と「現実」との矛盾を克服することを可能にする人文的な「時間」なのである。

2 「古」と「今」の相互発現

古代儒家の「時間」概念における第二の特質は、「古」と「今」とが相互に発現することである。「古」と「今」の「相互の発現」とは以下のことを言う。儒家は、常に「現在」を批判し、「未来」を導くために、「過去」の歴史的経験を顧みる。そのため、儒家は自分達の主張する「現在」及び「未来」の「応に然るべし（ought to be）」と、過去の歴史上の「実に然り（to be）」とを結び付けて一つにし、しかも「応然」を基盤として、「実然」を論じるのである。そのため、儒家の歴史的な思惟には、「歴史」と「歴史解釈者」とが互いに融合・浸潤することによって、所謂「相互に主体となる」ような状態に達することがしばしば見られる。この意味において、「古」は主体でもあり客体でもある。「古」は「今」を形成することができると同時に、「今」による解釈を受けることになるからである。他方、「今」もまた、主体であり客体である。「今」は「古」が蓄積変化してきたものであると同時に、「古」に対して新しい意義を加えることが出来るからである。故に、「古」と「今」とは、互いに依存し、互いに創造しあう存在ということができるのである。

「古」と「今」の相互発現という点から、我々はさらに、古代儒家の歴史的思惟の以下の三つの特徴を見出だすことができる。

（一）「回顧性（retrospective）」と「展望性（prospective）」の思惟活動が不可分であること。

（二）（一）によって、儒家の歴史的思惟においては、「過去」・「現在」及び「未来」とが互いに浸潤する関係を形成していること。

(三)(一)と(二)によって、古代儒家の歴史的思惟には「価値(value)」と「事実(fact)」との相互融合が見られること。

「古」と「今」の相互発現は、「鑑」という字に極めて具体的な意味を見て取ることができる。『詩経』大雅、蕩に「殷鑑遠からず、夏后の世に在り」とあり、また本章第一節でも引用した『尚書』召誥には「我れ有夏に監みざるべからず、亦た有殷に監みざるべからず」とあった。この二文の中の「監」字は、「鑑」とも書かれ、古くは甲骨文字にも見られ、人が盆の側に立つ様を表し、自らその姿を覗き見るという意味がある[24]。「監」は元は「鏡」を指し、『釈文』に「鑑は、鏡なり」、『左伝』魯荘公二一年(前六七三)に「王、后の鞶鑑を以て之れに予ふ[25]」、『詩経』邶風、柏舟に「我が心鑑に匪ず」とあるが[26]、これら三例の「鑑」はいずれも「鏡」を言うものである。また、朱駿声(一七八八～一八五八)は「鑑、仮借して鏡と為す。(中略)竟監、一声の転なり」と述べているが[27]、妥当な見解である。「鑑」の意味は、もとの鏡から「誡」の意味が派生し、『広韻』の「鑑、誡なり[28]」や、『正字通』の「古今成敗を考観し法戒と為すは、皆鑑と曰ふ[29]」などは、「鑑」字の派生した意味について述べたものである。人が鏡を引き寄せ、自らを映し出して自省するという動作において、人は鏡に映る客体であると同時に鏡を見る主体でもある。つまり、人と鏡とは互いに主体なのである。『詩経』大雅、蕩の「殷鑑遠からず[30]」は、一方では歴史的な経験を今そこにある現実を映し出す鏡とすることができるということを意味しているが、他方では現実の状況を歴史的経験が新たな意味を賦与するものとすることができるということも意味している。「鑑」の一字は、中国古代儒家の歴史的思惟における「古」と「今」の相互発現を最もよく示したものだと言ってよい。

儒家の「時間」観における「古」と「今」との相互発現という現象について述べてきたが、ここに一つの問題が生じてくる。それは、儒家の「時間」観の中で、「未来」はどのように考えられているのか、ということである。栗田直躬（一九〇三～一九九九）は、中国古代の思想家は「未来」に対する思考に乏しく、中国の古典籍の中には「古」と「今」との明確な並列はよく見られるのに対し、これらに応ずる「未来」という意味を表す単語を欠いているとする。また、概念上、中国の古典籍では「未来」に対して独自の地位を与えていないと指摘している。[31]栗田氏の見解は的を射たものだと言えるが、更に付け加えるならば、古代中国の思想家は「過去を鑑とする」ならば「未来を知る」ことができると考えていた。つまり、「未来」に関する様々な可能性は、「過去」の中に隠されていると考えているのである。それは正しく孔子が述べたように、「殷は夏の礼に因る。損益する所知る可きなり。周は殷の礼に因る。損益する所知る可きなり」、この「過去」の史実によって、「其れ或ひは周に継ぐ者は、百世と雖も知る可きなり」（『論語』為政、第二三章）[32]と「未来」を知ることができるのである。

三　儒家の歴史的思惟における方法――「比」と「興」

さて、続いて古代の儒家がどのような方法で歴史的思惟を行ったのかについて議論を進めたい。

筆者はすでに、本章第二節において、次のことを指摘した。古代の儒家にとって、「自我」は常に歴史的経験の浸潤を受けるものであり、「歴史」と互いに参与しあうものであった。そのため、「自我」には（一）歴史的な経験の蓄積としての「自我」と、（二）現実状況の制約下における存在としての「自我」、という二つの側面が現れるのである。古代の儒家は、「自我」の二つの側面の間には緊張した関係があるべきでは無いと主張する。なぜならば、歴史上の「過去」と人が生きている「現在」との間は、断裂しているものでは無く、持続していると考えるからである。それではなぜ、儒家はこのような考え方をしたのか。それは、彼らが「時間」には持続性と可逆性とがあると考えていたからであろう。

　孔子が夏・商・周の「三代」の歴史を論じる時、三代の間には歴史的持続性があることを指摘し、そこから推して、「百世と雖も知る可きなり」と述べていた。孟子の「五百年にして必ず王者の興る有り」（『孟子』公孫丑、第一三章[33]）は、ある種の循環論的色彩を帯びているが、彼もまた基本的には歴史に持続性があるということに賛同しているし、荀子が更に「千歳を観んと欲すれば、則ち今日を数ふ」と強調するのも、「古今は度を一」（『荀子』非相）にしているからである。[34]歴史の中の「時間」に持続性があるからには、所謂「歴史的自我」と「現実的自我」との間の大きな隔たりは、儒家からすると存在すべきものでは無いということになる。では、どのようにして「歴史」と「現実」との間を縮めるのか。

　一言で述べるならば、古代の儒家が歴史解釈を通して「古」と「今」との距離を近づけるための基本的な方法は、歴史的事件（史事）から歴史的意義（史義）を創造することであった。孟子の「王者の跡熄《や》みて而して詩亡ぶ。詩亡びて然る後に春秋作《おこ》る（中略）其の事は則ち斉桓・晋文、其の文は則ち史。孔子曰はく、『其の義は則ち丘竊かに之れを取れり』と」（『孟子』離婁下、第二一章[35]）は、歴史的事件に即して歴史的意義を求めたもので、正に儒家の伝統下に生きる中国の歴史家の一貫した歴史著述の伝統だと言えよう。本書第二章で論じたように、中国史の著作の中には、脈々と培われた史論の伝統が生きている。この種の史論の文言こそが、伝統中国の歴史家が史事に即して史義を求めた場なのである。これらを更に分析していくと、古代の儒家が歴史的思考によって意味を創造する思惟方法として、以下の二つがあると考えられる。

1　比式思惟方式

中国人の思惟において最も重要なものは「比興」の思惟であり、「比」は常に「興」から離れることが無く、「興」を核心概念としている。ここではまず、「比式思惟方式」について論じたい。「比式思惟方式」の「比」とは、朱子（晦庵、一一三〇〜一二〇〇）が詩の「六義」を解釈して述べた「比とは、彼の物を以って此の物に比するなり」の意味に他ならない[36]。つまり「比」とは、現代語で言う「類推（比附）」の意味である。類似したものを切り取ってきて事柄を指し示すという方法は、古代中国人が多用していた思惟方法であった。つまり、「比式思惟方式」もまた、類推型思考方法（analogical mode of thinking）の一種であり、それは『墨子』小取に見える「辟」や「援」といった思考方法でもある。

辟とは、他物を挙げて而して以て之れを明らかにするなり。
援とは、子然りとすれば、我れ奚ぞ独り以て然りとすべからざらんやと曰ふなり[37]。

こうした類推型の思考方法は、戦国時代に極めて流行し[38]、当時の知識人が議論を展開する際によく見られた思考方法なのである。

この「比式思惟方式」は、古代儒家が歴史について論じる際に幾度も現れる。『論語』について見れば、子貢は「日月の食」を「君子の過」に擬え（子張、第二一章[39]）、孔子は「復たとは夢に周公を見ず」によって自身の衰えを象徴し（述而、第五章[40]）、子貢は伯夷・叔斉を「古の賢人」「仁を求めて而して仁を得たり」と評する孔子の言葉から、孔子が衛君に仕える気が無いことを知るのである（述而、第一五章[41]）。これらの例には全て類推型の思考方法が隠されているのである。

こうした思考方法は孟子に到って十分に発揮されることになる。故にここでは、孟子を中心として、「比式思惟方式」の古代の儒家における歴史的思惟の展開を見てみることにしよう。

劉殿爵（一九二一～二〇一〇）が述べたように、孟子は類推方式での論証に長けていた[42]。孟子は「凡そ類を同じくする者は、挙相ひ似たり」（『孟子』告子上、第七章）と言うが[43]、ここで言う「類」は『孟子』書中には二種類の用法があるようである。一つは同種属の性質上の帰類としてのものであり、もう一つは概念上の類推としてのものである[44]。この二種類の方法は、孟子が歴史的事実を論じる際にしばしば見られるものである。ここでは『孟子』中の三例を挙げて、内容を明らかにしてみよう。

（１）孟子曰はく、「力を以て仁を仮る者は覇たり、覇たれば必ず大国を有《たも》つ。徳を以て仁を行ふ者は王たり、王たれば大を待たず。湯は七十里を以てし、文王は百里を以てす。力を以て人を服せしむる者は、心より服するに非ざるなり、力贍《た》らざればなり。徳を以て人を服せしむる者は、中心より悦びて而して誠に服す。七十子の孔子に服すが如きなり。詩に云ふ、『西よりし東よりし、南より

し北よりし、思ふて服せざる無し』」と。此れの謂ひなり」と。（公孫丑上、第三章[45]）

（2）孟子曰はく、「昔者、禹洪水を抑へて而して天下平かなり。周公夷狄を兼ね猛獣を駆りて百姓寧し。孔子春秋を成して亂臣賊子懼る。（中略）我も亦た人心を正し、邪説を息め、詖行を距ぎ、淫辞を放ちて、以て三聖者より承けんと欲す。豈に弁を好まんや。予れ已むを得ざればなり」と。（滕文公下、第九章[46]）

（3）孟子曰はく、「離婁の明、公輸子の巧も、規矩を以てせざれば、方員を成すこと能はず。師曠の聡も、六律を以てせざれば、五音を正すこと能はず。尭舜の道も、仁政を以てせざれば、天下を平治すること能はず」と。（離婁上、第一章[47]）

上記の三例のうち、最初の例は歴史上の湯王と文王の「徳を以て人を服せしむ」から、「七十子の孔子に服《したが》ふ」を類推しているが、これは同種属の性質上の帰類を用いたものである。続く例では禹・周公・孔子の行為を類推し、最後の例でも離婁・公輸子・師曠と尭・舜について類推を行っている。前者は乱世における道徳的行動の必要性を論証し、後者は典範や基準の必要性を提示しているのだが、両者は共に概念上の類推を用いたものだと言えよう。

2　興式思惟方式

「興式思惟方式」とは、具体的な歴史的事実を用いて、歴史を読む者の価値意識を呼び起こすものである。劉勰（四六五～五二〇?）『文心雕龍』比興に「興とは、起なり」とある。[48]こうした具体的な史実により価値意識を呼び醒ます思惟方式は、儒家の常用する思惟方式であるが、それは詩教の伝統と密接な関係があるだろう。『論語』八佾（第八章）の孔子と子夏との対話を用いて説明したい。

子夏問ひて曰はく、「『巧笑倩たり、美目盼たり、素以て絢と為す』とは、何の謂ひぞや」と。子曰はく、「絵の事は素《しろ》きを後にす」と。曰はく、「礼は後なるか」と。子曰はく、「予を起こす者は商なり。始めて与に詩を言ふべきのみ」と。(49)

孔子が述べるように、「起」とは古代中国人が詩を言う際の基本的な目的である。そして、古代儒家の詩教の伝統こそは美的感覚の経験が沸き起こることを通して、人の道徳的な価値意識を覚醒させるものであった。孔子の「詩は、以て興すべし」（『論語』陽貨、第九章）の語は、(50)『詩』を読むことを通して心を呼び覚ますことを言ったものである。こうした詩教の伝統における「興式思惟方式」は、常に「隠喩（metaphor）」によって豊富な意味を託すので、孟子は「故に詩を説く者は、文を以て辞を害せず、辞を以て志を害せず。意を以て志に逆《むか》ふ、是れ之れを得たりと為す」（『孟子』万章上、第四章）と述べるのである。(51)詩を口にする者にとって、詩は決して対象的な存在では無い。詩は詩を口にする者の解釈を経て、詩を口にする者の実存する状況と相俟って、絶えること無く新たな意味を沸き起こすのである。中国の儒家の詩教の伝統の中に現れた「詩」の多義性と拡張性という特質こそが、筆者がここで述べる「興式思惟方式」なのだと言ってよい。

この「興式思惟方式」とは古代中国人によく見られる思惟方式である。ここでは『左伝』より二例を挙げてみよう。

（1）宋人曹を囲むは、服せざるを討つなり。子魚、宋公に言ひて曰はく、「文王 崇徳の乱るを聞きて之れを伐つ。軍すること三旬なるも而も降らず。退きて教へを修めて而して復た之れを伐てば、塁に因りて而して降りき。詩に曰はく、『寡妻に刑あり、兄弟に至り、以て家邦を御む』と。今、君の徳は乃ち猶欠くる所有ること無からんや。而るを以て人を伐つは、之れを若何。盍ぞ姑く内に徳を省みざる。欠くること無くして而る後に動け」と。(52)

（2）（北宮文子）対へて曰はく、「（中略）紂、文王を囚ふること七年、諸侯皆之れに従ひて囚はれしかば、紂是こに於いて懼れて而して之れを帰せしは、之れを愛すと謂ふ可し。文王崇を伐てば、再駕して而して降りて臣と為り、蛮夷帥ひて服せしは、之れを畏ると謂ふ可し。文王の功は、天下誦して而して之れを歌舞せしは、之れに則ると謂ふ可し。文王の行は、今に至るまで法と為れるは、之れに象ると謂ふ可し。威儀有ればなり。故に君子は在位畏る可く、施舍愛す可く、進退度とす可く、周旋則る可く、容止観る可く、作事法る可く、徳行象る可く、声気楽しむ可し。動作文有り、言語章有り、以て其の下に臨む。之れを威儀有りと謂ふなり」と。(53)

（1）では、子魚が文王の崇討伐という事件を挙げて、「闕くること無くして而る後に動け」という訓戒を提示し、また（2）では、北宮文子が、文王の事件を引いて、君子は威儀を具えるべきだとの主張を展開している。いずれも歴史上の事実を引用して、眼前の事件に対する価値判断を導き出すのである。

こうした「興式思惟方式」は、『論語』・『孟子』・『荀子』の中でもしばしば見られるものであり、特に珍しいものでは無い。続いて、『孟子』を例として説明を加える。

(1)(孟子)曰はく、「昔、大王は色を好み、厥の妃を愛す。詩に云ふ『古公亶父は、来たりて朝に馬を走らせ、西水の滸に率ひ、岐の下に至る。爰に及びて姜女と、聿に来たりて胥宇る』と。是の時に当たり、内に怨女無く、外に曠夫無し。王の如し色を好みて、百姓と之れを同じくすれば、王たるに於いて何か有らん」と。(梁恵王下、第五章[54])

(2)滕の文公問ひて曰はく、「斉人 将に薛に築かんとす。吾れ甚だ恐る。之れを如何すれば則ち可ならん」と。孟子 対へて曰はく、「昔者、大王邠に居り、狄人之れを侵す。去りて岐山の下に之《ゆ》きて居れり。択びて之れを取るに非ず、已むを得ざればなり。苟しくも善を為さば、後世の子孫に必ず王者有らん。君子は業を創め統を垂れて、継ぐ可きことを為す。夫の成功のごときは、則ち天なり。君 彼を如何にせんや。強《つと》めて善を為さんのみ」と。(梁恵王下、第一四章[55])

(3)孟子曰はく、「舜は畎畝の中に発《おこ》り、傅説は版築の間に挙げられ、膠鬲は魚塩の中に挙げられ、管夷吾は士より挙げられ、孫叔敖は海より挙げられ、百里奚は市より挙げらる。故に天は将に大任を是の人に降さんとするや、必ず先に其の心志を苦しめ、其の筋骨を労し、其の体膚を餓えしめ、其の身を空乏にし、行ひは其の為す所を払乱せしむ。心を動かし性を忍び、其の能はざる所を曽益せしむる所以なり。人は恒に過ち、然る後に能く改む。心に困しみ、慮に衡りて、而る後に作る。色に徴はし、声に発し、而る後に喩る。入れば則ち法家の払士無く、出づれば則ち敵国外患無き者、

国は恒に亡ぶ。然る後に憂患に生きて而して安楽に死するを知るなり」と。（告子下、第一五章[56]）

以上の三例は、いずれも代表的な「興式思惟方式」の実例と言えよう。この三例を詳しく検討するならば、以下の見解を得ることが出来るだろう。

第一は、この「興式思惟方式」が「具体的思惟方法」の一つであることである。上記の三例の中で、話し手は聞き手の価値意識を呼び起こすために、必ず歴史上の具体的な事実、或いは人物を用いている。この特質から、中国人の思惟方式は抽象的論理的な推論に訴えるものでは無く、具体的で特殊な個別の事件や状況から問題を考察するものである、ということがわかる。そのため、中国人の思想は活発で変化に富んでおり、形式にこだわることも無く、凝り固まった理論によって制限されることも無い。「羚羊挂角、跡の求むべきは無し」の語は[57]、それをよく表していよう。

第二は、「興」とは、朱子が「興は、先ず他物を言ひて以て詠む所の詞を引起するものなり」と言うように、「他物」によって「此物」を喩えることである。ただし、詩学における「起興」の原則は、あくまで「近くのものから遠くのものへ」であった[58]。しかし、儒家の歴史的思惟の中に見える「起興」は、しばしば「遠くのものを言って近くのものを指し示す」ものであり、昔時の歴史的事例の中に現在の状況と符合するものを見つけて、「古によって今を風刺する」のである。上記の三例に見られる「興式思惟方式」も、いずれも「遠くのものを言って近くのものを指し示す」ものである。（2）は大王が邠に居た当時の話を引用して、滕文公に善行を諭し勧めたものであり、（3）もまた、舜や傅説等の偉人の行動や経験を引用して「憂患に生きて而して安楽に死す」という道理を述べたものなのである。この点から、古代中国の儒家が歴史上の「過去」と目の前の「現在」とが二つに断裂しているとは考えず、「古」から「今」までを連続した関係にあるものと認識していた、と言うことができよう。過去の歴史的事実の中に蓄積された原理は、いずれもが現代人にとって、長い歴史に裏づけされた新たな啓発をもたらしてくれるのである。

古代儒家の歴史的思惟における「比興式思惟方式」は、歴史的事実を挙げて眼前の状況に類「比」し、価値意識を引き「興」すものであった。儒家は、これらの歴史事実の中に豊富な「意義」が隠されていると仮定し、後人の解釈を待つのである。例えば、前引の『左伝』僖公一九年（前六四一）で、子魚は宋公との対話において、「文王崇徳の乱るを聞きて之れを伐つ」という史実によって、宋公に内省するように戒め、その徳が「欠くこと無くして而る後に動け」と言っていた。子魚からすれば、「欠くこと無くして而る後に動く」という行動原則は、文王の崇討伐の史実の中に隠されていたものであり、宋人が曹を包囲した眼前の事件に対して啓発的意義を有するものであった。故に特に顕彰して、この史実に対して現代的意義を賦与しているのである。また、『孟子』梁恵王（第一四章）で、孟子は「昔者、大王邠に居り、狄人之れを侵す。去りて岐山の下に之きて居れり」という史実を引用し、滕文公の発奮を促し善行を勧め、告子下（第一五章）では、舜・傅説・膠鬲・管仲（夷吾）・孫叔敖・百里奚といった偉人たちの経験を引いて、「憂患に生きて而して安楽に死す」の価値を顕彰している。以上の二例の中で、「統治者は善行に努めなければならない」と「憂患の中に生きて安楽の中に死ぬ」という価値は、いずれも表面上には現れていない。どちらも歴史的事実の中に隠されていて、後人による発掘や解釈を待っているのである。

ここまで「譬喩」を基本的性質とする「比興式」の思惟方法の特色について述べてきたが、まとめると以下のようになるだろう。

㈠歴史上の事実や人物は、ある種の「符号」に類似し、無尽蔵の「意義」を隠し蓄えている。

㈡しかし、歴史を読む者だけが「符号」に新しい「意義」を注ぎ込む、或いは「符号」の中の「意義」を解読することが出来る。

㈢歴史を読む者だけが「符号」に新しい「意義」を注ぎ込み、「符号」の中の「意義」を解読することが出来るのは、彼らの置かれている特殊状況の刺激や啓発に因るところが大きい。

四　古代儒家における歴史的思惟の運用

ここでは、古代儒家の歴史的思惟の展開に対し、別の角度からの検討を加えたい。すなわち、関係が深いと考えられる四つの概念、㈠「三代」、㈡「道」、㈢「人文化成」、㈣「聖王」について考えてみたい。

1　「三代」

古代儒家の歴史的思惟における重要概念の第一のものとして、「三代」、つまり理想化された夏・商・周というものがある。古代中国思想史上において、「三代」という概念は、強烈な「非事実性」を有している。古代の思想家はこの「三代」という概念を用いて、自分の注ぎ込みたい意義を注入し、そして、「歴史」に新たな意味を与えることで、「三代」という歴史的経験に「現在」に対する衝撃を生み出させ、「未来」を導かせようとしたのである。この種の歴史的思惟方法は、古代中国の思想家に一貫しており、とりわけ「言は必ず尭・舜を称す」（『孟子』滕文公上）とされる儒家に最も顕著である。この事実はまた、中国思想史上において、文明の原始的で素朴な段階に憧憬を覚える「原始主義[59]（primitivism）」的思潮が確かに存在することを反映しており、我々が検討するに値する問題であると考えられる。

さて、『論語』を見てみると、孔子が心中に思い描く「三代」とは、小さな傷一つ無い黄金時代である。「三代」の歴史人物も聖君賢相揃いで、個々の行いは適切、道徳で国を治める時代であった。例えば次のように述べている。

（1）子曰はく、「如し周公の才の美有るとも、驕り且つ吝《やぶさ》かならしむれば、其の余は観るに足らざるなり」と。（泰伯、第一〇章[60]）

（2）子曰はく、「巍巍たるかな。舜・禹の天下を有《たも》つや、而して与らず」と。（泰伯、第一七章[61]）

（3）子曰はく、「大なるかな尭の君たるや。巍巍として、唯だ天を大なりと為し、唯だ尭のみ之れに則る。蕩蕩として、民能く名づくる無し。巍巍として、其れ成功有り、煥として其れ文章有り」と。（泰伯、第一八章[62]）

（4）舜に臣五人有りて而して天下治まる。武王曰はく、「予に乱臣十人有り」と。孔子曰はく、「才難し。其れ然らずや。唐虞の際、斯に於いて盛んなりと為す。婦人有り、九人のみ。天下を三分して

其の二を有ち、以て殷に服事す。周の徳は其れ至徳と謂ふ可きなり」と。（泰伯、第一九章[63]）

（5）子曰はく、「禹は、吾れ間然すること無し。飲食を菲《うす》くして、而して孝を鬼神に致し、衣服を悪しくして、而して美を黻冕に致し、宮室を卑くして、而して力を溝洫に尽くす。禹は、吾れ間然すること無し」と。（泰伯、第二〇章[64]）

（1）の中で、孔子は周公の才の美を美化し、それによって、当時の「驕り且つ吝かなるべからず」という価値意識を呼び起こそうとしている。ここで孔子は「如し」という表現を用いているが、「如」は中国語の中で反事実的思惟において最も多用される語句の一つである。呉光明（一九三三〜）が指摘しているように、中国語における反事実的思考は、「不」・「第」・「仮」・「令」・「如」・「若」・「使」・「縦」・「微」等の字から書き始められるのが常である。[65]（1）は、正しくその典型的な事例である。（2）から（5）までの中で、孔子は三代の人物――尭・舜・禹に対して崇敬の念を抱いており、聖人を敬う気持ちがその言葉から溢れ出している。ならば、孔子の述べる三代の人物の行為は本当に歴史的真実だったのだろうか。現代の読者が最も容易に思いつきうる疑問はこれであろう。

関連資料から判断すれば、孔子の歴史的思惟の中で、孔子はおそらく、そうした疑問が重要な問題であるとは認識していなかったと考えられる。孔子は、「現在」を導いて「未来」を展望することこそ最も重要な使命だと考えていたろう。つまり、「過去」を回顧するのは「現在」と「未来」のためになされるべきであって、そうした基礎の上であってこそ、ようやく意味があるのである。しかし、それならば、どのようにしたら、「過去」という歴史的な経験を、博物館のミイラのような存在とはせずに、図書館の豊富な蔵書として、歴史を読む者にその中に分け入らせて、古人と手を携えて連れ立ち、歴史の中から知恵や精神を汲み取ることができるだろうか。

孔子の述べる「過去」とは、基本的に彼自身が生きた時代の中で、「今の政に従ふ者は殆ふし」（『論語』微子、第五章の楚の狂人の言葉[66]）という状況を正すためのものである。孔子は彼自身の時代は天下無道の状態に陥っていると認識しており、そのため、「天下に道有るときは、丘は与に易へざるなり」（『論語』微子、第六章[67]）とも言うのである。故に、孔子の歴史的思考はしばしば「三代」を高度に美化したものとなっている。孔子が「過去」の歴史の中から「現在」のために知恵を汲み取るためのヒントを得る方法は、「現在」の「所当然」の立場から、「過去」の「所以然」について考えるというものであった。それこそが孔子の思惟方式における「反事実」的思考の表現なのである。

こうした「現在」の「所当然」の立場から、「過去」の「所以然」を論じるという思考方法は、孔子にだけ見られるものでは無く、孟子や荀子にも見られ、更にはその他の古代思想家の論述の中にも見受けられる。ここでは、『孟子』から検討を始めてみたい。

（1）孟子曰はく、「規矩は、方員の至りなり。聖人は、人倫の至りなり。君たりて君道を尽くさんと欲し、臣たりて臣道を尽くさんと欲すれば、二者は皆尭・舜に法るのみ。舜の尭に事《つか》ふる所以を以て君に事へざるは、其の君を敬せざる者なり。尭の民を治むる所以を以て民を治めざるは、其の民を賊《そこな》ふ者なり。孔子曰はく、『道に二あり。仁と不仁とのみ』と。其の民を暴すること甚だしければ、則ち身は弑せられ国は亡ぶ。甚しからざれば、則ち身は危く国は削らる。之れを名づけて『幽厲』

と曰ひ、孝子慈孫ありと雖も、百世改む能はざるなり。詩に云はく、『殷鑒遠からず、夏后の世に在り』とは、此れの謂ひなり」と。（離婁上、第二章[68]）

（2）孟子曰はく、「三代の天下を得るは、仁を以てす。其の天下を失ふは、不仁を以てす。国の廃興存亡する所以の者も亦た然り。天子不仁なれば、四海を保たず。諸侯不仁なれば、社稷を保たず。卿大夫不仁なれば、宗廟を保たず。士庶人不仁なれば、四体を保たず。（後略）」と。（離婁上、第三章[69]）

（3）斉の宣王問ひて曰はく、「文王の囿は方七十里と、諸れ有りや」と。孟子対へて曰はく、「伝に於いて之れ有り」と。曰はく、「是の若く其れ大なるか」と。曰はく、「民は猶以て小なりと為すなり」と。曰はく、「寡人の囿は方四十里、民は猶以て大なりと為すは、何ぞや」と。曰はく、「文王の囿は方七十里、芻蕘の者も往き、雉兎の者も往く。民と之れを同じくす。民以て小なりと為すも、亦た宜ならずや。臣始めて境に至り、国の大禁を問ひて、然る後に敢へて入る。臣聞く、郊關の内に囿有り方四十里、其の麋鹿を殺す者は人を殺すの罪の如し、と。則ち是れ方四十里、阱を国中に為るなり。民は以て大なりと為すも、亦た宜ならずや」と。（梁恵王下、第二章[70]）

（1）の中で、孟子は当時の現実状況について、統治者が「其の民を暴すること甚だしければ、則ち身は弑せられ国は亡ぶ」という原則を強調し、（2）では「天子不仁なれば、四海を保たず」を言い、（3）においては統治者の嗜好が人民と共にしなければならないという道理を詳しく述べている。つまり、孟子は論じるに当たって、三代の仁政と戦国時代の現実状況とを対比しているのである。孟子の言う三代の史実は、彼の時代の現実の状況には現れていない。この点から言えば、孟子の言う「三代」とは、まさに孟子の時代における「事実性（factuality）」に対する「反事実性（counter-factuality）」として論じられているのであり、孟子はその「三代」を用いて現実との対比を行ったのだと言える。「三代」はこうした思考方法の精神的支柱となり、孟子はこの支柱を用いて現実を批判して、未来へと導こうとしたのである。まさしく典型的な「反事実性」の思考方法である。この点から中国人の論説と思考の特徴を指摘することができる。中国人は、しばしば「過去はこのようであったろう」という言い方で、「現在はどのようにすべきか」という主張を表現する。その言辞は遠いものを指しているにもかかわらず、その意義は極めて近い所に存しており、歴史的経験に借りて心を掻き立てる。それは、中国古典文化生活中の『詩』教の温柔敦厚の特質を具現化したものなのである。[71]

「三代」は荀子の歴史的思惟においても、「反事実」の精神的支柱の役割を果たしている。荀子が各々の制度の重要性を論証しようとする時、三代の聖王統治下における制度を美化し、「道の三代に過ぐ、之れを蕩と謂ふ」と強調している。[72]『荀子』王制の論述中にも荀子は三代の数々の良法善政について述べているが、それらは全て当時の現実と相反する「反事実」なのである。

以上、儒家の論述を中心に見てきたが、ただ儒家のみが「三代」という概念を用いて「反事実的思考」を行い、「過去」と「現在」、及び「事実」と「価値」との間の垣根を取り除こうとしたと考えてはならない。実際に、儒家以外においても、古代中国人はしばしば三代の歴史上の人物の経験によって、反事実的思考を行っている。例えば、『左伝』成公二年には、楚国の令尹子重が軍を出して斉を救うに当たって、「詩に曰はく、『済済たる多士、文王も以て寧し』と。夫れ文王も猶衆を用ひたり。況んや吾が儕をや」とある。[73]この種の対話は『左伝』や『国語』などの古典文献に溢れるほどにありふれており、それらはいずれも中国文化によく見られる「反事実的思考」傾向を現しているのである。

2 「道」

二つ目は、歴史の中における「道」の概念である。本章第二節にて、古代儒家思想の「時間」が「往復性」という特徴を具えていることを論じた際、古代の儒家は人類の歴史の発展に対して楽観的な態度を持っていると指摘した。その理由は、儒家が歴史には「理性」因子が含まれていると考え、そのため、歴史の「必然」は光ある方向へ発展していくと考えていたからである。こうした歴史中の「必然性」は、儒家の言葉を用いて言うならば「道」である。

古代儒家の歴史思想における「道」は、二種類の性質を結び付けて一つにしたものである。「道」は「歴史的必然性」であると同時に「道徳的必然性」でもあり、歴史における永久不変の原理であると共に、社会の政治活動における道徳的原則なのである。孟子は、尭舜時代の政治状況について孔子の言葉を引用して「道に二あり、仁と不仁のみ」（離婁上、第二章）と述べていた。[74]儒家思想の中で、歴史における「道」とは、ある種の近代西洋思想史に見られる「自然法（自然律、natural law）」のようなものではない。それは人の意志の支配する客観的な宇宙原理を受け入れるものでは無く、人間世界の事例に対する規律なのである。孔子は「天下に道有れば、則ち礼楽征伐は天子より出づ」（『論語』季氏）と言う。[75]これが孔子の理想とする歴史における、あるべき「道」の姿なのである。この「道」は強烈な社会的性格を有している。孟子は「仁なる者は、人なり。合して之れを言へば、道なり」（『孟子』尽心下、第一六章）と言い、[76]荀子は「道なる者は、天の道に非ず、地の道に非ず、人の道とする所以にして、君子の道とする所なり」(『荀子』儒效)と述べている。[77] いずれも「道」の社会的性格を強調していることが明白であろう。こうした意味の「道」は、儒家の理想とする「三代」において大いに流行し、「三代」以後、衰えて明らかで無くなり、ついには跡形も無く消えてしまう、とされている。儒家の「三代」という概念を検討する時、我々はこうした見解にたどり着くことができる。朱子は、まさにこの立場から歴史の発展を評論するのであるが、この点については本書の第五章にて詳論するため、ここでは述べない。

３「人文化成」

古代儒家の歴史的思惟において、「歴史は人によってこそ作られる」という概念は極めて重要なものである。孔子・孟子・荀子の思想において、「歴史」はある種の超自然的な意志が人間界にその姿を現したという一連の記録ではないし、超自然的な支配者の神威発動後、自分で運転する機械のようなものでもない。儒家からすれば、「歴史」とは人文の化成したものであり、人類(特に人類の中のエリート)によって創造されたものなのである。孔子の「人、能く道を弘む。道、人を弘むるに非ざるなり」(『論語』衛霊公、第二八章)と言う言葉は、[78] この意味において述べられたものである。孟子では更に一歩進んで、人が自発的に歴史を創造することを勧めている。孟子は「文王を待ちて而る後に興る者は、凡民なり。夫の豪傑の士のごときは、文王無しと雖も猶興る」(『孟子』尽心上、第一〇章)と述べているが、[79] ここでの「興」の一字は、孟子の学問における重要な精神の拠り所となっている。[80] 荀子もまた、「道」の意義を論じるに当たって、「道」とは人間社会の「道」であり、具体的な歴史的状況の中にあってこそ、始めて「道」

を実践し、かつ「道」自身を客体化して、生の事実とすることができると強く主張している。しかし、悠久の歴史の中で、荀子は参考すべき「伝政」や「伝人」（『荀子』非相）といった具体的事実を具えた三代であってこそ、本当に「道」の行方を現すことができると考えている。例えば、荀子は「王者の制、道は三代に過ぎず、法は後王に貳《たが》はず。道の三代に過ぐ、之れを蕩と謂ひ、法の後王に貳ふ、之れを不雅と謂ふ」と述べている。[81] 荀子が、歴史の中の「道」の行方は、三代の聖王の行為の中に最もよく表れていると考えていることがわかるだろう。[82]

4　「聖王」

古代儒家の歴史記述において重要な四つ目の概念は「聖王」である。それは「聖王」が統治していた「三代」こそが、人類の黄金時代であるからに他ならない。この理想的な黄金の歳月の中で、正しい「道」が行われていた。孟子は「尭の時に当り、水逆行し中国に泛濫せり。（中略）禹をして之れを治めしむれば、禹は地を掘りて而して之れを海に注ぎ、（中略）然る後、人は平土を得て而して之れに居れり。（中略）紂の身に及んで、天下は又大いに乱るるに、周公は武王を相け、紂を誅し奄を伐つこと三年、（中略）天下は大いに悦ぶ」（『孟子』滕文公下）と述べているが、[83] これらの「聖王」が出て、文明と歴史とが創造されたのである。したがって、「聖王」は、上記の三つの概念――「三代」・「道」、そして「人文化成」の歴史観――を貫く根本概念なのである。

孔子・孟子・荀子はいずれも、「聖王」であって始めて、歴史的発展を導く根本的な力となり得ると考えていた。前引の「人、能く道を弘む。道、人を弘むるに非ざるなり」という孔子の言葉が、既に古代儒家の採る「人為造作説（homogenetism）」の立場を表明している。孟子はこうした立場を更に推し進めて、「昔者、禹は洪水を抑えて而して天下は平かなり。周公は夷狄を兼ね猛獣を駆りて而して百姓は寧し。孔子は春秋を成して而して乱臣賊子は懼る」（『孟子』滕文公下、第九章）と指摘し[84]、かつ自身はこうした歴史上の聖人の啓示の下において、立ち上がり、「人心を正し、邪説を息め、詖行を距ぎ、淫辞を放ち、以て三聖者に承けんと欲す」と公言するのである。

「人為造作説」という立場では、荀子も孔孟と見解を同じくしている。荀子の思想における「道」は、決して抽象的形而上的な本体では無く、人文が化成した社会政治の客観的理則である。荀子は「礼なる者は、人道の極なり。（中略）聖人は、道の極なり」（『荀子』礼論）と述べている[85]。彼は人類の文化形成過程において、聖王が絶対的な重要性を保有していることを認めているのである。

文明と歴史とを創造する英雄的人物は、儒家の歴史記述においては、「聖人」或いは「先王」と称される。例えば孟子は「聖人は、人倫の至りなり。君たらんと欲すれば君の道を尽くし、臣たらんと欲すれば臣の道を尽くす。二者は皆尭・舜に法るのみ。舜の尭に事ふる所以を以て君に事へざるは、其の君を敬せざる者なり。尭の民を治むる所以を以て民を治めざるは、其の民を賊ふ者なり」（『孟子』離婁上、第二章）と述べている[86]。荀子は「法後王」とは、周代の聖王の実際の政治体制に法ることだと主張しているが、「古は先王、礼を審らかにして以て天下に方皇周浹し、動きて当たらざること無きなり」（『荀子』君道）と言うように[87]、しばしば「先王」とも言っている。荀子の所謂「先王」も、三代及び遠古の聖王を指すものである[88]。これらの「聖人」或いは「先王」は、古代儒家の歴史記述において、中心の位置を占めており、この「聖人」或いは「先王」が歴史を動かし、「道」を実践し、「三代」の黄金の歳月をも創造したとされているのである。

五　結論

古代儒家の歴史的思惟の内容は豊富で、様々な要素が複雑に絡み合っている。本章では、儒家の歴史的思惟において現れた思惟方法について分析しただけにとどまる。しかし、分析によって以下のことが明らかになったであろう。古代の儒家における歴史的思惟には、二つの特徴があった。

第一に、古代の儒家は常に歴史解釈を通して自己の解釈を行い、「自我」を時空の流れの中に位置づける。儒家の「時間」概念は「往復性」を有し、また「理性」的成分がその中を貫いている。そのため、儒家がこのような「時間」概念によって歴史を見る場合、一方では「歴史」と「自我」とは決して二つに分けることのできないものだと考え、また一方では「歴史人」としての「自我」と「現実人」としての「自我」の間に横たわる大きな溝を、千年の歳月を一堂に会するかのように近づけて、古と今とを一貫させなければならないと強調するのである。その時、儒家が古と今との距離を縮め、歴史的経験から現代的意義を創造するために用いた方法、それが「比興式」の思考方法なのである。

第二に、古代儒家における歴史的思惟には「反事実的思考方式」の特徴が現れていた。儒家は、彼らが身を置く眼前の状況において発生する諸般の問題を評断する時、往々にして美化された「三代」の経験を用いて思考を行う。眼前の「事実」に対して言えば、儒家が創り出した「三代」は、彼らが「反事実的思考」を行うための道具なのである。儒家は「反事実」によって彩られた「三代」と、「事実」としての眼前の状況との対比を通して、現実の持つ不条理を明示する。儒家はこのような「反事実的思考」を通して、回顧的思惟活動と展望的思惟活動とを融合させ、「価値」と「事実」とを結び付けるのである。まさしくこの意味において、儒家の価値理念の中に浸潤する伝統中国の歴史学は、批判意識を具えた歴史学であったということができよう。

注

（1）詳しくは、Paul R. Goldin, "Appeals to History in Early Chinese Philosophy and Rhetoric," *Journal of Chinese Philosophy*, vol. 35, no. 1 (2008), pp. 79-96 参照。

（2）E. G. Pulleyblank を参考に筆者と W. G. Beasley 合編の *Historians of China and Japan* (London: School of Oriental & African Studies, University of London, 1961) の〈序論〉、一一〜二二頁を記した。

（3）清儒章学誠は「易教上」にて「古人未だ嘗て事を離れて理を言はず、六経は皆先王の政典なり」と述べている。葉瑛校注『文史通義校注』（北京：中華書局、一九九四年）、巻一、一頁参照。ここにはすでに中国における思惟方法が「具体性」を特に重んじるという特徴が暗示されている。また、ピエール・リックマン（Pierre Ryckmans）も、中国人の「過去」に対する態度から、中国文化の強靭性と創造性とは、こうした抽象的な「型式」の思惟の習慣に停滞しない中に根付いていると指摘している。Pierre Ryckmans, "The Chinese Attitude toward the Past," *Papers on Far Eastern History* (Australia National University), no. 39 (March, 1989), pp. 1-16, esp. p. 10 参照。

（4）〔唐〕陳子昂「登幽州台歌」、『全唐詩』（北京：中華書局、一九九二年）、第三冊、九〇二頁。

（5）〔宋〕朱熹『論語集注』、『四書章句集注』（北京：中華書局、一九八三年）、巻一、五九頁。

（6）〔宋〕朱熹『孟子集注』、『四書章句集注』、巻一四、三七六〜三七七頁。

（7）〔宋〕朱熹『論語集注』、巻八、一七一頁。

（8）〔漢〕孔安国伝・〔唐〕孔穎達等正義『尚書正義』（台北：芸文印書館、一九六〇年影印宋刊本）、二二二頁下。

（9）この一節に関しては、拙著『孟子』（台北：東大図書公司、一九九三年初版、二〇〇六年修訂二版）、第二章を参照されたい。

(10)〔宋〕朱熹『孟子集注』、巻四、二五〇頁。

(11)克労徳・李維史陀（Claude Lévi-Strauss）著、李幼蒸訳『野性的思維』（台北：聯経出版公司、一九八九年）、二九四頁〔本訳では、クロード・レヴィ＝ストロース著、大橋保夫訳『野生の思考』（東京：みすず出版、一九七六年）、二八〇頁を参照〕。

(12)〔日〕真木悠介『時間の比較社会学』（東京：岩波書店、一九八一年、一九九一年再版）、一八三頁。中国と西洋の「時間」概念の比較については、John T. Marcus, "Time and the Sense of History: West and East," *Comparative Studies in Society and History*, vol. 3, no. 2 (1961), pp. 123-138も参考となろう。中国の時間概念の一般的な議論に関しては、劉文英『中国古代時空観念的産生与発展』（上海：上海人民出版社、一九八〇年）参照。なお本書の日本語版として、堀池信夫等訳『中国の時空論』（東京：東方書店、一九九二年）がある。

(13)克労徳・李維史陀著、李幼蒸訳『野性的思維』、三〇〇頁〔クロード・レヴィ＝ストロース著、大橋保夫訳『野生の思考』、二八六頁〕。

(14)克労徳・李維史陀著、李幼蒸訳『野性的思維』、三〇六頁〔クロード・レヴィ＝ストロース著、大橋保夫訳『野生の思考』、二九二頁〕。

(15)〔宋〕朱熹『孟子集注』、巻一二、三四八頁。

(16)〔宋〕朱熹『論語集注』、巻七、一五五頁。

(17)〔宋〕朱熹『論語集注』、巻九、一七九頁。

(18)〔宋〕朱熹『孟子集注』、巻一一、三三六頁。

(19)〔宋〕朱熹『孟子集注』、巻一二、三四三頁。

(20)〔清〕王先謙『荀子集解』（台北：芸文印書館、二〇〇〇年）、三四七〜三五二頁。

(21)Edmund R. Leach, *Rethinking Anthropology* (London: The Athlone Press, 1971), pp. 124-136.

(22)〔宋〕朱熹『論語集注』、巻一、五三頁。

(23)〔宋〕朱熹『論語集注』、巻一、五九頁。

(24) 李孝定『甲骨文字集釈』（台北：中央研究院歴史語言研究所、一九六五年）、第八巻、二七一五～二七一六頁参照。
(25) 楊伯峻『春秋左伝注』（台北：源流文化事業有限公司、一九八二年）、二一八頁。
(26) 〔漢〕鄭玄箋、〔唐〕孔穎達疏『毛詩注疏』（台北：芸文印書館、一九六〇年影印宋刊本）、七四頁。
(27) 〔清〕朱駿声『説文通訓定声』（台北：芸文印書館、一九七九年影印本）、謙部第四、一八九頁。
(28) 〔宋〕陳彭年等修『広韻』（台北：台湾商務印書館、一九六五年四部叢刊初編縮本）、巻四、一三〇頁上半頁。
(29) 〔明〕張自烈『正字通』、『四庫全書存目叢書』（台南：荘厳文化事業公司、一九九七年）、第一九八冊、経部・小学類、五五〇頁。
(30) 〔漢〕鄭玄箋、〔唐〕孔穎達疏『毛詩注疏』、六四四頁。
(31) 栗田直躬「上代シナ思想における「時」と「時間」」、氏著『中国思想における自然と人間』（東京：岩波書店、一九九六年）、第四章、一四九～一八七頁。
(32) 〔宋〕朱熹『論語集注』、巻一、五九頁。
(33) 〔宋〕朱熹『孟子集注』、巻四、二五〇頁。
(34) 〔清〕王先謙『荀子集解』、二一三頁及び二一四頁。
(35) 〔宋〕朱熹『孟子集注』、巻八、二九五頁。
(36) 〔宋〕朱熹『詩集伝』、「詩巻第一」、『朱子全書』（上海：上海古籍出版社、合肥：安徽教育出版社、二〇〇二年）、第一冊、四〇六頁。
(37) 呉毓江『墨子校注』（北京：中華書局、一九九三年）、下冊、六四二頁。「他物」の「他」について、もとは「也」に作っているが、王先謙説に従って「他」に改めた。
(38) D. C. Lau, “On Mencius’ Use of the Method of Analogy in Argument,” in D. C. Lau tr., *Mencius* (Hong Kong: The Chinese University Press, 1979, 1984), vol. II, pp. 334-356. 中国哲学では、哲学者もしばしば類推型思考方法を用いる。詳しくは、Shu-hsien Liu（劉述先）, “The Use of Analogy in Traditional Chinese Philosophy,” *Journal of Chinese Philosophy*, vol. 1, no. 3 and no. 4 (June- September, 1974), pp. 313-338 参照。
(39) 〔宋〕朱熹『論語集注』、巻一〇、一九二頁。

(40)〔宋〕朱熹『論語集注』、巻四、九四頁。
(41)〔宋〕朱熹『論語集注』、巻四、九六頁。
(42) **D. C. Lau, *op. cit.***
(43)〔宋〕朱熹『孟子集注』、巻一一、三二九頁。
(44)『孟子』における「類」の用法の分析に関しては、拙著『孟学思想史論（巻一）』（台北：東大図書公司、一九九一年）、五～一二頁。
(45)〔宋〕朱熹『孟子集注』、巻三、二三五頁。
(46)〔宋〕朱熹『孟子集注』、巻六、二七三頁。
(47)〔宋〕朱熹『孟子集注』、巻七、二七五頁。
(48)〔梁〕劉勰著、〔清〕黄叔琳校『文心雕龍注』（台北：台湾開明書局、一九七五年台十三版）、巻八、一頁右。
(49)〔宋〕朱熹『論語集注』、巻二、六三頁。
(50)〔宋〕朱熹『論語集注』、巻九、一七八頁。
(51)〔宋〕朱熹『孟子集注』、巻九、三〇六頁。
(52) 楊伯峻『春秋左伝注』、上冊、僖公一九年、三八三～三八四頁。
(53) 楊伯峻『春秋左伝注』、下冊、襄公三一年、一一九五頁。
(54)〔宋〕朱熹『孟子集注』、巻二、二一九頁。
(55)〔宋〕朱熹『孟子集注』、巻二、二二四頁。
(56)〔宋〕朱熹『孟子集注』、巻二、三四八頁。
(57)〔宋〕厳羽『滄浪詩話』詩弁、郭紹虞『滄浪詩話校釈』（北京：人民出版社、一九八三年）、二六頁。
(58) この点については、朱自清（一八九八～一九四八）が既に指摘している。詳しくは、朱自清「関於興詩的意見」、顧頡剛編著『古史弁』、第三冊（香港：太平書局、一九六三年拠樸社一九三一年版重印）、六八三～六八五頁。
(59)「原始主義」とは、人類の歴史のおける曙とも呼べる原始時代の単純素朴な状態への回帰を図る思想である。こうした思想は、古代ヨーロッパ思想史上に多く見られ、特に珍しいものではない。詳しくは、Arthur O. Lovejoy

and George Boas, *Primitivism and the Related Ideas in Antiquity* (New York: Octagon Press, 1980) 参照。

(60)〔宋〕朱熹『論語集注』、巻四、一〇五頁。

(61)〔宋〕朱熹『論語集注』、巻四、一〇七頁。

(62)〔宋〕朱熹『論語集注』、巻四、一〇七頁。

(63)〔宋〕朱熹『論語集注』、巻四、一〇七～一〇八頁。

(64)〔宋〕朱熹『論語集注』、巻四、一〇八頁。

(65) 詳しくは、Kuang-ming Wu, "Counterfactuals, Universals, and Chinese Thinking," *Tsing Hua Journal of Chinese Studies*, New Series, vol. 19, no. 2 (Dec., 1989), pp. 1-43 参照。

(66)〔宋〕朱熹『論語集注』、巻九、一八四頁。

(67)〔宋〕朱熹『論語集注』、巻九、一八四頁。

(68)〔宋〕朱熹『孟子集注』、巻七、二七七頁。

(69)〔宋〕朱熹『孟子集注』、巻七、二七七頁。

(70)〔宋〕朱熹『孟子集注』、巻二、二一四頁。

(71) 本章で検討する「比興式思惟方式」は、儒家の歴史的思考の中で奥深くかつ端的な表現であるが、古代中国文化の特徴の一つでもある。本章で分析した古代儒家の歴史の問題についての思索以外に、『左伝』に見える、芸術的な古代政治家の対話中にもこうした温柔敦厚な「比興式思惟方式」の特質が十二分に現れている。焦循（里堂、一七六三～一八二〇）は「夫れ詩は温柔敦厚の者なり。質ならざれば之れを直言して、而して比興して之れを言ひ、理を言はずして而して情を言ひ、人に勝つに務めずして而して人を感ぜしむるに務む。理・道の説より起こし、人は各の其の是非を挟みて以て其の血氣を逞しくし、濁を激して清を揚ぐるは、本より謬戻あるに非ず、而して言は情性に本づかざれば、則ち聴者は厭倦す。傾軋の已まざるに至りて、而して忿毒之れ相ひ尋ねて、同を以て党を為し、即ち比を以て争を為す。甚しきは而ち宮闈・廟祀・儲貳の名を仮にし、動やもすれば輒ち千百人朝門に哭し、自ら忠孝に鳴きて、以て其の君の怨を激す。害は其れ身に及び、其の国に禍ひし、全く君父に事ふる所以の道を失ふなり。余、明史を読み、毎に詩教の亡ぶるを嘆くは、此れより甚だしきと為すは莫し」と述

べている。〔清〕焦循『毛詩補疏』序、晏炎吾等点校『清人説詩四種』（武昌：華中師範大学出版社、一九八六年）、二三九〜二四〇頁。
(72)〔清〕王先謙『荀子集解』、三一七頁。
(73)楊伯峻『春秋左伝注』、上冊、成公二年、八〇七頁。
(74)〔宋〕朱熹『孟子集注』、巻七、二七七頁。
(75)〔宋〕朱熹『論語集注』、巻八、一七一頁。
(76)〔宋〕朱熹『孟子集注』、巻一四、三六七頁。
(77)〔清〕王先謙『荀子集解』、二六七頁。
(78)〔宋〕朱熹『論語集注』、巻八、一六七頁。
(79)〔宋〕朱熹『孟子集注』、巻一三、三五二頁。
(80)二〇世紀中国の新儒学者唐君毅（一九〇九〜一九七八）は、この点について明解な意見を述べている。唐氏は「私は孟子全体の学問の精神に関して、（中略）『全ての人の志より起（興起）こり、下から上昇して、まっすぐ上へと向かう道』というものがある。これは、歴代の孟子学の三大変化を貫く本質であると考える。この道とは、簡単に言うならば、『立人』の道とでも名づけることができようか」と述べている。唐君毅『中国哲学原論・原道篇』（香港：新亜書院研究所、一九七四年）、巻一、一二二頁。なお、唐氏による孟子学の解釈及びその現代思想史における意義に関しては、拙著『孟学思想史論（巻二）』（台北：中央研究院中国文哲研究所、一九九七年）、第十章、四二一〜四六四頁参照。
(81)〔清〕王先謙『荀子集解』、三一七〜三一八頁。
(82)荀子思想における「道」に関しては、拙著『孟学思想史論（巻二）』、第三章、一〇三〜一二六頁。
(83)〔宋〕朱熹『孟子集注』、巻六、二七一頁。
(84)〔宋〕朱熹『孟子集注』、巻六、二七三頁。
(85)〔清〕王先謙『荀子集解』、五九七頁。
(86)〔宋〕朱熹『孟子集注』、巻七、二七七頁。

(87)〔清〕王先謙『荀子集解』、四二三頁。

(88)荀子における「先王」と「後王」の区別に関しては、王健文『戦国諸子的古聖先王伝説及其思想史意義』（台北：台湾大学文学院、一九八七年）、一〇九～一一三頁に詳しい。

第四章　儒家言論中の歴史叙述と普遍的理法

一　はじめに

本章で取り扱うテーマは儒家言論における歴史叙述と普遍的理法の関係であるが、この問題については中国儒学史の中で「漢学」と「宋学」の争と言われる観点から考察を加えることができる。「漢学」と「宋学」との間の壁がはっきりしているのは、実は清代の学者の学派意識の産物であり、江藩（子屏・鄭堂、一七六一～一八三一）著『国朝漢学師承記』が漢学の門戸を張る一方で、方東樹（植之、一七七二～一八五一）撰『漢学商兌』は漢学を駁斥して宋学を重んじることになり、ここに漢宋の争は遂に水と油のようになってしまったのである。[1]しかし、実際の内容から見れば、漢学と宋学との対立はそれほど甚だしいものでは無い。朱子（晦庵、一一三〇～一二〇〇）は、

漢魏の諸儒、音読を正し、訓詁に通じ、制度を考へ、名物を弁《わか》つは、其の功博し。学者苟くも先

づ其の流に渉らざれば、則ち亦た何を以てか力を此れに用ひん。(2)

と明言し、『四書集注』でも随処に漢唐の注疏を引いているし、清代漢学の基礎を築いた戴震（東原、一七二三～一七七七）も宋儒に反駁を加えているが、彼自身、朱子学及び宋明理学に相当精通していたのである。

では、清代の漢学と宋学の大きな相違は何であろうか。その一つは経書解釈法であろう。清儒李兆洛（申耆、一七六九～一八四二）が、

治経の途に二有り、一を専家と曰ひ、一師の法を確守し、尺寸も敢へて違越せず、唐以前の諸儒の類然り。一を心得と曰ひ、之れを通ずるに理を以てし、依傍する所空しく、惟だ己の安んずる所を求む、唐以後の諸儒の類然り。(3)

と述べているように、漢学家の経書解釈が「専家」の学に近く、とりわけ形声訓詁名物制度を重んじ、「理」や「道」といった抽象的な普遍的理法については説かないものであったのに対し、宋学家の経書解釈は性命天道について語ることを喜び、神化不測の妙を人倫日用の間に体得するものであった。漢学家は儒家経典にはただ「道中庸」の側面があるのみで、「理」「道」「心」「性」といった普遍的理法はいずれも六経の雅言とするものでは無いと考えるのだが、宋学家は「理」や「道」といった普遍的理法は皆諸経典の中に見られるものであり、儒学には「極高明」な側面があると考えるのである。双方ともに

それぞれの意見に固執して、見解の一致を見ることがなかった。

本章の主旨は、儒家の言論において、具体的な歴史事実（特に聖賢などの模範的人物の事跡）についての叙述と、抽象的な普遍的理法（「道」或いは「理」）の証明、その両者が密接に関係し合い、それぞれ相互浸透性を有しているが故に、儒家の言論中に見られる「普遍性」が実は一種の「具体的普遍性」となることを論証することにある。こうした基本的な見解を立証するために、本章では次の四つの問題をめぐって議論を進めていきたいと思う。

（一）儒家の歴史叙事の目的は何か。
（二）儒家叙述者の思考論理と史実の内在的論理とは密接に関係しているか。もし密接で無いとすれば、どのような問題が生じ得るか。
（三）儒家はどのような方法によって歴史的叙事の中から「道」を求めているのか。また、そうした「道」を求める方法にはどのような方法上の問題があるか。
（四）儒家の歴史叙述と普遍的理法との関係は、どのような解釈学的啓発を具えているか。

本章の第二節では上記（一）の問題について論じ、第三節・第四節ではそれぞれ（二）・（三）の問題に分析を加え、第五節では（四）について筆者なりの見解を示すことにする。つまり、本章第二節ではまず、儒家経典の中で、歴史叙述がある種の手段として通常用いられており、その目的が抽象的普遍的理法を打ち立てることにあるということを指摘する。儒家の普遍的理法は決して論理的或いは抽象的な推理過程を経たものでは無く、具体的な歴史経験の叙述を経て打ち立てられるものなのである。本章の第三節及び第四節では、儒家の言論中の「歴史叙述を通して普遍的理法を打ち立てる」ための二つの方法、及びそれに潜在する方法論上の問題について検討を加える。そして第五節では、儒家言論中に見られる「具体的普遍性」から、儒家の「抽象性を具体性に含ませる」特質、及び「特殊性に即して普遍性を論じる」という特質について述べてみたい。

二　普遍的理法を立証する手段としての儒家の歴史叙述

中国思想史上、儒家諸子の歴史感覚は最も深いものがある。彼らは過去を守って未来を待ち、故きを温めて新しきを知り、将来の発展の中に前人の事業を含ませるのだが、そうした歴史感覚は他家の思想家と比べても特色あるものだろう。（一）儒家典籍における歴史叙述は、基本的にある種の普遍的理法を抽出するための手段であった。（二）儒家の歴史意識は聖賢の行い、及び「三代」の徳治に対する憧れの情において表現される。（二）しかし、儒家が歴史叙述に従事するのは決して歴史のための歴史では無く、現在及び将来のための歴史である。したがって、儒家の歴史学は一種の道徳学・政治学なのである。（三）儒家の歴史学を道徳学・政治学へと転化する方法は、具体性に即して抽象性を論じ、歴史叙述の中から道徳的命題といった普遍的理法を立証するというものであった。ここでは以上の三つの主な論点について明らかにしていくことにしよう。

1　「三代」への憧れに表れる儒家諸子の深い歴史意識

本書第三章で述べたように、「三代」は中国古代思想家が理想とした黄金時代であり、夏・商・周の「三代」という概念は古代中国の思想上、当時の「事実性」を強烈に批判する「反事実性」という意義を具えていた。古代の思想家達はしばしば「三代」という概念を運用して、そこに自らが注入しようと考えている意味を注ぎ込む。こうした「歴史」を列ねることで意味を新たにするという方法によって、歴史経験に「現在」に対する衝撃を生みださせ、「未来」を招くのである。こうした歴史思惟方法は、古代中国の思想家を貫くものであり、とりわけ「言は必ず尭・舜を称す」とした儒家の諸子は最も顕著であった[4]。孔子（前五五一～前四七九）は「周公の才の美」（『論語』泰伯、第一一章[5]）と賛嘆し、周公を夢に見なくなったことを老衰の徴候としているし、また、尭が天下を保つことは「煥として、其れ文章有り」（同上、第一九章[6]）として尊んでいる。また、禹の行いに対しても「間然無し」として崇敬の念を表している（同上、第二一章[7]）。

孟子（前三七一～前二八九頃）は「性善を道《い》ひ、言は必ず尭・舜を称す」（『孟子』滕文公上、第一章[8]）と述べて、より「三代」を治世の典範とする。孟子は「三代の天下を得るや仁を以てなり、其の天下を失へるや不仁を以てなり」（同上、離婁上、第三章[9]）と公言して、「道に二あり。仁と不仁とのみ」（同上、第二章[10]）という孔子の言葉を引いている。孟子は更に「君と為りて君道を尽くさんと欲し、臣と為りて臣道を尽くさんと欲すれば、二者は皆尭舜に法るのみ。舜の尭に事ふる所以を以てせずして君に事ふるは、其の君を敬せざる者なり。尭の民を治むる所以を以てせずして民を治むるは、其の民を賊ふ者なり」（同上[11]）と述べ、尭と舜を君臣の典範とも見なした。

孔孟以降、歴代の儒者は倫理的命題を論証したり、政治的主張を提出する際、「三代」及び尭舜といった聖賢を典範としないことは無かった。例えば、北宋の王安石（一〇二一～一〇八〇）は宋の神宗（一〇六七～一〇八四在位）に尭舜を典範とするように励まして、

陛下誠に能く尭・舜たらんとすれば、則ち必ず皐・夔・稷・离有らん。誠に能く高宗たらんとすれば、則ち必ず傅説有らん。（中略）惟だ能く四凶を弁ちて而して之れを誅す、此れ其の尭・舜たる所以なり。若し四凶をして其の讒慝を肆にするを得しむれば、則ち皐・夔・稷・离も亦た安ぞ肯へて苟も其の禄を食みて以て身を終へんか。(12)

と述べている。王安石が言う尭・舜の事跡とは、『尚書』舜典にある「共工を幽洲に流し、驩兜を崇山に放ち、三苗を三危に竄し、鯀を羽山に殛せば、四罪して而して天下咸な服へり(13)」という史実を指している。張載（横渠、一〇二〇～一〇七七）もまた、政治運営についての討論の参考として舜の典範を用いている。張載は、

万事は只だ一天理のみ。舜、十六相を挙げて、四凶を去る、尭、豈に能はざらん。尭は固より四凶の悪なるを知れり、然れども民は未だ其の虐を被らざれば、天下未だ之れを去らんと欲さず。尭は安民を以て難と為し、遽に其の君を去れば則ち民は安からず、故に去らず、必ず舜にして而る後に民堪へざるに因りて而して之れを去らしむるなり。(14)

と言う。宋明清約一〇〇〇年の期間を通じて、儒家諸子の歴史、或いは政治についての論述は、「三代」という黄金時代、もしくは尭舜といった聖賢の典範から出発しているのである。

2　「現在」及び「将来」のための「過去」

儒家は「三代」、或いは尭舜を典範として歴史叙述を行ったが、それは決して「過去」のための「過去」では無く、「現在」及び「将来」のための「過去」であった。したがって、歴史叙述という目的から見れば、儒家の歴史学は実はある種の道徳学であり、政治学である。我々は孟子の歴史に関する次の話から見ていくことにしよう。

孟子曰はく、「王者の迹熄みて而して詩亡び、詩亡びて然る後に春秋作る。晋の乗、楚の檮杌、魯の春秋、一なり。其の事は則ち斉桓・晋文、其の文は則ち史なり。孔子は『其の義は則ち丘竊かに之れを取れり』と曰へり」と。（『孟子』離婁下、第二一章[15]）

孟子は、歴史叙述（つまり「其の文は則ち史」）の中の斉の桓公（前六八五～六四三在位）や晋の文公（前六三六～六二八在位）といった歴史事件の叙述は単なる歴史意義を発掘するための手段に過ぎないと考えている。儒家の歴史叙述の中で、客観的な史実の叙述は決して儒家歴史学の最終的な目的では無い。それに反して、歴史叙述は道徳的教訓を立証するための一種の手段なのである。孟子の舜や傅説・管仲といった人々の歴史事実についての叙述こそはその典型的な範例であり、我々は次の例からその他の事例を知ることができるだろう。

孟子曰はく、「舜は畎畝の中に発《おこ》り、傅説は版築の間に挙げられ、膠鬲は魚塩の中に挙げられ、管夷吾は士より挙げられ、孫叔敖は海より挙げられ、百里奚は市より挙げらる。故に天は将に大任を是の人に降さんとするや、必ず先に其の心志を苦しめ、其の筋骨を労し、其の体膚を餓えしめ、其の身を空乏にし、行ひは其の為す所を払乱せしむ。心を動かし性を忍び、其の能はざる所を曽益せしむる所以なり。人は恒に過ち、然る後に能く改む。心に困しみ、慮に衡りて、而る後に作る。色に徴はし、声に発し、而る後に喩る。入れば則ち法家の払士無く、出づれば則ち敵国外患無き者、国は恒に亡ぶ。然る後に憂患に生きて而して安楽に死するを知るなり」と。（『孟子』告子下、第一五章[16]）

孟子の歴史叙述の中に見える具体的な歴史上の人物が、読史者（孟子のような）に重視されたのは、それらの古聖先賢の史実の中に「憂患に生きて而して安楽に死す」といった抽象的な道徳的命題が隠されていたからである。儒家の歴史学の中で、歴史叙述の目的は正しく儒家道徳学を構成することにあるのである。

漢代の司馬遷（子長、前一四五頃～前八七頃）は『史記』太史公自序の中で、上大夫壷遂の「昔、孔子何の為にして春秋を作れるや」という問いに答えるに際して、董仲舒（前一七九～前一〇四頃）の言葉を引用している。董仲舒は言う。

周道衰廃し、孔子は魯の司寇たるも、諸侯は之れを害し、大夫は之れを壅ふ。孔子 言の用ひられざる、道の行はれざるを知るや、二百四十二年の中を是非して、以て天下の儀表と為し、天子を貶め、諸侯を退け、大夫を討ちて、以て王事に達せんとするのみ。(17)

漢代の人々の理解では、孔子の『春秋』史学は絶対に「歴史」のための「歴史」では無く、歴史叙述を通して世を治める、乃至は世を救うものであった。太史公本人もまたはっきりと、彼の心の中に受け継いだ孔子『春秋』学の精神が「上は三王の道を明らかにし、下は人事の紀を弁ち、嫌疑を別ち、是非を明らかにし、猶予を定め、善を善とし、悪を悪とし、賢を賢とし、不肖を賎しみ、亡国を存し、絶世を継ぎ、敝を補ひ、廃を起こすは、王道の大なる者なり」(『史記』太史公自序(18))にあることを表明している。こうした道徳学・政治学としての歴史学は、中国史学の伝統の中で最も突出した特質なのである。

3　具体的思惟方式

更に儒家の歴史叙述を分析してみると、それが依拠しているのが「具体的思惟方式」であることに気づくだろう。ここに所謂「具体的思惟方式」とは儒家諸子がしばしば「歴史に即して哲学を論じること」、つまり、具体的で特殊な歴史的人物の行為の中から抽象的で普遍的な哲学や道徳的命題を立証することを指している。こうした「具体的思惟方式」の下、儒家の哲学的論証の展開は常に抽象的命題や道徳的命題を具体的で特殊な時間的空間的脈絡の中に置いて、古代の聖賢や歴史上の人物、出来事などを引用してそれを証明し、論証の説得力を増そうとするのである。孟子こそは、そうした思惟方式を最も巧みに運用した古代儒家であろう。人類の歴史的経験は、孟子の頭の中ではある種の「符号」とされており、「劇場」とはされていなかった。孟子は歴史上の人物を歴史の舞台上の「演出者」とはせずに、自己を「鑑賞者」とし、歴史的経験を後人が「意味（meaning）」を注入することのできる一種の「符号」だと看做すのである。換言すれば、過去の歴史的経験はその読者とかけ離れた「客観的存在」では無く、読者と「相互主体性」的関係を構成するものなのである。したがって、孟子の論述の中で、歴史を読むということは一種の意義創造の活動であると言えよう。[19] 儒家は具体的な歴史事実の中から抽象的な普遍的理法を抽出する。こうした方法によって、儒家は歴史学を道徳学に転化するのみならず、儒家論述の中の「普遍性（universals）」を「具体的普遍性」にはしても、「抽象的普遍性」とすることは無いのである。

三　儒家の歴史叙述と普遍的理法の間の緊張——経典における「道」と聖人

しかし、所謂「歴史叙述」とは叙述者が行う一種の言説、或いは文字によって行動を論述したものであり、こうした行動を論述することによって過去の歴史的「事実」を「再現（representation）」しようとするものであるから、それは特殊な言葉や文法、措詞と密接に関係せざるを得ない。[20] 換言すれば、歴史叙述は客観的に叙述される歴史事実に関係するだけで無く、主体としての叙述者とも密接に関連しているのである。そうであるならば、儒家の歴史叙述において、叙述される歴史事実の内在的論理と叙述者の儒者としての思考の論理とは合致するものであろうか。これが本章で検討を加える第二の問題である。
多くの儒家の歴史叙述からすれば、（一）叙述される歴史事実と儒家叙述者の思考論理とが互いに矛盾しない場合であっても、少なくとも両者の間には大きな落差があり緊張が生じる。（二）そうした緊張性、或いは矛盾性の主な原因は、儒者が歴史叙述の中から永遠の「道」或いは「理」を立証しようとして、そうした「道」や「理」がいずれも聖人の行為の中に具わっていると考える点にある。（三）そうすると、儒家の歴史叙述には重大な問題が生じる。それは、歴史叙述の中から導かれた「道」や「理」の普遍的必然性をどのように保証するのかという問題である。以下、最も歴史意識に富む孔子・孟子、そして朱子を例として、以上の三点について分析を加えてみたい。

まず、一点目について。儒家諸子が歴史叙述に従事する時依拠する思考論理は、一種の「応然（応に然るべし）」の世界に属する論理であり、そうした論理は儒家の論述においては宇宙の「自然」であると共に、人事の「必然」でもあった。孔子が「天は何をか言はんや。四時は行《めぐ》り、百物は生ず。天は何をか言はんや」[21]（『論語』陽貨、第一八章）と述べる時、孔子は実は既に「自然なものは必ず必然である」という命題を暗に含ませており、朱子がこれを「其の『四時は行り、百物は生ず』といふ所以は、蓋し其の当に此のごとくあるべきに合ひて便ち此くのごとく、思惟するを待たざるを以てなり、此れ天地の道と為す所以なり」[22]と解釈するのは、孔子の「自然即必然」の意味をよく解したものである。孔子は「応然」世界の思考論理から出発し、歴史叙述に従事して、常に「応然」によって歴史的「実然（実に然り）」を批判し、古今の対比によって「今」の品行の悪さを指摘するのである。例えば、孔子は同時代の知識人の学問に対する態度に不満を抱いて「古の学者は己のためにすれども、今の学者は人の為にす」（『論語』憲問、第二四章[23]）と述べたり、古今の社会の気風の変遷にも「古は民に三疾有り、今や或ひは是れ亡きなり。（中略）古の愚や直、今の愚や詐のみ」（同上、陽貨、第一六章[24]）と言っている。孔子は自身の言説の中で、しばしば「古者」という言葉に自らの理想を寄せ、「今」によって現実の悪行を指摘するのである。それは典型的な中国文化によく見られる一種の「反事実思考方式[25]（counterfactual mode of thinking）」であり、中国人はしばしば「過去はこうであったろう」と語ることで、「現在はこうあるべきだ」という主張を表現する。その言辞は遠いようであっても、その意図は極めて近いところにある。中国人はしばしば歴史的経験を借りて人々の心を感動させるのだが、そうした思惟習慣は中国古典文化生活における詩教の温柔敦厚の特質として具体的に現れている。

しかし、儒家諸子が「応然的」思考論理を運用して「実然的」歴史世界を叙述する時、非常に大きな理想と現実との間の緊張と矛盾とに遭遇することになる。その儒家の思考論理と現実の歴史世界の展開論理の落差を説明するのに、最もよい例は孟子である。孟子もまた、孔子と同様に「三代」や周公といった典範的人物を賞賛していた。彼が言う「言は必ず尭・舜を称す」という言葉は、孟子の「三代」に対する憧憬を説明するに十分であろう。孟子が歴史叙述に従事する時の思考論理は、道徳理想主義上の論理を打ち立てることであり、孟子は「孔子曰はく、『道に二あり、仁と不仁とのみ』と。其の民を暴すること甚しければ、則ち身は弑され国は亡ぼさる。甚しからざれば、則ち身は危く国は削らる。之れを名づけて『幽厲』と曰ひ、孝子慈孫ありと雖も、百世改む能はざるなり。詩に『殷鑒遠からず、夏后の世に在り』と云へるは、此れの謂ひなり」（『孟子』離婁上、第二章[26]）と、孔子の言葉を引用して述べている。孟子は、歴史の「殷鑑」は道徳に合致するものこそが合理的なのだという教訓を教えている、と考えて

いるのであり、故に、

三代の天下を得るや仁を以てなり、其の天下を失ふや不仁を以てなり。国の廃興存亡する所以の者も亦た然り。天子不仁なれば、四海を保んぜず。諸侯不仁なれば、社稷を保んぜず。卿大夫不仁なれば、宗廟を保んぜず。士庶人不仁なれば、四体を保んぜず。（後略）（『孟子』離婁上、第三章[27]）

と言うのである。しかし、歴史の現実はどうなのか。孟子自身の観察を引いてみることにしよう。

孟子曰はく、「五霸とは、三王の罪人なり。今の諸侯は、五霸の罪人なり。今の大夫は、今の諸侯の罪人なり」と。（『孟子』告子下、第七章[28]）

それのみならず、孟子は当時の「城を争ひて以て戦ひ、人を殺して城に盈たす。地を争ひて以て戦ひ、人を殺して野に盈たす」といった歴史現象にひどく心を痛め、「已むを得ず」して、人心を正し、邪説と戦い、混乱を鎮めて正常に戻そうと、曠野の中に叫び続けなければならなかったのである。

続いて二点目について。上に述べたように早くも孔孟の歴史論述中にも存在した「応然」と「実然」との矛盾は、南宋の大儒朱子の歴史解釈の中ともなると、より完全に立ち現れてくる。朱子の例は、上述の矛盾を避けることができないのは、儒者が歴史叙述の中から立証する「道」或いは「理」を運用して思考論理とし、そうした論理が普遍的で、時間や空間的要素の束縛を受けないことに因るものだ、ということをよく表している。朱子は明白に次のように述べている。

世間の事には千頭万緒ありと雖も、其の実は只だ一個の道理あるのみ、「理一分殊」の謂ひなり。感通する処に到れば、自然首尾相ひ応ず。或ひは此れより発出して而して外に感じ、或ひは外より来たりて而して我に感ず、皆一理なり(29)。

朱子において見れば、その超越的かつ唯一の「理」は、現実の歴史世界の影響を受けないものである。故に「道の常存を論ずるがごときは、却《かえ》りて又初めて人の能く預る所に非ず。只だ是れ此《こ》れ箇は自ら是れ亘古亘今常在不滅の物にして、千五百年、人に作壊たるると雖も、終ひに他を殄滅《せんめつ》し得ざるのみ。漢唐の所謂賢君、何ぞ嘗て一分の気力有りて他を扶助するを得たるや」と言うのである(30)。また、朱子の歴史的思考における「理」は、現実世界における人や事物の干与を受けないというだけで無く、歴史をも超越するものであった。したがって、「夫の人は只だ是れ這箇《この》人のみ、道は只だ是れ這箇道のみ、豈に三代・漢・唐の別有らん(31)」とも述べている。さらに、朱子の歴史の考えにおける超越する「道」は、歴史上の現実世界の運動を主宰する動力であった。それで、朱子は「亘古亘今只だ是れ一体、之れに順ふ者は成り、之れに逆ふ者は敗る。固より古の聖賢の能く独り為す所に非ず。而して後世の所謂英雄豪傑なる者も、亦た未だ能く此の理を舎きて而して建立する所成就する者有らざるなり」と言うのである(32)。朱子は、こうした「理一」が「分殊」の現実世界の中に立ち現れることが、極めて自然な事であると再三強調するのであるが、彼は「流れ出で来たる」という言葉によって、それを形容している。「流れ出で来たれる底《もの》は便ち是れ仁なり。仁は打ちて一たび動けば、便ち是れ義礼智信の当に来たるべし。是れ仁使を要むるの時仁来たり用ひ、義使を要むるの時に義来たり用ふるにあらず、只だ是れ這の一箇の『理』の流れ出で去れるなり。自然に許多の分別有り」とある。[33] そして朱子は、こうした自然に「流れ出で来たる」「理」が「三代」という黄金時代及び尭・舜といった典範人物の行為の中に充分に顕れていると、一再ならず説明するのである。

続いて三点目について。フェルナンド・ブリューデル（Fernand Braudel、一九〇二～一九八五）が述べているように、歴史叙述はある種の歴史解釈であり、また歴史哲学でもある。[34] 儒家の歴史叙事はより叙事のみならず評論も含むもので、その義理と事実との融合を求めるものであった。こうした叙事行為の中で拠り所となる「道」や「理」は各種の経典の中から立証したものであるが、経典もまた特定の時空条件の産物であった。したがって、経典にある歴史事実の中から立証した「道」や「理」に普遍必然性があることをどのように保証するのか、それは一つの問題となる。

儒家の歴史叙述者はしばしば、とある特殊な事件や情況について筆を起こして、その時間と空間の特殊性について述べる。彼らはどのようにして、特殊性の中から義理の普遍性を立証して、両者の矛盾を免れるのか。徐復観（一九〇二～一九八二）が言うように、[35] 中国古典が触れるのは常に「特殊性」であり、後代の儒者はその「特殊性」の中から経典中の義理の「普遍性」を導き出さなければならなかった。それは重要な方法論的挑戦であった。

しかし、より深く考察してみると、儒者が歴史上の典範人物（「聖人」）の行為の中に抽出する永遠の真理（「道」或いは「理」）は、経典の中に潜在しており、且つ時間的空間的要素の制約を受けるため、特殊性を有するものであった。こうした特殊性は、儒家の歴史叙述における「道」の普遍的必然性の立証を方法論上の困難に遭遇させることになる。ここでこの問題についてさらに検討を加えてみたい。

「道」は宇宙万物の運動の論理であり、『韓非子』解老に「道とは、万物の然る所なり、万理の稽《よ》る所なり[36]」とあるのは、「道」を規律として言ったものである。しかし、儒家の言論における「道」は規律であるとともに、規範でもあった。朱子の言葉を借りて言えば、「道とは、天理の自ら然るなり[37]」とあるように、宇宙万物の「然る所以」なのだが、他方では「道とは、人事の当に然るべきの理[38]」、「道は則ち是れ物我公共自然の理[39]」、また人倫世界における「当に然るべき所」でもあった。「道」は規律と規範という二重の意味として儒家の言論において融合され、なおかつ「道」の消息は経典の中においてのみ窺い知ることができるのである。したがって、儒家の観点からすれば、道を求めようとする者はまず経典を尊重せねばならないのである。

しかし、経典は古代の聖賢が残した言葉であり、経典の作者の「道」についての体認は必ずしも正確に後代読者によって読み取れるものではなかった。『韓非子』喩老に「書とは、言なり。言は知より生じ、言を知る者は書を蔵せず[40]」、『荘子』天道に「世の貴ぶ所の道とは書なり、書は語に過ぎず、語に貴有るなり。語の貴ぶ所の者は意なり、意に随ふ所有り。意の随ふ所とは、言を以て伝ふべからざるなり[41]」とあるように、韓非子（?～前二三三）と荘子（前三九九～前二九五頃）はいずれも一つの事実を認識している。それは、経典の作者のもともとの心を完全に後代の読者に伝えるのは難しいということである。これこそが劉勰（彦和、四六四頃～五二二）が後に「知音は其れ難からんや。音は実に知り難く、知は実に逢ひ難し、其の知音に逢ふは、千載に其れ一たびか」（『文心雕龍』知音[42]）と感嘆せねばならなかった理由である。

そこで、どのようにすれば正確に経典に対する解釈によって経典作者の意図に近づくことができるのか、という問題が課題となるのである。この方法論という視点から見ると、清代学術における「漢学」と「宋学」の争いこそは、この問題を解決しようとする異なる方法に源を発するものであると言えよう。この点については、次節で詳細に論じることにする。

さて、董仲舒が「春秋は天下の得失を記して、而して然る所以の故を見し、甚だ幽にして而して明、伝ふる無くして而して著らかなれば、察せざるべからざるなり[43]」と述べているように、「道」は具体的である以上、経典の中に密かに記載されている。しかし、経典は特定の時代背景において書かれた作品であるから、経典中の隠され、後人によって解読される「道」もまた、時間的空間的要素の制約を受けるのは必定であろう。

経典に載せる「道」の時空性（temporality and spatiality）と特殊性（particularity）とについて説明するためには、儒家の「特殊性に即して普遍性を論じる」という思惟習慣から始めなければならない[44]。その点、孟子の歴史叙述は代表的意義を有するものだと看做してよい。本章の第二節で『孟子』告子下（第一五章）の一段を引いたが、孟子が「天の将に大任を是の人に降さんとするや、必ず先に其の心志を苦しめ、其の筋骨を労せしむ」という普遍的な道徳的命題を論証しようとする時、歴史上の「舜は畎畝の中に発り、傅説は版築の間に挙げらる」といった古代の聖人賢者達の特殊な事跡を叙述し、「特殊性」と「具体性」の中から、「普遍性」と「抽象性」を打ち立てるのである。こうした視点から見れば、儒家の歴史叙述の中で、「理」は「事」の中に潜在し、且つ「事」の中からのみ「理」の消息を読み取ることができるのである。

こうした見方から出発すると、我々は、経典に見られる歴史叙述の中の「道」は時間的空間的要素によって決定されるため、「道」には時間性があり、それ故にまた偏狭性があるということを認めなければならない。では、どのようにすれば、経典の中の「道」の時空性の中に普遍的必然性を打ち立てることができるのだろうか。清儒章学誠（実斎、一七三八～一八〇一）は次のように述べている。

「上古は結縄して而して治め、後世の聖人は之れに易ふるに書契を以てして、百官以て治め、万民以て察す」と。夫れ文字の用は、治を為し察を為すのみにて、古人は未だ嘗て取りて以て著述を為さざるなり。文字を以て著述を為すは、官師の分職より起こり、治教の分途なり。夫子曰はく、「予れ言ふ無からんと欲す」と。「言ふ無からんと欲す」とは、言ふ所有らざる能はざればなり。孟子曰はく、「予れ豈に弁を好むや。予れ已を得ざればなり」と。後世載筆の士、文章を作為して、将に今を信ずるを以て而して後に伝ふるは、其れ亦た尚ほ言ふこと無からんと欲すの旨と、夫の已むを得ざるの情とを念ずること、言の我より出でて、而して言を為す所以は、初めて我に由るに非ざるに庶幾きか。夫れ道は六経に備はり、義は之れを蘊みて前者に匿るれば、章句の訓詁以て之れを発明す。事変の後者より出づるは、六経は言ふ能はざるも、固より六経の旨を貴約して、而して時に随ひて撰述して以て大道を究むるなり。[45]

章学誠の意を汲めば、「道」は決して一度成立してしまうと不変のものでは無く、時と共に進み、時に随ってその内容を新たにするものである。[46] こうした「道」の更新的解釈の過程において、経典の解読者は始点に位置している。解読者がいて始めて、新たな解釈を著書の中に出し、経典中の「道」に新たな意味を与えることができるのである。

四 「道」を求める経典解釈の二つの方法とその問題

前節までの分析から、経典の解読者のみが聖人の行為を体認することができ、また彼らのみが、そこに隠された「道」（或いは「理」）を見つけ出すことができるのだから、儒家が歴史叙述によって普遍的理法を立証しようとする過程において、実は経典の解読者が相当重要な位置を占めていることを見出すことができた。しかし、解読者はどのようにして経典解釈を通じて「道」を求めることができるのだろうか。儒家思想史から見れば、少なくとも二つの方法があるようである。一つは、孟子が述べた「意を以て志に逆う」という経典解釈方法であり、諸々の経典解釈者の個人的な生命の体認に訴えるものである。もう一つは文字の訓詁によって経典を疏証する方法である。両者の相違は、前者がその方法に固執する余り、「古を今用と為」し、古人を責める傾向を持つことを免れることができないのに対して、後者は多く文字主義（literalism）に拘泥し、経典の深層的構造に踏み入ることができないことにある。ただし、両者は経典を道具化しているという点では共通している。

儒家経典解釈史に見える一つ目の「道」を求める経典解釈方法は、それぞれの経典解釈者個人の生命的体験や心の呼応に訴えて、経典中の「道」に出会うことである。こうした方法は本書に所謂「興式思維方式」[47]の上に成り立っている。『論語』八佾（第八章）には孔子と子夏（前五〇七～？）の『詩』の読み方についての対話を載せて、孔子は「予を起こす者は商なるか。始めて与に詩を言ふべし[48]」と述べている。この「起」こそは、経典が読者に対して引き起こす感発興起を指しており、それは正しく『文心雕龍』比興に言う「興とは、起なり[49]」の意味なのである。儒家のこうした「道」を求める経典解釈方法は、深く温柔敦厚を講求する『詩』教の伝統の中に浸潤している。孔子が「詩は、以て興すべし」と言うのは、『詩』が直接に述べず婉曲に物を言い、『詩』を読む者の心を引き起こすことによる。孟子は明らかに、こうした情によって理に通ずる『詩』教の伝統について暗黙の内に了解するところがあったようである。故に孟子は「詩を説《よろこ》ぶ者は、文を以て辞を害はず、辞を以て志を害はず。意を以て志を逆ふるは、是れ為に之れを得」（『孟子』万章上、第四章）と述べている。詩を称える者にとって、詩は決して対象としての存在では無く、詩は詩を称える者の解釈を俟って、詩を称える者が身を置く実際の状況と融合し合い、不断に常に新しい意味を生み出すのである。

こうした先秦の孔孟に由来する経典解釈方法は、宋明儒学において大いに発展することになる。北宋の大儒程頤（伊川、一〇三三〜一一〇七）は次のような対話を残している。

或るひと、「経旨を窮むるに、当に何をか先とする所とすべきか」と問ふ。（程）子曰はく、「語・孟の二書に於いて其の要約の在る所を知れば、則ち以て五経を観るべし。語・孟を読むも而も道を知らざれば、謂ふ所多しと雖も亦た奚ぞ以て為さん」と[50]。

では、どのように『論語』『孟子』を読んだらよいのか。程頤はまた、学ぶ者当に論語・孟子を以て本と為すべし。論語・孟子既に治まれば、則ち六経は治めずして而して明らかなるべし。書を読む者、当に聖人の経を作る所以の意と、聖人の心を用ふ所以と、聖人の聖人に至る所以とを観るべし[51]。

と述べている。しかし、彼が言う「聖人の経を作る所以の意」とはどのようにしたら解明できるのだろうか。この点については、次のような対話が参考になるだろう。

問ふ、「聖人の経旨は、如何にすれば能く窮め得んか」と。曰はく、「理義を以て推索を去《す》れば可なり。学ぶ者は先に須らく論・孟を読むべし、論・孟を窮め得れば、自ら箇の要約の処有らん。此れを以て他経を観れば、甚だ力を省くことあり。論・孟は丈尺の権衡のごとく相ひ似たり、此れを以て事物を量度去《す》れば、自然と長短軽量を見て得ん」と[52]。

程頤が言う「理義を以て推索を去る」とは、経書読者の心の中にある一つの価値体系によって経籍を読み、古人を尊ぶということを意味している。朱子は「凡そ吾心の得る所は、必ず之れを聖賢の書に考するを以てす[53]」と言い、「六経を読む時、只だ未だ六経有らざるがごとくし、只だ自家身上に就きて道理を討《もと》むれば、其理便ち暁り易し[54]」とも述べているが、こうした経書解釈法はいずれも、経典と経典解釈者とが相互に主体的な関係である点を強調するのである。こうした関係において、経典における義理或いは「道」と、経典解釈者の生命とは一体となるのである。

こうした経典解釈者の生命体験に訴える経典解釈方法は、二〇世紀になってもなお、馬一浮（一八八三～一九六七）等の現代儒者の教学法の中にその影響が波打っている。馬一浮は、「（彼が創設した復性書院において）講習されるものは、もともとの経術において、性が具有する義理から発明したものでなくてはならず、それは今の哲学を専攻する者とは同日には語ることができない。（中略）もし今日の哲学を専攻する者が一般的に有している客観的態度によって、それを過去の時代の一種の哲学思想として研究するのであれば、恐らくはたいした利益を得ることはないだろう。（中略）なぜか。それは、それがそれを外に求めるのに、どのように配置し、どのように組織するかばかりに任じて、それを持するのに理由があって、言葉にも論理があったとしても、自らの性と無干渉のものとしてしまうからである」[55]と述べている。馬一浮の持論と程頤、及び朱子の考えとはいずれも、経典を読むということが一種の心身に浸透する（pervasive）、全体的な（holistic）過程であると強調する点で共通しているといってよい。

二つ目の「道」を求める経典解釈の方法は、文字訓詁及び名物制度の学によって経典中の義理を求めるものである。一八世紀の戴震はこうした経典解釈方法を用いた代表的人物である。戴震は、

治経は先づ字義を考へ、次に文理に通じ、志は道を聞くに存し、必ず依傍する所を空しくす。（中略）我輩の書を読むは、原より後儒と競ひて説を立つるに非ず、宜しく心を平らにして経文を体会すべし。一字の其れに非ざるの解有らば、則ち言ふ所の意に於いて必ず差ありて、而して道　此れに従ひて失はん。[56]

と言う。経典中の「道」を求めるには、必ず先にその文の意味を知らなければならないとし、また文の意味を知るには、先にその字義に通じていなければならないと主張するのである。戴震はまた更に、彼自身が「十七歳の時より、志有りて道を聞かんとし、之れを六経・孔・孟に求めるに非ざれば得ずと謂ひ、字義・制度・名物に従事するに非ざるも、由無くして以て其の語言に通ぜり。宋儒の訓詁の学を譏り、語言文字を軽んずるは、是れ猶江河を渡らんと欲して而して舟楫を棄て、高きに登らんと欲して而して階梯無きがごときなり」と述べている。(57) そして、

夫の所謂理義、苟くも経を舍てて而して空しく胸臆に凭《もた》れ、将に人人、空を鑿ちて之れを得るを以てすれば、奚ぞ経学の云に有らんか。惟だ空しく胸臆の卒に凭るるのみなるは賢人聖人の理義に当たる無し、然る後に之れを古経に求む。之れを古経に求むるも而も遺文は垂絶、今古は縣隔するなり、然る後に之れを故訓に求む。故訓明らかなれば則ち古経明らかなり、古経明らかなれば則ち賢人聖人の理義明らかにして、而して我が心の同じく然る所の者、乃ち之れに因りて而して明らかならん。賢人聖人の理義は它に非ず、典章制度に存する者 是れなり。(中略) 理義の典章制度に存せざるは、勢ひ必ず異学曲説に流入して而して自ら知らず。(58)

と主張する。「故訓明らかなれば則ち古経明らか、古経明らかなれば則ち賢人聖人の理義明らか」という経典解釈方法は、ある命題の上に成り立っている。それは、「道」は語言文字の中に存し、語言文字

によってのみ「道」を解明することができるというものである。

以上、二つの異なる経典解釈の方法について述べた。正しく清代学術における漢宋の争の鍵であるが、両者には異同があり、またそれぞれ得失もある。以下、異なる点から見ていくことにしよう。

第一の経典解釈方法が第二と最も大きく異なるのは、経典解釈者の主体性が現れていることにある。経典解釈者の主体性が映し出されてこそ、経典における義理や「道」は明らかとなると強調するのである。これに対して、経典中の「道」もまた経典の読者とは無関係の客観的存在では無く、深く経典の読者の精神世界へと浸透していくのである。経典とその読者との間は、一種の身心に浸透する、全体的な、「須臾も離るべからざる」相互浸透関係にあると言ってよい。

こうした「相互主体的」な経典解釈方法は、経典中の「道」に異なる時代の経典解釈者の主体性が照らし出されることによってその内容を絶え間無く更新させ、「時間性」の中でその経典に「超時間性」を獲得させる一方、[59] 経典を読むという行為を「意義を求める」活動とし、経典の読者の生命に絶えず経典中の「道」の洗礼を受けさせ、日増しに豊かなものとする。朱子が「問渠那得清如許、為有源頭活水来（堤の水はどうしてこんなに清らかなのか、それは源から絶えず新鮮な水が流れこんでくるからだ）」（「観書有感詩」[60]）と述べているのは、正しく如上の状況を活写したものであろう。

ただし、経典解釈者と経典との間には常に動態的バランスを保つことはできなかった。経典解釈者自身の生活体験や思想体系を経典の思想世界に刻み込むと、時に相互に相容れず、経典解釈者の「主体性の緊張」を構成してしまうことを免れることができないのである。

こうした経典解釈者の「主体性の緊張」については、朱子と王弼（二二六～二四九）の経典解釈を例として説明を加えることができる。朱子が『四書』理解に生涯を捧げ、『大学』の「格物窮理」の宗旨に本づいて『四書』を貫こうとしたことは周知の事実であろう。朱子の『論』『孟』解釈には各所に彼の「理」の哲学の不自然な痕跡を見ることができる。その代表的な例は、『孟子』梁恵王下（第五章）の「人皆謂我毀明堂」章の解釈であろう。[61] 朱子は一七九文字にも及ぶ長い注釈を付しているが、その内容は彼の「天理人欲、同行異情」の思想的立場から出発して『孟子』を解釈したものであり、『孟子』原典には見られない意義を見出すことになっている。

朱子の他、王弼もまた「主体性の緊張」について述べた経典解釈者である。王弼は『論語』述而（第六章）「子曰志於道」の一句に注して、「道とは、無の称なり。通ぜざる無きなり、由らざる無きなり、之れを況《たと》へて道と曰ふ。寂然として体無く、象と為すべからず」[62]と述べている。こうした解釈が老荘思想を援用して孔子に重ねたものであり、『論語』の思想世界とは隔絶したものであることは明らかである。孔子の「道」は極めて倫理的意義に富むものであったからこそ、曽子は「夫子の道は、忠恕のみ」によって、彼自身の孔子が述べた「吾道は一以て之れを貫く」に対する体認を明らかにしたのである。孔子は「君子は本を務む。本立ちて而して道生ず。孝弟なる者は、其れ仁を為すの本か」（『論語』学而、第二章）[63]と言っている。この句は『論語』に見える孔子の「道」を貫くものであり、そこには実際には王弼が解釈したような「無」の意味は無いのである。王弼の『論語』解釈は、具体的に「解釈者の主体性の緊張」を現したものであり、湯用彤（錫予、一八九三〜一九六四）は、魏晋の人のそうした経典解釈方法を「寄言出意」・「忘象忘言」・「忘言得意」とし、そうした方法はいずれも玄学の宗旨に合致し、また、儒道二家の学を会通するものだと述べている。[64] 以上述べたように、朱子と王弼の『論語』に対する解釈方法によって、第一の方法と第二の方法との主な相違を具体的に説明することができるのである。

こうした第一の経典解釈方法に対して、第二の方法はそれぞれの経典解釈者個人の生命の心的歴程に訴えることはないため、解釈行為もまた、最早ある種の「体験的学問」ではない。前引の戴震の言に「故訓明らかなれば則ち古経明らかなり。古経明らかなれば則ち賢人聖人の理義明らかにして、而して我が心の同じく然る所の者は、乃ち之れに因りて而して明らかならん。賢人聖人の理義は它に非ず、典章制度に存する者是れなり(65)」とあったが、この言葉は、第二の経典解釈方法が基本的に解釈という問題をある種の訓詁学の問題と見なし、正確に文字の意味を解明することさえできれば完全に経典中の意義を理解することができる、と考えていることを示している。こうした経典解釈方法は「語言文字が作者の心を伝えることができる」という前提の上に成立しているのだが、こうした前提は次の二つの問題を含んでいる。一つは言語文字と「実在（reality）」との関係についてであり、もう一つは所謂「作者の意図」には表層的意図と深層的意図という二つの層があるということである。以下、この二点について分析を加えてみよう。

はじめに、言語と「実在」との関係は、現代言語哲学の大問題の一つであるが、早くも中国古代の思想家も取り扱った問題であった。張亨が指摘しているように、中国古代の重要な哲学者において、その言語に対する態度がどうであれ、ずっと言語と「実在」とを同一視する思想は無かった。儒道二家はいずれも言語と「実在」との間に必然的関係があることを認めず、事物を表す名は決してそのまま事物そのものを指すわけではないと主張し、また、言語を意味を伝達する道具だと見なしたのである(66)。現代言語哲学の研究も、その多くは言語と「実在」との間に等号を画くことができるとは考えていない。言語文字の掌握によって経典中の思想世界の「真実」を解明しようとすることは、寧ろ過度に楽観的な見方だと言わなければならない。

次に、経典の作者の意図は訓詁学的方法によって解明できるのか、という問題については、経典の表層的意図と深層的意図と関連するものである。[67]「表層的意図」は文字の隷定や訓詁の解明によってその意味を確定することができるが、「深層的意図」は少なくとも更に「言内の意」、「言外の意」及び「言後の意」の三つに分けることができよう。[68] この三つの位層の経典作者の意図は、程度を異にしながらも経典読者の心の歴程と生命体験と関係している。「賢者は其の大なる者を識り、不賢者は其の小なる者を識る」（『論語』子張、第二二章）[69]や「少年の読書するは、隙中に月を窺ふがごとし。中年の読書するは、庭中に月を望むがごとし。晩年の読書するは、台上に月を玩ぶがごとし」[70]では、いずれも人生の境地の高低によって異なる体認があることを示している。いかなる内容の経典であっても、必ず上に述べたような「テクスト」の「深層的意図」に関連しているのであり、こうした「深層的意図」は必ずしも完全に文字の訓詁によって解明できるものではない。清儒方東樹はこの点について深い論述を残している。

若《も》し義理は即ち古経訓詁に在りと謂はば、不当なること岐《わか》れて而して二と為す。訓詁に本づきて以て古経を求むれば、古経明らかにして、而して我が心同然の義理以て明らかなり。此れ確論なり。然れども訓詁 義理の真を得ざれば、古経を誤解するを致すこと、実に多く之れ有り。若し義理を以て之れが主と為さざれば、則ち彼の所謂訓詁者は、安にか恃みて以て差謬無かるべけんや。諸儒の経を釈し字を解するは、紛紜たること百端。吾れ其の他を論ずる無し、即ち鄭氏・許氏を以て之れを言へば、其の乖違して真を失へる者已に多し、而るを況んや其の下の者をや。総じて而して之れを言へば、義理を主とする者、断じて経を舍てて訓詁を廃する事有る無かれ。訓詁を主とする者、実に皆は義理に当たる能はず。何を以て之れを明らかにせんか。蓋し義理に時として実に語言文字の外に在る者有ること有り。故に孟子に曰はく、「意を以て志に逆ひて、文を以て辞を害はず、辞は意を害すればなり」と。[71]

方東樹の清代漢学に対する反駁は、その用語は辛辣、自身の立場を守ることも峻烈で、意気の争であることを免れないが、彼の言葉は深く考えるに値するものである。「義理に時として実に語言文字の外に在る者有ること有り」という部分は、とりわけ適切で申し分無いものである。経典についての体認には、固より所謂「黙して而して之れを識る」という境地が有り、孔子は「予れ言ふこと無からんと欲す」（『論語』陽貨、第一九章[72]）と嘆き、荘子は「言ふ无くして而して心に説く」（『荘子』天運[73]）、「意を得て而して言ふを忘る」（同、外物[74]）、「言ふに言无し。（中略）身を終ふるまで言はず、未だ嘗て言はず」（同、寓言[75]）と言っているし、また維摩詰の「黙然として言ふ無し」（『維摩詰所説経』入不二法門品第九[76]）や「一切言語道断」（同、見阿閦仏品第一二[77]）なども、そうした経典の「深層的意図」を説明するものであり、文字訓詁等の「小学」によって完全に理解できるものでは無い。方東樹の「夫れ訓詁の未だ明らかならざるは、当に之れを小学に求むべきは、是なり。大義の未だ明らかならざるがごときは、則ち実に小学の能く尽くす所に非ず。（中略）漢・魏の諸儒、小学に通ぜざるは無し。而るに其の釈経、猶多く乖違せしは、小学の未だ深からざるに非ず、正しく大義未だ明らかならざるを以ての故なり[78]」という見解は成り立つものだと見てよいだろう。こうした角度から見れば、清代漢学の基礎を打ち立てた代表的人物の一人戴震は、後学に比べれば比較的鮮明な「求道」の方向感覚を有していたが[79]、考拠学が完全に経典解釈の問題を解決することができるかという問題については、なお大いに再考の余地があるのである。余英時が言うように、戴震が終生努力を続けた学術が最も心を砕いたのは、考拠学派の学者に向けて、自身の義理の学を証明するのに、着実な考証を基礎としたことであった[80]。しかし、考拠学的戴震は解釈学の問題を訓詁学的問題へと転化して、義理学的戴震のために奉仕しようとしたが、以上に述べたような方法論上の困難に陥らざるを得なかったのである。

さて、以上に述べた二つの経典解釈方法の共通点は、いずれも異なる意味の上で、また異なる程度において、経典を道具化していることである。一つ目の方法では、経典が研究する価値があるのは、その中に「理」があるからだと考えられている。朱子は「学ぶ者は必ず先達の言に因りて、以て聖人の意を求め、聖人の意に因りて、以て天地の理に達す[81]」と言い、また「経の解有るは、経に通ずる所以なり。経既に通ずれば、自ら解に事無く、経を借りて以て理に通ぜんのみ。理得らるれば、則ち経を俟つ無し[82]」とも述べている。この意味において、経典は単なる道を載せる道具に過ぎない。一旦「道」を得ることができたなら、経典は打ち捨ててもよいのである。朱子はさらに、経典中の「道」は聖人の身の上においてのみ具体化されるのであり、それは聖人の行為が「天理」から流れ出ているからだ、と明言している[83]。したがって、経典は聖人の行為を通じて「道」を求めるための媒体となってしまっており、つまりは道具化されているのである。

二つ目の方法も方法は異にするものの、経典を道を載せた書籍だと見なす点では同じである。戴震は、経の至る者は道なり、道を明らかにする所以の者は其の詞なり、詞を成す所以の者は字なり。字に由りて以て其の詞に通じ、詞に由りて以て其の道に通ずれば、必ず漸有り。所謂字を求めて、諸れを篆書に考ふるに、許氏の説文解字を得て、三年して其の節目を知り、漸く古聖人の制作せし本始を睹《み》る。又許氏の故訓に於いて未だ尽くす能はざるを疑ふに、友人より十三経注疏を借りて之れを読めば、則ち一字の義、当に群経を貫き、六書に本づきて、然る後に定を為すべきことを知れり。[84]

この一連の経典解釈方法についての論述から、我々は名物制度と文字訓詁を通じて経典を解釈することを主張する戴震にあっても、経典は「道」を載せた道具として捉えられていることがわかる。章学誠が「六芸は、聖人の器に即して而して道を存するものなり[85]」と述べているのは、正しくこの意であろう。

五　結論

儒家の論述の中に見られる歴史上の黄金時代古代や典範的人格の叙述は、いずれも普遍的理法や抽象的命題を打ち立てる方向へと向かうことを目的としている。したがって、儒家思想の中に浸潤している歴史学は、実質的には道徳学であり、政治学であった。こうした特質の下、儒家の歴史叙述はある種の普遍的理法を立証する手段であった。しかし、儒家の言論中の普遍的理法（「道」）とそれが具体化されたもの（聖人とその歴史上の遭遇）との間に大きな落差があり、両者が常に緊張関係にあったことは問題であった。こうした緊張関係は到る所で歴史における「道」の普遍的必然性に挑戦しているのである。

歴史における「道」の本当の意味、及びその普遍的必然性を確認するために、儒者は、或いはそれを個人的生命の学思体験に訴えて経典解釈学を「体験的学問」とし、或いは名物制度や文字訓詁の解明によって、経典中の「道」の本来の、真実の意味を確認しようと試みて、経典解釈学を字義学に転化させたのである。もし、我々が宋明儒者の経典解釈が採用したのが第一の方法だとするならば、清儒が用いたのは多くは第二の方法であったと言えるだろう。清代学術史上に見られる漢宋の争、その実は以上に述べたような二つの異なる経典解釈方法の争いでもあったのである。

本章の分析によって、次のような見方をしてよいのかもしれない。清代の漢宋の争は実は一つの事実――儒家の言論中、歴史叙述と普遍的理法との間に相互浸透性があるということ――を忘れてしまっている。儒家的伝統において、「事を述ぶれば而ち理は以て焉れを昭らかにし、理を言へば而ち事は以て焉れを範とす」[86]るのである。所謂「性と天道」とは皆具体的な過去の聖賢の行為の中に具わっており、経典は正しくその「道」を載せる器なのである。道と器とが二つでは無く、理と事とが融合することを主張する儒家的伝統の中で、普遍にして抽象的な理法は特殊にして具体的な歴史的経験の中でのみ伺うことができる。故に儒家思想の伝統における「普遍性」はある種の「具体的普遍性」なのである。伝統的な語彙を用いれば、「経」と「史」とは本来二つに分かれているものでは無く、「経」と「史」とが貫かれ、理と事とを並び見て、「一貫」を「多識」の中に求めることでのみ、我々は儒家の歴史論における「抽象性の具体性への寄寓」、及び「特殊性について普遍性を論じる」という鍵となる特質を理解することができるのである。

注

（1）〔清〕皮錫瑞（鹿門、一八五〇～一九〇八）『経学歴史』（香港：中華書局香港分局、一九六一年）、三一三～三一四頁参照。
（2）〔宋〕朱熹「語孟集義序」、『朱子文集』（台北：徳富文教基金会、二〇〇〇年）、第八冊、巻七五、三七八二頁。
（3）〔清〕李兆洛「詒経堂続経解序」、『養一斎文集』（光緒戊寅四年湯成烈重刊本）、巻三、一〇頁右。「詒経堂続経解序」は僅かに光緒本に見えるのみで、『続修四庫全書』所収の『養一斎文集』には見えない。
（4）本書第三章、及び Chun-chieh Huang, "Historical Thinking in Classical Confucianism: Historical Argumentation from the Three Dynasties," in Chun-chieh Huang and Erik Zürcher eds., *Time and Space in Chinese Culture* (Leiden: E. J. Brill, 1995), pp. 72-88 参照。
（5）〔宋〕朱熹『論語集注』、『四書章句集注』（北京：中華書局、一九八三年）、巻四、一〇五頁。
（6）〔宋〕朱熹『論語集注』、巻四、一〇七頁。
（7）〔宋〕朱熹『論語集注』、巻四、一〇八頁。
（8）〔宋〕朱熹『孟子集注』、『四書章句集注』（北京：中華書局、一九八三年）、巻五、二五一頁。
（9）〔宋〕朱熹『孟子集注』、七、頁二七七頁。
（10）〔宋〕朱熹『孟子集注』、巻七、二七七頁。
（11）〔宋〕朱熹『孟子集注』、巻七、二七七頁。
（12）〔元〕脱脱『宋史』（台北：鼎文書局、一九七七年新校標点本）、列伝第八十六王安石、巻三二七、一〇五四三～一〇五四四頁。
（13）〔漢〕孔安国伝、〔唐〕孔穎達等正義『尚書正義』（台北：芸文印書館、一九六〇年影印宋刊本）、四〇頁下。
（14）〔宋〕張載『張載集』（北京：中華書局、一九七八年新校標点本）、経学理窟、二五六頁。
（15）〔宋〕朱熹『孟子集注』、巻八、二九五頁。
（16）〔宋〕朱熹『孟子集注』、巻一二、三四八頁。

(17)〔漢〕司馬遷『史記』（台北：芸文印書館、一九五六年拠清乾隆武英殿刊本景印）、巻一三〇、一三五二頁。
(18)〔漢〕司馬遷『史記』、巻一三〇、一三五二頁。
(19)黄俊傑『孟学思想史論（巻二）』（台北：東大図書公司、一九九一年）、一三頁。
(20)Hayden White, "The Question of Narrative in Contemporay Historical Theory," *History and Theory*, vol. 23, no. 1 (1984), pp. 1-33 参照。
(21)〔宋〕朱熹『論語集注』、巻九、一八〇頁。
(22)〔宋〕黎靖徳編『朱子語類』、巻一、「道夫録」、『朱子全書』（上海：上海古籍出版社、合肥：安徽教育出版社、二〇〇一年）、第一四冊、一一七頁。朱子の孔子の「天」についての解釈については、市川安司「論語集注に見える「天」の解釈」、氏著『朱子哲学論考』（東京：汲古書院、一九八五年）、一一三〜一二四頁参照。
(23)〔宋〕朱熹『論語集注』、巻七、一五五頁。
(24)〔宋〕朱熹『論語集注』、巻九、一七九頁。
(25)中国思想の伝統における「反事実思考方式」については、Kuang-ming Wu, "Counterfactuals, Universals, and Chinese Thinking," *Tsing Hua Journal of Chinese Studies*, New Series, vol. 19, no. 2 (Dec., 1989), pp. 1-43 参照。
(26)〔宋〕朱熹『孟子集注』、巻七、二七七頁。
(27)〔宋〕朱熹『孟子集注』、巻七、二七七頁。
(28)〔宋〕朱熹『孟子集注』、巻一二、三四三頁。
(29)〔宋〕黎靖徳編『朱子語類』、巻一三六、「謨録」、『朱子全書』、第一八冊、四二二二頁。また、本書附録二参照。
(30)〔宋〕朱熹「答陳同甫六」、『朱子文集』（台北：徳富文教基金会、二〇〇〇年）、第四冊、巻三十六、一四五八頁。
(31)〔宋〕朱熹「答陳同甫八」、『朱子文集』、第四冊、巻三十六、一四六四頁。
(32)〔宋〕朱熹「答陳同甫九」、『朱子文集』、第四冊、巻三十六、一四六六頁。並びに本書の第六章、また、Chun-chieh Huang, "Imperial Rulership in Cultural Change: Chu Hsi's Interpretation," in Frederick Brandauer and Chun-chieh Huang eds., *Imperial Rulership and Cultural Change in Traditional China* (Seattle: University of Washington Press, 1994), pp. 188-205 参照。

(33)〔宋〕黎靖徳編『朱子語類』、巻九八、「義剛録」、『朱子全書』、第一七冊、三三二一頁。
(34) Fernand Braudel, "The Situation of History in 1950," in Sarah Matthews tr., *On History* (Chicago: University of Chicago Press, 1980), pp. 6-24, esp. p. 11.
(35) 徐復観「如何読馬一浮先生的書」、馬一浮『爾雅台答問』（台北：広文書局、一九七三年）、「代序」、一～六頁、特に三～四頁参照。
(36)〔戦国〕韓非著、陳奇猷校注『韓非子集釈』（台北：河洛図書出版社、一九七四年）、巻六、三六五頁。
(37)〔宋〕朱熹『孟子集注』、巻三、一三一頁。
(38)〔宋〕黎靖徳編『朱子語類』、巻五二、「端蒙録」、『朱子全書』、第一五冊、一七二八頁。
(39)〔宋〕黎靖徳編『朱子語類』、巻五二、「広録」、『朱子全書』、第一五冊、一七二七頁。
(40) 陳奇猷は「『知』の下に『言』字があったはずである。『知言者不蔵書』と上の『知時者無常事』とは対文である」と述べている。今、陳説に従う。陳奇猷『韓非子集釈』、巻七、四〇五頁及び四〇六頁。
(41)〔清〕郭慶藩『荘子集釈』（台北：河洛図書出版社、一九七四年）、四八八頁。
(42)〔梁〕劉勰著、〔清〕黄叔琳校『文心雕龍注』（台北：台湾開明書局、一九七五年台十三版）、巻一〇、一三頁左。
(43)〔清〕蘇輿『春秋繁露義証』（台北、河洛図書出版社、一九七四年台景印清宣統庚戌刊本）、巻二、竹林第三、三九頁。
(44) 中国人のこうした思惟習慣について、最も総合的に分析したものとしては、やはり日本の中村元を挙げなければならない。中村元『東洋人の思惟方法』（東京：春秋社、一九八八年）、第四巻『シナ人の思惟方法』参照。この書籍については、簡編の英訳本：Hajime Nakamura, edited by Philip P. Wiener, *Ways of Thinking of Eastern People: India, China, Tibet, Japan* (Honolulu: University of Hawaii Press, 1968), chap. 17, pp. 196-203 がある。
(45)〔清〕章学誠「原道下」、葉瑛校注『文史通義校注』（北京：中華書局、一九九四年）、巻二、一三九頁。
(46) デヴィッド・ニヴィソンは章学誠思想中の「道」の演化的性格について分析を行っている。David S. Nivison, *The Life and Thought of Chang Hsüeh-ch'eng (1738-1801)* (Stanford: Stanford University Press, 1966), chap. 6, pp. 139-180参照。余英時は更に、章学誠が言う「道は六経に在り」は、「道」の抽象的観念について述べたもので、「道の実体」について言ったものでは無いと指摘している。余英時『論戴震与章学誠——清代中期学術思想史研究』（香港：龍

門書店、一九七六年）、一二四〜一二五頁、註一三。
(47) 本書第三章第三節参照。
(48) 〔宋〕朱熹『論語集注』、巻二、六三頁。
(49) 〔梁〕劉勰著、〔清〕黄叔琳校『文心雕龍注』、巻八、一頁右。
(50) 〔宋〕程頤『河南程氏粋言』、〔宋〕程顥・程頤『二程集』（北京：中華書局、一九八一年）、第四冊、巻一、論学篇、一二〇四頁。
(51) 〔宋〕程顥・程頤『河南程氏遺書』、『二程集』、第二冊、巻二五、伊川先生語一一、三二二頁。
(52) 〔宋〕程顥・程頤『河南程氏遺書』、巻一八、伊川先生語四、二〇五頁。
(53) 〔宋〕朱熹「答呉晦叔十三」、『朱子文集』、第四冊、巻四二、一八三二頁。
(54) 〔宋〕黎靖徳編『朱子語類』、巻十一、敬仲録、『朱子全書』、第一四冊、三四五頁。
(55) 馬一浮『爾雅台答問』、巻一、答許君、三三頁下〜三四頁上。
(56) 〔清〕戴震「与某書」、『戴震集』（上海：上海古籍出版社、二〇〇九年）、一八七頁。
(57) 〔清〕段玉裁「戴東原先生年譜」、『戴震集』、四五五頁。
(58) 〔清〕戴震「題恵定宇先生授経図」、『戴震集』、二一四頁。
(59) 本書第一章第二節及び第三節参照。
(60) 〔宋〕朱熹「観書有感」、『朱子文集』、第一冊、巻二、七三頁。
(61) 〔宋〕朱熹『孟子集注』、『四書章句集注』（北京：中華書局、一九八三年）、巻二、二一九頁。
(62) 〔漢〕何晏『論語集解』（台北：芸文印書館、景印清嘉慶二十年江西南昌府学刊本）、巻七、二頁下、邢昺疏に引く王弼の語。邢『疏』が引く上下の文に拠って見ると、邢昺がここで王弼の「道」についての解釈を引くのは、何晏『集解』の「道不可体、故志之而已」の意味を解釈するためである。故に邢昺が引く王弼の言は「不可為象」までだとすべきであろう。ここでの王弼の「道」についての語は、『論語』そのものについての解釈ではなく、邢『疏』がただ引用して何『注』を解釈したに過ぎないのでは無いかという疑いがある。程樹徳『論語集釈』「唐以前古注」のこの条に王弼説を載せていないのは、比較的厳謹なものだと言えよう。しかし、湯用彤『魏晋玄学論稿』（台北：里仁書局、一九八四年）所収の「王弼之周易与論語新義」一文が引く王弼説は「不可為象」までであるが、王弼『論語釈疑』の文だと考えている。筆者は湯用彤の説に従う。この条については、張宝三教授のご教示を受けた。ここに付記して、謝意を表す。

(63)〔宋〕朱熹『論語集注』、巻一、四八頁。

(64) 湯用彤『魏晋玄学論稿』、二七～二九頁。王弼の『論語』注については、湯用彤「王弼之周易論語新義」、氏著『魏晋玄学論稿』、八七～一〇六頁参照。なお、この一文には英訳版 T'ang Yung-t'ung, "Wang Pi's New Interpretation of the *I Ching* and *Lun Yü*," tr. with notes by Walter Liebenthal, *Harvard Journal of Asiatic Studies*, vol. 10, no. 2 (September, 1947), pp. 124-161 がある。また、林麗真『王弼老、易、論語三注分析』（台北：東大図書公司、一九八八）、第四章、特に二二五～二二七頁を参照した。

(65)〔清〕戴震「題恵定宇先生授経図」、『戴東原集』、巻一一、一一五頁。

(66) 張亨「先秦思想中両種対語言的省察」、氏著『思文之際論集——儒道思想的現代詮釈』（台北：允晨文化実業股份有限公司、一九九七年）、七～三五頁。特に三〇～三二頁参照。

(67) エリック・ドナルド・ハーシュは嘗て「テクスト（text）」の「文意（meaning）」と「意義（significance）」とを区別している。前者は『論語』や『孟子』といった「テクスト」、つまり経典中の思想内容を指し、後者はその「テクスト」の思想とある種の情景（清代の学術環境など）、或いは思想的雰囲気（宋明理学など）との関係を指すとしている。E. D. Hirsch Jr., *Validity in Interpretation* (New Haven and London: Yale University Press, 1967), pp. 8ff 参照。ここで述べる「テクスト」の「意図」とは基本上にハーシュの言う「meaning」であって「significance」では無いが、筆者はここで更に「深層的意図」と「表層的意図」の二つの層に細分する。

(68) 筆者が区分するこの三層は、ジョン・R・サール（John R. Searle, 一九三二～）の「言説行動理論」中に言う「locutionary intention」、「illocutionary intention」と「perlocutionary intention」という三層の作者の意図にほぼ近い。詳しくは John R. Searle, *Speech Acts: An Essay in the Philosophy of Language* (Cambridge: Cambridge University Press, 1969) 及び John R. Searle, "A Taxonomy of Illocutionary Acts," in K. Gunderson ed., *Language, Mind, and Knowledge* (Minneapolis: Minnesota University Press, 1975), pp. 344-369 参照。

(69)〔宋〕朱熹『論語集注』、巻一〇、一九二頁。
(70)〔清〕張潮『幽夢影』（台北：西南書局有限公司、一九八〇年）、一六頁。
(71)〔清〕方東樹『漢学商兌』、〔清〕江藩・方東樹『漢学師承記（外二種）』（北京：生活・読書・新知三聯書局、一九九八年）、巻中之下、三二〇〜三二一頁。
(72)〔宋〕朱熹『論語集注』、巻九、一八〇頁。
(73)〔清〕郭慶藩『荘子集釈』（台北：河洛図書出版社、一九七四年）、五〇七頁。
(74)〔清〕郭慶藩『荘子集釈』、九四四頁。
(75)〔清〕郭慶藩『荘子集釈』、九四九頁。
(76)〔南北朝〕鳩摩羅什訳『維摩詰所説経』（台北：新文豊出版股份有限公司、一九九三年）、一〇三頁。
(77)〔南北朝〕鳩摩羅什訳『維摩詰所説経』、一二六頁。
(78)〔清〕方東樹『漢学商兌』、巻中之下、三三四頁。
(79)章学誠は「書朱陸篇後」に「凡そ戴君の学ぶ所は、深く訓詁に通じ、名物制度を究めて、而して其の然る所以を得て、将に以て道を明らかにせんとするなり」と述べている。〔清〕章学誠、葉瑛校注『文史通義校注』、巻三、二七五〜二七七頁。章学誠の戴震についての観察は極めて正確である。
(80)余英時『論戴震与章学誠——清代中期学術思想史研究』、九八頁。
(81)〔宋〕朱熹「答石子重二」、『朱子文集』、第四冊、巻四二、一八三二頁。
(82)〔宋〕黎靖徳編『朱子語類』、巻一一、大雅録、『朱子全書』、第一四冊、三五〇頁。
(83)朱子は「道は便ち是れ躯殻無きの聖人なり、聖人は便ち是れ躯殻有るの道なり。道を学ぶは便ち是れ聖人を学ぶなり、聖人を学ぶは便ち是れ道を学ぶなり」と言う。〔宋〕黎靖徳編『朱子語類』、巻一三〇、燾録、『朱子全書』、第一八冊、四〇五九頁。また、「聖人の事を行ふは、皆是れ胸中の天理の自然に発り出で来たりて已むべからざる者にして、勉強して為に之れを為す有るべからず」とも言う。〔宋〕黎靖徳編『朱子語類』、巻一三〇、木之録、『朱子全書』、第一八冊、四〇五九頁。
(84)〔清〕戴震「与是仲明論学書」、『戴東原集』、巻八、九八頁。

(85)〔清〕章学誠「原道下」、葉瑛校注『文史通義校注』、巻二、一三八頁。

(86)〔清〕章学誠「原道下」、葉瑛校注『文史通義校注』、巻二、一三九頁。

第五章　儒家的歴史叙述の特質——朱子の歴史叙述における聖王典範

一　はじめに

第四章においては、儒家の言論ではしばしば歴史事実についての叙述を通じて、普遍的理法や道徳的命題が抽出され、歴史的事件を抽象的な歴史的理法の具体的な表れと見なしていたことについて論じた。実は、儒家思想の伝統（特に宋明儒学）においては、歴史叙述は常に哲学的論証の主要な道であった[1]。かつ、その所謂「歴史叙述」は決して事件、或いは事件群を主体とする叙述では無く、歴史人物（特に聖人賢者）の行為と思想とを主体として叙述したものであった。こうした典範的意味を具えた歴史人物は儒家思想における「集合的記憶（collective memory）」の重要な組成部分であり、とりわけ儒家が最も賞賛したのは尭・舜・禹であった。この三人の聖王の行為は、歴代儒者（特に宋儒）が哲学的論証を提示する時の重要な参考構造であった。こうした「歴史に即して哲学を論じる」という儒者の思惟方法は、正しく本書の第三章に述べた中国文化における「具体的思惟方法」の一表現なのである。儒家のこうした特殊な論述方法について深く検討を加えるために、本章では宋儒の歴史叙述における内部構造のいくつかの特徴に焦点をあてて、朱子歴史叙述の中に潜在する思想的意義について分析を加えてみたい。また、本章では、儒家「歴史叙述から哲学的命題を提示する」という思考方法に対して生じる若干の疑問について論じることにする。

二　宋儒の歴史叙述における二、三の側面

宋代（九六〇～一二七九）は文化的に繁栄し、史学も更に勢いよく発展した時代である。[2]宋人の歴史関係の著作は非常に多く、歴史的知識も唐人に比べて飛躍的に豊かになった。唐詩中に用いられた典故の多くが六経や『史記』に限られるのに対して、宋代になると印刷技術の普及とそれに伴う書籍の流通によって、宋代知識人の歴史知識は大幅に増加していく。[3]宋一代を通じて、社会にある種の「歴史比較の心態（Historical analogism）」が瀰漫していたのである。[4]しかしながら、宋代はまた理学勃興の時代でもあり、朱熹は理学と史学とを融合しようとする。宋代の儒者はしばしば歴史叙述を通じて、自身の哲学的命題を構築し、所謂「理学化した史学」という現象を形成することになった。[5]宋儒の「歴史に即して哲学を論じる」という論述方法は、三つの側面によく現れている。まず、宋儒の歴史叙述は決して歴史的事件や事実群を主要対象とするものでは無く、尭や舜といった典範的性質を持つ歴史人物（所謂「典型的固体（Paradigmatic individuals）」）を中心として展開されている点である。また、そうした歴史叙述を通じて道徳的命題を引き出すという方法は、「特殊性（particularity）」から「普遍性（universality）」へと邁進する

ことになり、改めて「典範的人物」に対する記憶を呼び起こして、「典範的人物」の行為の規範的普遍性を打ち立てることになる。それは一種の中国文化の特色を具えた「具体的普遍性」であった。したがって、宋儒の歴史叙述における「時間」概念は「超時間」的性質を獲得し、かつまた「空間」の上でも広がりを見せるのである。

中国の儒者の歴史解釈はしばしば「三代（夏・商・周）」を黄金時代とする。彼らは常に、「三代」という盛世への回帰を、現実を批判し、未来を導くための有力な武器とするのである。[6] 更に重要なのは、宋代儒者の「三代」についての叙述が、実際には尭・舜・禹という三人の典範的人物、とりわけ舜に集中しているということである。遠くは先秦時代にあって、孟子（前三七一?～前二八九?）は「性善を道《い》ひて、言は必ず尭・舜を称」（『孟子』滕文公上、第一章）したが、[7] 中でも舜の事跡には多くの儒家の哲学的問題が隠されており、それらは宋儒が「歴史に即して哲学を論じる」に当たって恰好の参考事案となったのである。

宋儒は尭や舜といった「典範的人物」を中心として、歴史叙述を行うのだが、歴史叙述はしばしば彼らの哲学的思考のための道具となってしまう。彼らが典範的人物の事跡や経験を呼び覚まし、再現させるのは、典範的人物の行為の中に現れる規範に普遍的必然性があることを論証するためである。以下、例を挙げて説明を加えてみよう。

北宋の改革者であった政治家王安石（介甫、一〇二一～一〇八六）と宋の神宗（一〇六七～一〇八四在位）との次のような対話が残っている。

一日講席し、群臣退きしとき、帝、安石を坐に留めて、曰はく、「卿と従容として論議せんと欲する者有り」と。因りて言はく「唐の太宗は必ず魏徵を得、劉備は必ず諸葛亮を得て、然る後に以て為すこと有るべくんば、二子は誠に不世出の人なり」と。安石曰はく、「陛下誠に能く尭・舜たらんとすれば、則ち必ず皐・夔・稷・禼有らん。誠に能く高宗たらんとすれば、則ち必ず傅説有らん。彼の二子は皆道有る者の羞ずる所なれば、何ぞ道とするに足らんや。天下の大、人民の衆を以て、百年の平を承くれば、学者多とせずと為さず。然れども常に人の以て治を助くべき者無きを患ふも、陛下の術を択ぶこと未だ明らかならず、誠を推して未だ至らざるを以て、皐・夔・稷・禼・傅説の賢有りと雖も、亦た将に小人の蔽ふ所と為らんとすれば、懐を巻きて而して去らんのみ」と。帝曰はく、「何れの世に小人無からん。尭・舜の時と雖も、四凶無きこと能はず」と。安石曰はく、「惟だ能く四凶を弁ちて而して之れを誅すは、此れ其の尭・舜たる所以なり。若し四凶をして其の讒慝を肆まにするを得しむれば、則ち皐・夔・稷・禼も亦た安ぞ肯へて苟も其の禄を食みて以て身を終へんか」と。(8)

王安石は三代は王道の行われた時代であり、後代の統治者は尭・舜を模範の標準とすべきであって、尭・舜以下は模範とするに足りないと考えている。王安石のこうした対話の中で語られた四凶誅除の事跡は、『尚書』舜典に言う「共工を幽洲に流し、驩兜を崇山に放ち、三苗を三危に竄し、鯀を羽山に殛せば、四罪して而して天下咸な服へり」(9)といった史実を指すものである。この歴史を鑑戒とする対話の中で、神宗に為政の道とは「人君は人を知り善く任ずべきもの」だと提言しているのである。

北宋の大儒程頤（伊川、一〇三三～一一〇七）は舜の刑賞等の歴史事実について述べて、

万物は皆只だ是れ一個の天理なれば、己れ何ぞ与《あずか》らん。「天有罪を討つ、五刑五用せよ」、「天有徳に命ず、五服五章せよ」（『尚書』皐陶謨）と言へるがごときに至りては、此れ都《み》な只だ是れ自然にして当に此くのごとくあるべく、人幾時にか与らん。与るは則《すなは》便ち是れ私意なり。善有り悪有り、善ならば則ち理は当に喜ぶべく、五服の自ら一個の次第有りて以て之れを章顕するがごとし。悪ならば則ち理は当に悪むべく（一に「恕」に作る）、彼れ自ら理を絶つ、故に五刑五用、曷嘗ぞ心を容れて其の間に喜怒せんや。舜の十六相を挙ぐ、堯豈に知らざる。只だ佗善の未だ著はれざるを以ての故に自ら挙げざるのみ。舜の諸四凶、堯豈に察せざる。只だ佗悪の未だ著はれざるが為に、那《なん》ぞ佗を誅するを得ん。挙と誅と、曷嘗ぞ毫髪の其の間に廁する有らんや。只だ一個の義理有りて、義を之れ与に比す。(10)

程頤がこの歴史叙述において提示しようとしているものこそ、「万事は只だ是れ一個の天理」という一条の抽象的な普遍原則に他ならない。こうした彼の論述方式と、張載（横渠、一〇二〇～一〇七七）のものとは頗る近い(11)。

さて、朱子は弟子と、舜が一般人と共有している徳行について論じた時、次のような対話を行っている。

或るひと問ふ、「大舜の善なること、人と同じくすとは、何ぞや」と。曰はく、「善なる者は天下の公理にして、本より己に在りしや人に在りしやの別無し、但だ人に身有り、己に私無きこと能はず、故に物我の分有り。惟だ舜の心は、一毫も我の私有ること無し、是こを以て能く天下の善を公にして以て善を為して、而して其の孰れを己に在りと為し、孰れを人に在りと為すを知らず、所謂善なること、人と同じなり。己を舍てて人に従ふは、其の先に己を立てずして、而して虚心にして以て其の天下の公を聴くを言ふ、蓋し善の己に在るを知らざるなり。人より取りて以て善と為すを楽しむは、其の人の善なるを見れば、則ち至誠にして楽しみて取り、而して之れを身に行ふを言ふ、蓋し善の人に在るを知らざるなり。此の二者は、『善なること、人と同じ』の目なり。然れども之れを己を舍つと謂ふは、特だ其の亡私順理を言へるのみにして、其の己に不善にして而して之れを舍つる有るを謂ふに非ざるなり。之れを楽しみて取ると謂ふ者は、又其の心と理と一なるを見るを以て、安んじて而して之れを行ひ、利勉の意有るに非ざるなり」と。[12]

朱子はこの中で、舜の「無私」が「天下の公理」だったということを強調するのである。

以上のことから我々は、宋儒が典範的人物の行為の再現を通じて論証しようとしたのが、そうした典範的人物の事蹟の規範としての普遍的有効性であることがわかる。したがって、後世の人にとって模範とする価値が生じるのである。

宋儒が典範的人物を中心として歴史叙述を行う時、舜は特定の時間的・空間的条件下に置かれる歴史人物から、超時空的性質を獲得することになる。なぜなら、宋儒（特に朱子）の多くは、人類の歴史の展開過程は合理的秩序・軌跡（即ち所謂「道」）に従い、聖人の行為経験とは正しくその「道」に従ったものであり、また「道」の顕現だと考えるからである。朱子と陳亮（同甫、一一四三〜一一九四）との間に交わされた書信では度々こうした考えが述べられている。朱子「答陳同甫八」に次のように言う。

夫の人は只だ是れ這箇人《このの》のみ、道は只だ是れ這箇道のみ、豈に三代・漢・唐の別有らん。但だ儒者の学伝はらずして、而して尭・舜・禹・湯・文・武以来、転相授受の心天下に明らかならざるを以ての故に、漢唐の君暗合する無き能はざる時或りと雖も、而も其の全体は却りて只だ利欲の上に在るのみ。此れ其の尭・舜・三代は自ら尭・舜・三代、漢祖・唐宗は自ら漢祖・唐宗、終ひに合して而して一と為す能はざる所以なり。今若し必ずしも限隔を撤去せんと欲し、古無く今無きは、則ち深く尭・舜相ひ伝ふるの心法、湯・武之れに反るの功夫を考へ、以て準則と為して而して諸れを身に求むるに若くは莫し(13)。

また、朱子「答陳同甫九」には、

然れども区区たる鄙見、常に竊かに以為へらく亘古亘今は只だ是れ一体、之れに順ふ者は成り、之れに逆ふ者は敗るるは、固より古の聖賢の能く独り為す所に非ず、而して後世の所謂英雄豪傑なる者も、亦た未だ能く此の理を舍きて而して建立成就する所有るを得たる者有らざるなり(14)。

とある。朱子は、「尭・舜・三代」という歴史的経験の中に永遠にして時空を超える「道」や「理」が潜在しており、後世の人はそれに従うべきだと考えている。したがって、尭や舜といった古代の聖王は、宋儒の歴史叙述の中で、時間と空間とを超越した存在となり、普遍的な意味を獲得したのである。しかし、本書第二章で指摘したように、中国の儒者が歴史叙述を通じてうちたてた「普遍性」はある種の「抽象的普遍性」では無く、具体的聖賢の行為の中に見出せるのであり、その意味では正しくヘーゲルの「具体的普遍性（the concrete universals）」だと言ってよい（詳しくは第二章第三節参照）。こうした思考方式は中国文化の特色を深く具えたものであろう。

以上、ヨーロッパにおいて、歴史叙述の芸術は一九七〇年代以降に至ってようやく史学界において社会科学の影響を脱し始め、次第に復興へと向かうことになるのであるが[15]、中国においては長い歴史を有し、また衰えるものでは無く、とりわけ儒家の系譜の思想家において、歴史叙述は哲学的命題を提出するための重要な方法だったのである。

三　朱子の歴史叙述に潜む思想的意義

宋儒の歴史叙述においては、特殊な史実について歴史叙述を行うことでのみ、普遍の「理」を抽出することができるのであり、そうした「理」は尭・舜・禹といった特殊な聖人の行為の上に現れ、彼らの行為規範は普遍的必然性を具えているのである。こうした歴史の中の「理」は歴史の中の聖人とその事蹟を通して発見され、かつ三代以降、人心は落ち込み、歴史は衰退しているのだから、古史を研究することでその「理」を発掘することは絶対に必要なことであった。さらに言えば、聖人の「心」と吾人の「心」とは同質なのだから、古代聖人の行いを研究することによってのみ、「理」が吾人の「心」の中に具わっているという事実は始めて肯定される。「理」が人「心」に内在すると同時に、史「事」にも顕れるという事実もまた、古代聖人の身上において確認されるのである。朱子の史学は宋儒の中でも最も代表的である。(16) そこで、本章及び次章では朱子の史学に焦点をあててみたい。

宋儒が歴史叙述を行う時に現れる最も重要な命題とは、普遍的「理」はそれを特殊な「事」の中、特に古代聖人の行為の中に見出すことができる、ということであった。以下、宋儒の中でも極めて歴史を重視した朱子を例として説明を加えてみたい。朱子は「壬午応詔封事」の中で次のように述べている。

> 是を以て古者は聖帝明王の学、必ず格物致知を将《もっ》てして、以て夫の事物の変を極め、事物の前に過ぐる者をして、義理の存する所、纖微も畢く照らして、心目の間に瞭然として、毫髪の隠も容れざらしむれば、則ち自然と意は誠に心は正し。而して天下の務めに応ずる所以の者は、一二を数へ、黒白を弁つがごとし。苟も惟だ学ばざると、学ぶも而も此れを主とせざるとは、則ち内外本末顛倒して繆戻し、聡明睿智の資、孝友恭倹の徳有りと雖も、而も智は以て善を明らかにするに足らず、識は理を窮むるに足らず、終ひに亦た天下の治乱を補ふ無し。(中略) 蓋し致知格物とは、尭・舜の所謂「精一」なり。正心誠意とは、尭・舜の所謂「執中」なり。(17)

また、「答張欽夫二」には、

儒者の学、大要は窮理を以て先と為す。蓋し凡そ一物には一理有れば、須らく先に此れを明らかにすべし。然る後に心の発る所、軽重長短、各の準則有り。（中略）若し此こに於いて先に其の知を致さず、但だ其の心たる所以の者は此くのごときを見、其の心と為る所以の者は此くのごときを識り、泛然として而して準則とする所無くんば、則ち其の存する所発する所、亦た何に自りて而して理に中らんか。[18]

とある。こうした例からは、朱子が事物が研究するに値するのは、事物の中に潜在する「理」を発掘するためだと考えていたことがわかるが、その目的はその「理」を掌握することで、天下を治めることにあった。では、どのように事物を研究することで「理」を探し出すのであろうか。朱子は、歴史研究は歴史上の聖人の事蹟について研究すべきであり、かつ聖人の視点によって人を知り世を論ずべきだと考えている。朱子は程頤の「読史は須らく聖賢の所存治乱の機を存する所、賢人君子の出処進退を見るべし、便ち是れ格物なり[19]」という言葉を引いている。換言すれば、歴史研究の正しい方法は、歴史上の古聖先賢の経国済民の鍵と彼らの立身処事の方法を見つけ出すことにあるのであって、歴史的資料を具体的に分析すること無く集めて、朱子の所謂「皮外の物[20]」とすることでは無い。故に朱子は、史書に先立って経書を読むべきだと考えるのである。彼は言う。

経書を看《み》ると史書を看るとは同じからず。史は是れ皮外の物事にして、緊要没《な》ければ、劄記を以て人に問ふべし。若し是れ経書に疑ひ有らば、這個は是れ己に切なる病痛なり。人の痛みを負ひて身に在り、斯の須らく忘れ去るべきを欲するも而も得べからざるがごとし。豈に之れを史を看るに比して、疑ひ有るに遇へば、則ち之れを紙に記すべけんや。(21)

朱子が「経」は「史」よりも重要だというのは、読史の目的は「事」に即して「理」を窮めることにあり、史実の究明は単なる手段であって、史理の抽出こそ本来の目的なのだが、その抽出されるべき「理」は主に経書の中に見出せるからに他ならない。故に「経」は「史」に先立つのである。

では、「史」を読むのは「理」を求めるためであり、かつその「理」は皆経書の中にあるのならば、直接経書を読めばよいはずである。どうして史書を読まなければならないのであろうか。それは、もし歴史事実（特に聖人の行った）がなければ、「理」を求めることができないからに他ならない。聖賢の行為の跡を通じてこそ、始めて正確に「理」の意味が解明されるのである。朱子は「答陳同甫八」の中で、「夫の人は只だ是れ這箇人にして、道は只だ是れ這箇道なり。豈に三代・漢・唐の別有らん。但だ儒者の学伝はらずして、而して尭・舜・禹・湯・文・武以来、転相授受の心天下に明らかならざるを以ての故に、漢唐の君 暗合する無き能はざる時或りと雖も、而も其の全体は却りて只だ利欲の上に在るのみ。此れ其の尭・舜・三代は自ら尭・舜・三代、漢祖・唐宗は自ら漢祖・唐宗、終ひに合して而して一と為す能はざる所以なり」と述べていた（前引(22)）。朱子によれば、「尭・舜・三代」の史実の究明とは、深く「尭・舜が伝えた心法」を掴むための基本的な道なのである。換言すれば、尭・舜・三代という具体的歴史事実を離れてしまっては、歴史の中の抽象的で普遍的な「理」（ここでは「尭・舜が伝えた心法」を指す）は、明らかでなくなってしまうのである。従って、尭・舜・三代の歴史の研究は不可欠なのである。朱子は「中庸章句序」の中でこの点についてさらに詳しく説明を加えている。

蓋し上古の聖神天を継ぎて極を立ててより、而して道統の伝自ら来たる有り。（中略）是れより以来、聖聖相ひ承く。成湯・文・武の君と為り、皐陶・伊・傅・周・召の臣と為るがごときは、既に皆此れを以て而して夫の道統の伝を接ぎ、吾が夫子のごときは、則ち其の位を得ざりしと雖も、而も往聖を継ぎ、来学を開く所以、其の功は反りて尭・舜より賢なる者有り。然れども是の時に当たりて、見て而して之れを知る者は、惟だ顔氏・曽氏の伝其の宗を得るのみ。曽氏の再伝して、而して復た夫子の孫子思を得るに及びては、則ち聖を去ること遠きも而も異端起これり[23]。

ここで朱子は、「道統」は聖賢の口伝によって伝えられ、その価値が落ちるもので無かったことを指摘する。また、聖賢を通じてのみ、後人は「道」や「理」の本当の消息を掴むことができると考えている。

我々は「中庸章句序」の記述から、更に以下の三点を指摘することができよう。(一)宇宙に流行する「理」は吾人の「心」の中に具わっていること、(二)古代の聖賢が伝える言葉は、「理」が聖人の身の上にのみ具体化されているということを語っていること、(三)あらゆる個人・国家・宇宙の栄枯盛衰・興亡存廃は、聖賢相伝の「理」がどう個人の行為の中に具体化されているかによるということ、この三点である。したがって、我々は聖人から離れて「理」を求めることはできないのである。

こうした「理」は「事」の中に顕在すると同時に、また人の「心」にも現れる。この二つの命題から、ひょっとしたら多くの事物の中の「理」は多元的で多変だと思う人がいるかもしれないが、事実はそうでは無い。朱子が「理一分殊」と言っているように、「理」は決して雑多なものでは無く、統一的なものである。朱子は、多くの事物や人の「心」はその素朴状態では等しく天の「理」を潜在的に有している、と考えているのである。朱子は「流れ出で来たる」という言葉によって、「仁」・「義」・「礼」・「智」・「信」の中の「理」の現れを形容する。[24] また、陳栄捷（一九〇一～一九九四）は月光が万川の川面に映っている状態における「反照」[25]という言葉によって、そうした万事万物における「理」の現れを形容している。朱子は言う。

蓋し乾の父たる、坤の母たるは、所謂理一なる者なり。然れども乾坤なる者は、天下の父母なり。父母なる者は、一身の父母なれば、則ち其の分かちて得ずして而して殊ならざるなり。故に「民を同胞と為し、物を吾与と為す」を以てする者は、其の天下の父母たる者より之れを言へば、所謂理一なる者なり。然れども之れを「民」と謂へば、則ち真に以て吾の同胞と為すに非ず、之れを「物」と謂へば、則ち真に以て我の同類と為すに非ず、此れ其の一身の父母なる者より之れを言へば、所謂分殊なる者なり。[26]

また、

世間の事は千頭万緒と雖も、其の実は只だ一個の道理なり、「理一分殊」の謂ひなり。[27]

とも述べている。世間の「理」は唯一のものであり、「古今を通じて常に在りし不滅の物[28]」であったのである。故に歴史上の聖賢の行為のあとを追うことは、その「理」を読み解くための最良の道となったのである。

四　「史に即して以て理を求む」への疑問とその回答

我々が述べる宋儒の「史に即して以て理を求む」という論述方法は、中国文化の特色である「具体的思惟方式」を具えたある種の表現である。しかし、こうした論述方法は容易に次のような疑問を引き起こすことになる。それは、歴史叙述に従事する目的が歴史事実の中の「理」を汲み取るものである以上、いったん歴史の中の「理」が発見され、それが抽出されてしまったら、再び歴史上の聖人や三代の歴史的経験を研究する必要は無くなってしまうのではないか、ということである。かつ、朱子が述べていたように、歴史は「皮外物」である[29]。歴史中の「理」を獲得したのであれば、そうした史事は履き古した靴のように捨て去ることができるのでないか。河を渡ってしまえば、橋は取り壊しても構わないはずだ。そうした場合、尭・舜・禹といった三代の聖王は、皆歴史上の存在であり、遺棄の列に含まれることになるだろう。史学者が求めるのは「理」であり、「理」のみが人を知り世を論じるための標準なのであるから、その「理」を獲得することができたのであれば、どうしてそれ以上に歴史書を読む必要があるのか。魚が捕れたのなら、筌はもう要らないはずだろう、というわけである。

こうした疑問は、確かに根拠のあるものであり、筋も通っている。しかし、この疑問は、朱子の歴史思想における「理一分殊」概念を明らかにすることで、氷解することになるだろう。

我々は本章において、朱子の中国史解釈について論じる時、朱子の思想においては「理」が宇宙自然の規律であるのみならず、人事行為の規範であり、両者は一体となっているということを指摘することになるだろう。従って、朱子の歴史解釈はこうした「理」の哲学の支配下にあって、自然と「事実判断」と「道徳判断」とが一つになっているのである。なおかつ、「理」は一元的であり、また時空を超越するのだから、「理」は朱子が歴史の変遷を解釈する上での唯一の抽象的標準となるのであり、全ての具体的歴史事実は、表や裏から「理」が永遠であるという特質を説明し、裏付けるために現れるのである。こうしてみると、「理」は歴史事実を超えたある種の「理想」となっており、朱子が歴史を解釈し、批判する時の「精神的支柱」なのである。[30]

朱子の歴史思想における「理」は内在性と超越性とを兼備している。「理」は歴史的事跡と歴史的事実の中に内在すると同時に、歴史を超越しているのである。「理」の内在性について言えば、「理」は歴史から逃れて存在することはできないのだが、「理」の超越性について言えば、「理」は具体的史実の上に存在しており、したがって歴史事実に対して批判的効能を発揮することができるのである。

まず、史「理」が史「事」に内在しているということについて考えてみよう。宋儒の歴史叙述では、特に尭・舜といった典範人物が伝えた「人心」と「道心」との相違が強調された。故に偽『古文尚書』大禹謨の「人心惟れ危く、道心惟れ微なり、惟れ精惟れ一、允《まこと》に厥《そ》の中を執れ」という言葉が、宋明理学において重視されるのである。その説は実に朱子によって発揮された。朱子「中庸章句序」に、蓋し嘗に之れを論ぜん。心の虚霊知覚は、一なるのみ、而して人心・道心の異なる者有りと以為へるは、則ち其の或ひは形気に生ずるの私、或ひは性命に原づくの正を以てして、而して知覚を為す所以の者同じからず、是を以て或ひは危殆にして而して安からず、或ひは微妙にして而して見難きのみ。然れども人は是の形有らざるは莫し、故に上智と雖も人心無きこと能はず、亦た是の性有らざるは莫し、故に下愚と雖も道心無き能はず。二者は方寸の間に雑はりて、而して之れを治むる所以を知らざれば、則ち危者は愈よ危く、微者は愈よ微にして、而して天理の公は卒ひに以て夫の人欲の私に勝つ無し。精しければ則ち夫の二者の間を察らかにして而して雑へざるなり、一なれば則ち其の本心の正を守りて而して離れざるなり。斯れに従事して、少しの間断も無くんば、必ず道心をして常に一身の主と為し、而して人心をして毎に命に聴はしむ、さすれば則ち危者は安く、微者は著はれて、而して動静云為は自ら過不及の差無し。夫れ尭・舜・禹は、天下の大聖なり。天下を以て相ひ伝ふるは、天下の大事なり。天下の大聖を以て、天下の大事を行ひて、而して其の授受の際、丁寧告戒、過ぎざること此くのごとし。則ち天下の理は、豈に以て此れに加ふ有らんや。(31)

とある。朱子は尭・舜が伝えた、所謂「十六字の心伝」について述べているのだが、この中で「歴史叙述」と「価値判断」とは一貫したものとなっている。朱子は、尭や舜といった典範的人物が伝えたこの一六字の行動原則は、歴史の「実然」というのみならず、後人が行動する上で従うべき「応然」でもあると考える。朱子は「答陳同甫書」の中で、それが尭・舜・孔子・孟子といった聖人によって伝えられてきた行動原則であることを認めて、次のように述べている。

所謂「人心惟れ危く、道心惟れ微なり、惟れ精惟れ一、允《まこと》に厥《そ》の中を執れ」とは、尭・舜・禹相ひ伝ふるの密旨なり。夫れ人は自ら生有るも而も形体の私に梏はるれば、則ち固より人心無きこと能はず。然り而して必ず天地の正より得たる有れば、則ち又道心無きこと能はず。日用の間、二者は並び行はれ、迭《かはるがは》る勝負を為せば、而ち一身の是非得失、天下の治乱安危、焉れに係らざるは莫し。是を以て其の択の精ならんことを欲して、而して人心をして以て道心に雑るを得しめず。其の守の一ならんことを欲して、而して天理をして得以て人欲に流るるを得しめず。さすれば則ち凡て其の行ふ所は一事も其の中を得ざるは無くして、而して天下国家に於いて処る所あるも而も当たらざるは無し(32)。

こうした聖人の相伝の行動原則、もしくは所謂「理」とは、具体的な歴史事件や聖賢の行為の中にあることによってのみ、解読され得るのである。朱子の歴史叙述の中に現れるものは、正しく我々が本書第二章に述べた「具体的普遍性（the concrete universals）」に他ならない。「普遍性」は「具体性」の上に打ち立てられるのであり、こうした思考方式は中国文化の特色を極めて具えたものだと言ってよいだろう。

続いて、史「理」が史「事」を超越するという一面から見てみると、朱子は「道の常存を論ずるがごときは、卻りて又初めて人の能く預る所に非ず。只だ是れ此箇は自ら是れ亘古亘今常在不滅の物にして、千五百年、人に作壊《こぼ》たるると雖も、終ひに他を殄滅《せんめつ》し得ざるのみ。漢唐の所謂賢君、何ぞ嘗て一分の気力有りて他を扶助するを得たるや[33]」と述べている。朱子は、超越性を具える「理」は永遠不滅のものだと考えているのである。また、「夫の古今の変のごときは、極まれば而ち必ず反り、昼夜の相ひ生じ、寒暑の相ひ代はるがごとし、乃ち理の当に然るべくして、人力の為すべき者に非ざるなり。是こを以て三代相ひ承け、相ひ因襲するも而も変ふを得ざる者有り、相ひ損益するも而も常とすべからざる者有り。然れども亦た唯だ聖人のみ能く其の理の在る所を察《あきら》かにして、而して因りて之れを革むと為せり（後略）[34]」と、「理」の運行は実は人が干与できるものでは無く、所謂「聖人」もまた、この「理」を黙察して従うのみだと述べている。

このように、朱子の歴史叙述の中の「理」は歴史人物や史実に内在すると共に、それを超越するのであるが、「理」と「事」との間には不離不即の関係がある。故に朱子の「史に即して以て理を求む」という歴史叙述法は理論的な合法性を獲得したのである。多くの歴史的人物や歴史的事実の中で、朱子が特に尭・舜・禹といった聖人を重視するのは、これらの宋代の「集合的記憶」における典範人物は「其の心と理は一にして、安んじて而して之れを行ふ[35]」のに対して、一般人はその身体があることによって、「己に無私なる能はず、故に物我の分有り[36]」、それ故に、聖人の行為の叙述を通して、聖人の「心」と合一した「理」を求めることは、絶対的に必要だったからである。正しく朱子が「道は便ち是れ躯殻無きの聖人にして、聖人は便ち是れ躯殻有るの道なり。（中略）道を学ぶは便ち是れ聖人を学ぶなり、聖人を学ぶは便ち是れ道を学ぶなり（後略）[37]」と述べる通りである。古代の聖王は「道」もしくは「理」の具体化されたものなのである。したがって、「道」や「理」の意味を把握するためには、聖王の行為を深く研究しなければならず、それによって「事に即して以て理を言う」ことができるようになる。こうした思考の下で、歴史叙述は哲学的命題を提示するために必要な道となるのだ。

しかし、ここまで論じてくると、一つの問題に迫られることになる。それは経学と史学とはいずれが先で、いずれが後かという問題である。宋儒は一般的には皆、経学が史学に優先されると主張しており、朱子も経学を蔑視して史学を治めることに反対し、蘇轍（一〇三九～一一一二）の『古史』を称賛しているのだが、朱子は更に「史は是れ皮外物にして、緊要没《な》し[38]」と主張し、経を史の前に置いていることが明白である。

こうした宋儒の先経後史の主張は、一八世紀の清儒章学誠（実斎、一七三八～一八〇一）が「六経は皆史なり」という説を提出すると、完全にひっくり返されてしまう。余英時が指摘するように、章学誠「六経皆史」説は「道」は歴史の進展過程において不断に現れるのであり、六経は「道」の古代における消息を現すことができるのみで、三代以降の「道」の意味はそれを三代以降の「史」の中にしか求めることができない、と主張する[39]。こうした章学誠の「六経皆史」説は「経」と「史」の優先性をひっくり返してしまったことになる。一八〇〇年以降、経学研究の「歴史化[40]（historicization）」という現象は、既に知識人たちの常識となっている。四庫館臣はこの点について総括して、

史の道たる、撰述は其の簡を欲し、考証は則ち其の詳を欲す。春秋より簡なるは莫く、左伝より詳なるは莫し。魯史の録する所は、具さに一事の始末を載せ、聖人は其の始末を観て、其の是非を得、而る後に能く定むるに一字の褒貶を以てせり。此れ作史の考証に資するなり。丘明は録して以て伝を為し、後人は其の始末を観て、其の是非を得、而る後に能く一字の褒貶せし所以を知る。此れ読

史の考証に資するなり。苟しくも事蹟無くんば、聖人と雖も春秋を作る能はず。苟しくも其の事蹟知らざれば、聖人の春秋を読むを以てすと雖も、褒貶する所以を知らず。儒者は大言を為すを好み、動もすれば伝を舍てて以て経を求めんと曰へり。此れ其の説必ず通ぜず。其の通ずる者或るは、則ち必ず私かに諸伝を求めて、詐りて伝を舍つと称すて云へるのみ。[41]

と述べている。この一段の意見は「史」が「経」に先立ち、歴史を捨てては義理が無いということを主張するのだが、よく一八世紀以降の中国知識界における「経」と「史」のどちらが先かという問題に対する一般的見解を現していると言ってよい。

五　結論

本章では、宋儒と朱子の歴史叙述における聖王を例として、儒家が歴史叙述を哲学的命題提出のための方法としていたことを分析した。宋代の儒者が、張載や二程、朱子、そのいずれもが尭・舜の事蹟を述べる際、儒家のコンテクストの中で叙述を行っていることを明らかにした。彼らは尭が四凶を退けたのは、「天理」を明らかにするものであったと述べ[42]、舜の「善く人と同じ」であることは「天下の公理[43]」という普遍的必然性を体現したものだと見、尭・舜・三代と漢・唐とが皆古今を通じる「道」に属していることを論証するのである[44]。こうした「天理」・「公理」・「道」・「気」、乃至は「人心」・「道心」等[45]は、どれも宋儒が信じていた核心的価値であった。なおかつ、それ故に宋儒は儒家の一員としての立場によって、堯や舜といった典範的人物を儒門「共通の記憶」として、歴史叙述を行ったのである。[46]

宋儒のこうした「歴史叙述によって哲学的命題を導く」という思考方法は、実は古い伝統をもつものであった。本書第一章で述べたように、中国の歴史意識は時間意識をその核心としているため、中国古代思想家は「時間」という問題について深い反省の念を抱いていた。孔子の川のほとりでの嘆きは、時間の流れの速さによって、人の自強不息を励ますものであったが、実は自然の時間に人文的意義を賦与している。さらに孟子は、一再ならずも史実を引用することによって彼自身の思想的命題を証明しようとした。例えば、孟子は離婁等の歴史的人物の「規矩」や「六律」を挙げて「仁政」の「天下平治する」上での重要性について論証し、三代の事実によって「天子仁ならざれば、四海を保たず」の論断を支持している。また、魯の繆公と子思との歴史的事実によって諸侯の意が見えないことを述べ、堯・傅説・膠鬲・管夷吾・孫叔敖・百里奚等の史実によって「憂患に生き、安楽に死す」という道理を明らかにするのである。[47]中国の儒家は常に抽象的議論を好まず、事から離れて理を言うことは無かった。したがって、彼らが論じる「理」は実理であって空理や虚理では無い。まさしく銭穆が「朱子は純粋な儒学的伝統の史学観を持った人物であった。（中略）朱子の歴史を論じた各節を細読すれば、それは事情に切であり、道理を明らかにして変化に通達しており、殆ど迂闊の誹りをすすぐことができている」と述べた通りである。[48]宋儒と朱子の歴史叙述は、正しく先秦儒家の「具体的思惟方式」の古い伝統を継承して発展させたものであり、聖王の典範の中から「具体的普遍性」を論証して、[49]中国文化の特質を展開してみせたのである。

最後に、宋儒が頼みとした哲学的命題を導くための歴史叙述は、本質的にヨルン・リューゼン（Jörn

Rüsen、一九三八〜）の「例証的叙述（exemplary narrative）」に近いものである。この「例証的叙述」が伝統的（traditional）叙述や演化的（evolutionary）叙述・批判的（critical）叙述と異なる点は、例証的歴史叙述における「時間」はある種の人文精神であり、その特徴は具体的歴史事実や事件の中から抽象的行為原則を指摘して、その行為原則の普遍的必然性を説くことにある。[50] 儒家の伝統において、「普遍性」は深く「特殊性」の中に根付いており、「抽象性」もまた「具体性」の上に打ち立てられると言ってよいだろう。

注

（1）筆者は嘗て朱子を例として、儒者の歴史叙述によって哲学的論証を行うという特質について論じたことがある。詳しくは Chun-chieh Huang, "The Philosophical Argumentation by Historical Narration in Sung China: The Case of Chu Hsi," in Thomas H. C. Lee ed., *The New and the Multiple: Sung Senses of the Past*, pp. 107-124 参照。実は、中国古代の哲学、もしくは論弁においても、しばしば歴史を引いて道徳的命題の説得力を高めようとしていた。この点については、Paul R. Goldin, "Appeals to History in Early Chinese Philosophy and Rhetoric," *Journal of Chinese Philosophy*, vol. 35, no. 1 (2008), pp. 79-96 を見られたい。

（2）伍安祖・王晴佳著、孫衛国・秦麗訳『世鑑——中国伝統史学』（北京：中国人民大学出版社、二〇一四年）、第五章、一三九〜一六八頁参照。

（3）吉川幸次郎「宋人の歴史意識——『資治通鑑』の意義」、『東洋史研究』第二四巻第四号（一九六六年三月）、一〜一五頁参照。

（4）Robert M. Hartwell, "Historical Analogism, Public Policy and Social Science in Eleventh- and Twelfth-Century China," *American Historical Review*, vol. 76, no. 3 (1971), pp. 692-727 参照。

（5）呉懐祺『中国史学思想通史（宋遼金巻）』（合肥：黄山書社、二〇〇二年）、一五〜二二頁参照。

（6）本書第三章第四節参照。

(7)〔宋〕朱熹『孟子集注』、『四書章句集注』(北京：中華書局、一九八三年)、巻五、二五一頁。
(8)〔元〕脱脱『宋史』(台北：鼎文書局、一九七七年新校標点本)、列伝第八十六、王安石、巻三二七、一〇五四三～一〇五四四頁。
(9)〔漢〕孔安国伝、〔唐〕孔穎達等正義『尚書正義』(台北：芸文印書館、一九六〇年影印宋刊本)、四〇頁下。
(10)〔宋〕程頤・程顥『河南程氏遺書』、『二程集』(北京：中華書局、一九八一年新校標点本)、巻六所収、三～七頁。
(11)張載は「万事は只だ一の天理なり。舜は十六相を挙げて、四凶を去りしも、尭は豈に能はざらんや。尭は固より四凶の悪を知るも、然れども民は未だ其の虐を被らず、天下は未だ之れを去らんと欲せず。尭は民を安んずるを以て難と為す、遽かに其の君を去れば則ち民は安からず、故に去らず、必ず舜にして而る後に民堪えざるに因りて而して之れを去るなり」と述べている。〔宋〕張載「経学理窟」、『張載集』(北京：中華書局、一九七八年新校標点本)、二五六頁。
(12)〔宋〕朱熹『孟子或問』、『四書或問』(上海：上海古籍出版社、合肥：安徽教育出版社、二〇〇一年)、巻三、四三五頁。
(13)〔宋〕朱熹「答陳同甫八」、『朱子文集』(台北：徳富文教基金会、二〇〇〇年)、第四冊、巻三六、一四六四頁。
(14)〔宋〕朱熹「答陳同甫九」、『朱子文集』、第四冊、巻三六、一四六六頁。
(15)Lawrence Stone, "The Revival of Narrative: Reflections on a New Old History," in his *The Past and the Present* (London: Routledge & Kegan Paul, 1981), pp. 74-76 参照。
(16)朱子史学思想の通論的著作については、湯勤福『朱熹的史学思想』(済南：斉魯書社、二〇〇〇年)参照。
(17)〔宋〕朱熹「壬午応詔封事」、『朱子文集』、第二冊、巻一一、三四七頁。
(18)〔宋〕朱熹「答張欽夫二」、『朱子文集』、第三冊、巻三〇、一一五六頁。
(19)〔宋〕朱熹、呂祖謙編『近思録』、巻三、楊家駱主編『近思録集解・北渓字義』(台北：世界書局、一九九六年)、一二四頁。
(20)〔宋〕黎靖徳編『朱子語類』、巻一一、「僩録」、『朱子全書』(上海：上海古籍出版社、合肥：安徽教育出版社、二〇〇二年)、第一四冊、三四七頁。

(21) 〔宋〕黎靖徳編『朱子語類』、巻一一、「僴録」、『朱子全書』、第一四冊、三四七頁。
(22) 〔宋〕朱熹「答陳同甫八」、『朱子文集』、第四冊、巻三六、一四六四頁。
(23) 〔宋〕朱熹『中庸章句』、『四書章句集注』、一四～一五頁。
(24) 〔宋〕黎靖徳編『朱子語類』、巻九八、「義剛録」、『朱子全書』、第一七冊、三三三一頁。
(25) 陳栄捷『朱熹』（台北：東大図書公司、一九九〇年）、六四頁。
(26) 〔宋〕朱熹「与郭沖晦二」、『朱子文集』、第四冊、巻三七、一五一七～一五一八頁。
(27) 〔宋〕黎靖徳編『朱子語類』、巻一三六、「謨録」、『朱子全書』、第一八冊、四二二二頁。
(28) 〔宋〕朱熹「答陳同甫六」、『朱子文集』、第四冊、巻三六、一四五八頁。朱子の「理一分殊」説の詳細については、本書の付録二を参照。
(29) 〔宋〕黎靖徳編『朱子語類』、巻一一、「僴録」、『朱子全書』、第一四冊、三四七頁。
(30) 本書第七章、及び Chun-chieh Huang, "Imperial Rulership in Cultural History: Chu Hsi's Interpretation," in Brandauer and Huang eds., *Imperial Rulership and Cultural Change in Traditional China* (Seattle: University of Washington Press, 1994), pp. 188-205 参照。
(31) 〔宋〕朱熹『中庸章句』、頁一四。
(32) 〔宋〕朱熹「答陳同甫八」、『朱子文集』、第四冊、巻三六、一四六一～一四六二頁。
(33) 〔宋〕朱熹「答陳同甫六」、『朱子文集』、第四冊、巻三六、一四五八頁。
(34) 〔宋〕朱熹「古史余論」、『朱子文集』、第七冊、巻七二、三六三九頁。
(35) 〔宋〕朱熹『孟子或問』、巻三、四三五頁。
(36) 〔宋〕朱熹『孟子或問』、巻三、四三五頁。
(37) 〔宋〕黎靖徳編『朱子語類』、巻一三〇、「寿録」、『朱子全書』、第一八冊、四〇五九頁。
(38) 〔宋〕黎靖徳編『朱子語類』、巻一一、「僴録」、『朱子全書』、第一四冊、三四七頁。
(39) 余英時『論戴震与章学誠——清代中期学術思想史研究』（香港：龍門書店、一九七六年）、五二頁。
(40) Benjamin A. Elman, "The Historicization of Classical Learning in Ming-Ch'ing China," in Q. Edward Wang and Georg G.

Iggers eds., *Turning Points in Historiography: A Cross-Cultural Perspective* (Rochester: University of Rochester Press, 2002), pp. 101-146 参照。

(41)〔清〕紀昀總纂『四庫全書総目提要』（台北：台湾商務印書館、一九七一年）、第二冊、一頁。

(42)〔宋〕程頤・程顥「河南程氏遺書」、『二程集』、巻六、三〜七頁、及び〔宋〕張載「経学理窟」、『張載集』、二五六頁。

(43)〔宋〕朱熹『孟子或問』、巻三、四三五頁。

(44)〔宋〕朱熹『孟子或問』、巻三、四三五頁。また、「答陳同甫六」、『朱子文集』、第四冊、巻三六、一四五八頁。

(45)〔宋〕朱熹「答陳同甫八」、『朱子文集』、第四冊、巻三六、一四六一〜一四六二頁。

(46)フランスの社会学者モーリス・アルブヴァクス（Maurice Halbwachs、一八七七〜一九四五）は嘗て、「集合的記憶」は集団の中でよく強められ、かつまた、集団の一員としての個体は記憶を行っていくと述べている。Maurice Halbwachs, *The Collective Memory*, tr. and with an introduction by Mary Douglas (New York: Harper-Colophon Books, 1950), p. 48.

(47)黄俊傑『孟学思想史論（巻二）』（台北、東大図書公司、一九九一年）、一三頁。

(48)銭穆『朱子新学案（五）』、『銭賓四先生全集』（台北：聯経出版公司、一九九八年）、第一五冊、引文は三八頁。

(49)本書第二章註二八参照。また、Chun-chieh Huang and Erik Zürcher eds., *Time and Space in Chinese Culture*, pp. 3-16。

(50)Jörn Rüsen, "Historical Narration: Foundation, Types, Reason," *History and Theory*, XXVI:4 (1987), pp. 87-97. また、胡昌智『歴史知識与社会変遷』（台北：聯経出版公司、一九八八年）、一四八〜一六〇頁。

第六章　儒家的歴史解釈の理論基礎——朱子の中国史解釈

一　はじめに

先に第三章において、中国古代儒家の歴史思惟における「時間」が「往復性」を具えており、「古」と「今」との緊張の中で、両者を互いに引き立たせ合うことに成功していることを論じ、その具体的な方法こそが、「比」と「興」という思惟方法の運用であったと述べた。そして第四章では、歴史思惟が「事実判断」の中から「道徳判断」を抽出し、「歴史叙述」と「普遍理則」とを融合させていることを指摘した。

ここで我々は、理学を集大成した南宋の大儒朱熹（晦庵、一一三〇～一二〇〇）の中国歴代王朝の政治・文化の変遷に対する解釈を中心として、朱子の思想体系における核心理念——「理」の意味とその朱子の歴史解釈における位置について分析することにしたい。筆者が本章で論証したいのは、朱子の中国史の発展について提出する解釈が、主として彼の哲学体系の内在的要求に根ざしているということである。「理」という概念は、朱子の歴史解釈を主導し、彼の歴史観の根本的な基礎となっている。この事実は、一二世紀当時の理学の中国伝統史学への浸透と浸潤とを示すものである。しかし、こうした理学と歴史学との融合はまた、歴史解釈に克服し難い理論的困難をもたらすことになった。それは、朱子の歴史解釈において、「超越性（transcendence）」と「歴史性（historicity）」との間で、ある種の永遠の緊張関係が存在したことである。この緊張関係のために、朱子はついぞ、中国史上の「悪（evil）」という問題について、行き届いた解説を施すことができなかった。こうした朱子の歴史解釈における限界性は、彼の思想の中の、内在性と超越性という二重の性格を同時に持つ「理」という概念に深く根ざしたものだったのである。

朱子の歴史解釈における「理」は、ある種の自然律（principle）では無く、より道徳的な規範（norm）であった。また、単なる存在論（ontological）的な「実に然り」では無く、より倫理学的な、或いは道徳的な「応に然るべし」であった。実際に朱子は、彼の歴史解釈の中で、「事実判断」（factual judgment）と「価値判断（value judgment）」とを融合している。こうして、「歴史」は諸般の道徳原則の表れ（manifestation）となり、歴史上の英雄とは、歴史の中の「理」をしっかりと掴むことのできる人物なのである。したがって、朱子の歴史学は人の「心」の「理」への認知という問題に帰結することになる。その創見もこの点にこそあるのだが、限界もこの点によるのである。

二　中国史の時代区分——その政治と文化

1　尚古的歴史観[1]——秦の統一を境として

朱子は中国史について一つの体系的な解釈を提出したが、その解釈とは「尚古的歴史観」だと言ってよい。その要点とは次のようなものである。

(一) 中国史の発展は秦の始皇帝（前二四六～前二一〇在位）の中国統一を一つの境としている。
(二) 秦漢大統一帝国が出現する前の「三代（夏・商・周）」は、中国史の黄金時代であり、秦以降、政治と文化とは日に日に堕落していった。
(三) この二つの歴史的段階の差は、「道」（もしくは「理」）の有無によるものである。三代は「天理」が行われたのに対して、秦漢以降は「人欲」に覆われて、文化が堕落してしまうのである。

以上の三点について、順を追って述べてみることにしよう。

紀元前二二一年、「六王 畢はりて、四海は一」となって、中国史上初の統一帝国、秦帝国が地上に出現する。朱子が提示する「尚古的歴史観」とは、その秦の始皇帝を中国の歴史発展の分水嶺とするものであった。彼は「秦・漢より而下、須らく用て両節を作りて看るべし」とし[2]、「三代」と秦漢以降とが、歴史発展上、舞台を異にする主な原因とは、「秦・漢より以来、講学明らかならず。世の人君は、固より其の才智に因りて功業を做し得ること有り、然れども人の明徳・新民の事を知るは無し」と指摘している。[3] 秦漢以降の歴史とは対照的に、朱子は「古を去りて愈よ近くんば、便ち古意愈よ多し[4]」と、様々な「良法美意[5]」が三代には存在していると考えている。秦漢の大一統の帝国が出現してから、中国の歴史は次第に堕落していくのである。

2　帝王政治の進展

それでは、朱子の「尚古的歴史観」の中で、三代と秦漢以後の政治状況と文化生活は何が異なるのか。はじめに、我々は朱子が認識する二つの歴史的段階の政治状況の差について分析することにしよう。朱子は、三代と秦漢以降の政治の最も主要な差異として、(一) 三代の君主は皆大公によって心を存し、純粋に天理に任じて政治を行ったのに対し、秦漢以来の君主は私利を図ることに執心し、人欲にまかせて政治を行ったこと、(二) 三代の君臣関係が親密だったのに対して、秦漢以降は君臣が互いに猜疑の目で見るようになったこと、の二点を挙げている。以下、順を追って、この二つの論点について論証を加えてみよう。

朱子の中国史上における君主政治に対する主要な見方は、同時代の功利学派の思想家陳亮(同甫、一一四三～一一九四)に答えた手紙の中によく表れている。朱子は、

老兄(陳亮を指す)漢の高帝・唐の太宗の為す所を視《み》て、而して其の心を察するに、果たして義より出づるや、利より出づるや、邪より出づるや、正よりするや。高帝のごときは則ち私意の分数は猶

未だ甚しくは熾《さかん》ならず、然れども已に之れを無なりと謂ふべからず。太宗の心は、則ち吾れ其の一念の人欲より出でざるは無きを恐るるなり。直だ其の能く仁に假り義に借りて以て其の私を行ふを以てするのみにして、而して当時の之れと争ふ者の才能知術、既に其の下に出で、又仁義の借るべき有るを知らず、是こを以て彼れ此れより善にして而して以て其の功を成すを得しのみ。若し其の能く国家を建立し、世に伝ふること久遠なるを以て、便ち其れを天理の正を得たりと謂はば、此れ正しく是れ成敗を以て是非を論じ、但だ其の獲禽の多きを取りて、而して其の詭遇の正より出でざるを羞じざるなり。千五百年の間、正坐すること此くのごとし、所以に只だ是れ架漏牽補、時日を過ぐのみ。其の間或ひは小康無きにあらずと雖も、而も尭・舜・三王・周公・孔子伝ふる所の道は、未だ嘗て一日も天地の間に行はるるを得ざるなり。道の常存を論ずるがごときは、卻りて又初めて人の能く預る所に非ず。只だ是れ此箇は自ら是れ亘古亘今常在不滅の物にして、千五百年、人に作壊たるると雖も、終ひに他を殄滅《せんめつ》し得ざるのみ。(6)

と言う。朱子は「答陳同甫六」の中で言う「千五百年の間、(中略)只だ是れ架漏牽補、時日を過ぎしなり。(中略)尭・舜・三王・周公・孔子伝ふる所の道は、未だ嘗て一日も天地の間に行ふるるを得ざるなり」とは、真に奇抜な論であった。朱子は『朱子語類』(7)、『四書集注』や『四書或問』(8)の中で、この基本的な考えを更に敷衍している。朱子は、夏・商・周といった三代の統治者は、天理によって心を存し、わずかの私欲も持ち合わせていなかったと考えている。例えば、

（１）尭・舜の天性は渾全として、修習に仮らず。[9]

（２）或るひと、舜・禹位を避くるの説を問へり。（中略）曰はく、「愚嘗て之れを師より聞けり。曰はく、聖人未だ嘗て天下を取るの心を有することなきなり。舜や、禹や、益や、其の君の老いたるに於けるや、命を奉じて以て其の事を行ひしのみにして、未だ嘗て其の位を摂らざるなり。其の君の終ふるに於けるや、位は冢宰にして、百官を総べて、以て方喪の礼を行ひしのみ、未だ嘗て其の統を継がざるなり。夫の三年の喪畢はるに及べば、則ち当に政を嗣君に還して、而して告げて帰るべきの時なり。是こに於いて去りて而して之れを避くるも、亦礼の常にして而して事の宜なるのみ。然れども其の避去するや、其の心は固《もと》より惟だ天下の吾れを釈さざるを恐るるなり、舜・禹は蓋し天命人心に迫られて、而して己を獲ざる者なり。（後略）[10]」

（３）或るひと問ふ、「大舜の善なること、人と同じくすとは、何ぞや」と。曰はく、「善なる者は天下の公理にして、本より己に在りしや人に在りしやの別無し、但だ人に身有り、己に私無きこと能はず、故に物我の分有り。惟だ舜の心は、一毫も我の私有ること無し、是こを以て能く天下の善を公にして以て善を為して、而して其の孰れを己に在りと為し、孰れを人に在りと為すを知らず、所謂善なること、人と同じなり。（後略）」と。[11]

（４）文王の心は、渾然たる天理、亦た之れを克くするを待つ無くして而して自明なり。[12]

以上の四つの資料からわかるのは、朱子が尭・舜・禹・周の文王といった三代の統治者が皆聖王であり、「天性は渾全」としていて、「其の心と理と一にして、安んじて而して之れを行ふ[13]」のであって、これらの聖王が統治する時代は、中国史の黄金時代だった、と考えていることである。朱子の古代史観において、このことは多くの問題と関係する。例えば、尭・舜等の聖王の「心」はどのように「理」と合して一となるのか、また、所謂「理」は規範（norm）的意味での「理」なのか、それとも規律（principle）的意味での「理」なのか、といった問題は、朱子哲学の意義に深く関係しているのである。この点については、本章第三節及び第四節で検討を加えることにしよう。

さて、「三代」を代表とする黄金時代としての古代とは相対的に、朱子は秦漢の大一統の帝国が出現して以降を、中国の政治が堕落し、統治者は皆私心で自分のためにしか動かず、人欲が横行していた時代だと考えている。朱子は秦漢以降の統治者を批判して、

（1）漢の高祖は私意の分数少なきも、唐の太宗は一切仁に假り義に借りて以て其の私を行へり。[14]

（2）（漢）高祖、丁公を斬し、季布を赦せしは、心を誠にして大義を伸ばさんと欲せしに非ず、特だに私意なるのみ。季布の生くる所以は、蓋し天下の功臣を示さんと欲すればなり。是の時、功臣多し、故に敢へて季布を殺さず。既に是れ大義を明らかにすれば、陳平・（韓）信・（黥）布は皆項羽の臣なり、信・布は何ぞ反《そむ》くを待ちて而して之れを誅さん。[15]

（3）（漢）文帝・（唐）太宗は能く其の民を富ましむるは則ち之れ有るも、教へに至りては則ち猶未だ及ばざるなり、又安ぞ能く其の民を化して而して仁に一にせしめんか。二帝の治、文帝を優と為す、然れども賈誼流涕太息の言を以て之れを観れば、則ち当時の風俗見るべし、而るを況や太宗には略ぼ関雎・麟趾の意無し、又豈に以て成・康の万に一つに庶幾きに足らんや。[16]

（4）故に漢の宣帝は自ら漢家は王覇を雑へ用ふと言へるは、其れ自ら知れるや明らかなり。但だ遂ひに以て制度の当に然るべきと為して、而して儒者を斥けて用ふべからずと為せるは、則ち其の見の謬れるのみ。[17]

（5）漢の武帝は声色に溺れ、後宮に游燕し、父子は親しからず、遂に戻太子の変を致せり、此れも亦た夫婦に別無くして而して父子親しからざるの一証なり。[18]

こうした資料からは、朱子が漢帝国が高祖劉邦（前二〇六～前一九五在位）以降、武帝（前一四〇～前八七在位）に至るまで、いずれも自私自利の徒だと考えていたことがわかる。

朱子の目には、歴史に輝かしい時代を打ち立てた大唐帝国（六一八～九〇七）の統治者たちも自私自利の徒として映っている。朱子は「答陳同甫六」に次のように述べていた。

（唐）太宗の心は、則ち吾れ其の一念の人欲より出でざるは無きを恐るるなり。直だ其の能く仁に仮り義に借りて以て其の私を行ふを以てするのみにして、而して当時の之れと争ふ者の才能知術、既に其の下に出で、又仁義の借るべき有るを知らず、是こを以て彼れ此れより善にして而して以て其の功を成すを得しのみ。[19]

唐の太宗（六二六～六四九在位）の政績は常に伝統史家の称賛の的となり、「貞観の治」と呼ばれてきた。しかし、朱子はその心の持ちようが正しく無く、一念の私欲から出ないものは無かったと指摘するのである。朱子の理想とはほど遠いものだったのである。『論語或問』の中でも朱子は太宗を批判して、「(漢)文帝・(唐)太宗は能く其の民を富ましむるは則ち之れ有るも、教へに至りては則ち猶未だ及ばざるなり、又安ぞ能く其の民を化して而して仁に一にせしめんか。二帝の治、文帝を優と為す、然れども賈誼流涕太息の言を以て之れを観れば、則ち当時の風俗見るべし、而るを況や太宗には略ぼ関雎・麟趾の意無し、又豈に以て成・康の万に一つに庶幾きに足らんや」と述べていた[20](前引)。後人が最も治術に長けていたと称賛する唐の太宗に対してさえこうである。唐の他の皇帝については論を俟たないだろう。

三代と秦漢以降の帝王の心術に公私・天理人欲の別があるため、朱子はさらに、君臣関係もこの二つの歴史的段階では雲泥の差であり、その変化の鍵を握っていたのは秦の始皇帝であったと指摘している。『朱子語類』巻一三四に次のような対話が見える。

黄仁卿、「秦始皇変法よりの後、後世の人君皆之れを易ふ能はざるは、何ぞや」と問ふ。(朱子)曰はく、「秦の法は、尽く是れ尊君卑臣の事なり、所以に後世肯へて変へず。且つ三皇は『皇』を称し、五帝は『帝』を称し、三王は『王』を称するがごときも、秦は則ち『皇帝』の号を兼ねたり。只だ此の一事のみ、後世如何んぞ肯へて変へん」と[21]。

朱子の歴史論の鋭い見解である。ずばりと秦帝国の政治の本質が「尊君卑臣」の四字にあることを指摘しているのは、要点を突いたものであろう。朱子は更に、「尊君卑臣」の専制体制下にあって、秦漢以後の君臣関係は三代のように相親しみ相得るものでは無くなってしまったと指摘する。朱子は嘗て、弟子に「（春秋時代〔前七二二～前四六四〕の）君臣の分は密にして、其の情は自ら相ひ舍つ能はざるは、是れ皆義理を暁るに非ず。古時の君臣は都《みな》相ひ親しむを得るに易し、天下に天下の君臣有り、一国に一国の君臣有り、一家に一家の君臣有り。秦・漢より以来、便ち都な遼絶せり。今の世、士人のごときは、猶略《ほぼ》君臣の分有るを知る。若し是れ田夫、京師を去ること動《やや》もすれば数千里ならば、它甚麼《なに》の君臣を暁り得ん」と説いている。[22] それ故、漢の高祖の時に叔孫通（？～前一九四頃）が朝儀を定めたという事は、朱子からすると、「尊君卑臣」の専制体制のために面目を施したものに過ぎない。彼は「叔孫通、綿蕝の儀を為し、其の效は群臣震恐して、敢へて喧嘩して礼を失する者無きに至れり。之れを三代の群臣を燕享せし気象に比すれば、便ち大いに同じからず、蓋し只だ是れ秦人の尊君卑臣の法なるのみ」と述べている。[23]

こうした朱子の秦漢以降の帝王政治に対する二つの見方は互いに関係するものである。朱子からすれば、秦漢以降の帝王は皆私心で自ら用い、人欲の赴くままに任せるものであった。故に、「尊君卑臣」の体制は自然の成り行きであり、君臣関係の緊張も必然的結果なのである。

３　文化的変遷

さて続いて、朱子の歴史解釈において、歴代の文化はどのような変遷をたどったのか検討することにしよう。

基本的に、朱子の中国史上の文化的変遷についての見方は、彼の「尚古的歴史観」の中から敷衍されたものである。朱子は、中国の文化が最も完全だった時代は三代にあり、特に孔子（前五五一～前四七九）は古代文化を一身に集大成して、一つの頂点を築いたと考えている。しかし、秦漢大一統の後、中国文化は次第に衰えることになる。その主要な原因は、秦漢以降、講学を行う者が無くなり大道が暗闇に沈み、それに随って文化も没落してしまったことにあった。以下、筆者は史料を引用してこの点について証明することにしよう。また、朱子の文化史観の中に潜む若干の問題についても分析を加えてみたい。

朱子の中国古代文化に対する考えは、主として彼が陳亮に答えた書信の中（特に第八書）に見えている。[24]朱子は基本、三代の文化は比較的純粋で、「道心」と「天理」とがよく行われた時代であったと考えている。三代の文化の伝承と流衍とは、更に尭や舜・禹・孔子・顔淵（前五二一～前四八一）・曽子（前五〇五～前四三六）・子思（前四八三～前四〇二）・孟子（前三七一？～前二八九？）といった文化的英雄の一身上に託されていた。しかし、秦による統一以降、文化は堕落へと向かい始め、「礼楽の廃壊すること二千余年」となってしまうのである。[25]秦漢以後の中国は、「人欲」が恣に行われた時代なのである。

朱子は、秦漢以前の中国文化史にあって最も重要な人物とは孔子であったと考えている。朱子の『四書集注』と『四書或問』から見ると、朱子の心の中の孔子が一人の徳智兼備の完全なる聖人とされていることがわかる。しかし、孔子は時の不遇に遭って、従政の志を伸ばすことができず、転じて教育事業に従事することになる。その徳は「舜・禹に愧ずる無しと雖も、而も天子の之れを薦むる者無し、故に天下を有」つことはなかったのである。[26]しかしながら、「其の位を得ずと雖も、而も往聖を継ぎ、来学を開き、其の功は反りて尭・舜に賢れる者（が）有」った。[27]孔子の事功について言えば、孔子の後世への影響は、位を得て道を行った尭や舜を遠く凌ぐものであり、朱子は「程子曰はく、『語は聖なれば則ち異ならず、事功は則ち異なる有り。夫子は尭・舜に賢り、事功を語るなり。蓋し尭・舜の天下を治むるは、夫子も又其の道を推して以て教へを万世に垂れしならん。尭舜の道は、孔子を得るに非ずんば、則ち後世亦た何の拠る所あらんや』」と言っている。[28] 朱子の孔子に対する尊崇が言葉に溢れていよう。

そうした朱子の孔子尊崇の言論を細かく見てみると、我々は次の二点に気づくだろう。第一、朱子が孔子の徳業について論じる時、「徳」と「位」の間の緊張性に頗る注意を払っていることである。朱子はしばしば、孔子は賢ではあったが、それにふさわしい位を得ることが無く、自らの道を行うことができなかった、と述べている。しかし、孔子は後学を成し、過去を継承しながら未来を開いたという点では、その功績はかえって尭や舜より優れているのである。朱子は「徳」の重要性は「位」に先立つと考えており、徳行と学術とによって政治を高めようとし、徳行と学術とが政治に随って堕落していくのを見たくはなかったのである。第二、朱子が孔子の出処進退の態度について論じる時、特に時中の義を重視したことである。朱子は「孔子の仕・止・久・速は、各の其の可に当たる、蓋し三子の聖なる所以の者を兼ねて而して時に之れを出だすなり、三子の可の一徳の名を以てするがごときに非ざるなり」と言っている。[29] 朱子はまた、孔子の行為は中庸に拠っており、故に世から遁れて知られなくても後悔せず、正しく聖人の典型だと考えていた。[30]

しかし、大一統帝国の出現以後、文化的局面は全く変わってしまう。朱子は、秦漢以後の文化が堕落した主な原因は、学術の停滞にあると考えている。朱子は、

秦・漢以来、講学明らかならず。世の人君、固より其の才智に因りて功業を做し得ること有るも、

然れども人の明徳・新民の事を知る無し。君道の間に其の一二を得る有るも、而も師道は則ち絶えて無し。[31]

と言う。文化的発展は実は学術を基礎としていると考えているのである。この論点は、朱子心中の孔子の学術と徳行の典範としての歴史形象と相通ずるものであろう。

朱子が尚古的歴史観によって中国史上の政治と文化について解釈していることについて論じる時、我々は二つの問題に向かい合わなければならない。一つは、本書の序論第二節で論じたが、朱子は孟子や邵雍同様、一種の循環史観の立場から、実質的には「文」「質」の交代論を唱えていたが、これは尚古的歴史観と矛盾しないのか、という問題である。筆者は、朱子の「文」「質」交代史観と彼が中国史解釈時に呈する尚古史観とは決して矛盾するものでは無いと考えている。朱子の「文」「質」交代史観は、一種のマクロな歴史的視野から、宇宙の大化流行を眺めて、治乱について考え、「只だ是れ相将の人無道なること極まれり、便ち一斉に打ち合ひ、混沌一番、人物都《みな》尽くれば、又重新《ふたた》び起」こるものであった。[32]それに対して、朱子の中国史解釈時に呈する尚古史観は、相対的にミクロな歴史的視野によるものである。朱子からすると、ミクロな視野における歴史の「不合理性」は、マクロな視野における歴史の「合理性」だと見なすことができるのである。

しかし、朱子が中国文化史の発展に対して提示する解釈の中には、「自由（freedom）」と「必然（necessity）」の問題が潜在している。朱子は文化の興廃の移り変わりについて、次のような見解を提出している。

（前略）周末、文極めて盛んなり、故に秦の興るや必ず降殺せり。周は恁地柔弱、故に秦は必ず変はりて強戻と為れり。周は恁地纎悉周緻、故に秦の興るや、一向に簡易無情、直情径行、皆事勢の必変なり。但だ秦は変じ得たるは過ぎれり。秦は既に恁地暴虐なれば、漢の興るや、定めて是れ寛大なり。故に云はく、「独り沛公は素より寛大なる長者なり」と。秦に既は封建の弊に鑑みて、改めて郡県と為す、其の宗族と雖も、一斉に削弱せり。漢に至るや、遂ひに大いに同姓を封じ、過制に過ぎざるは莫し。賈誼は已に其の害を慮り、晁錯は遂ひに一番を削り、主父偃は遂ひに誼の説を以て之れを武帝の諸侯王に施し、只管ら削弱せり。武帝より以下、直だ魏末に至るまで、宗室を剗削するに非ざるは無く、此こに至るは極まれりと謂ふべし。晋武（帝）の起こるや、尽く宗室を用ひ、皆是れ其の事勢に因りて、然らざるを得ざるなり。(33)

この中で、朱子は纎細な周文化から粛殺の秦文化への転変は「時勢の必変」だったとし、漢晋の変局もまた、「其の事勢に因りて、然らざるを得ず」と考えている。それでは、朱子は歴史的決定論を信じているのであろうか。歴史上の政治と文化の変遷は、ある種の人に外在する力の支配を受けていると考えているのだろうか。

こうした疑問は当然のことであろう。そこで、さらに二つの資料を見てみることにしよう。朱子は次のように述べている。

（1）夫の古今の変のごときは、極まれば而ち必ず反ること、昼夜の相ひ生じ、寒暑の相ひ代はるがごとし、乃ち理の当に然るべくして、人力の為すべき者に非ざるなり。是こを以て三代は相ひ承け、相ひ因襲して而して変ふを得ざる者有り、相ひ損益して而して常とすべからざる者有り。然れども亦た唯だ聖人のみ能く其の理の在る所を察《あきら》かにして、而して因りて之れを革むと為せり[34]（後略）。

（2）物は久しければ自ら弊壊すること有り、秦・漢而下、二気五行は自ら是れ較として昏濁し、太古の清明にして淳粋なるに如かず。且つ中星のごときは、尭の時より今に至るまで已に自ら差五十度あり。秦・漢而下、自ら是れ弊壊す。個の光武の起こるを得て、整へ得ること略略たるも、後に又好《よ》からざるなりぬ。又個の唐太宗の起こり来るを得て、整へ得ること略略たるも、後に又好からざるなりぬ。終ひに太古に如く能はず[35]。

朱子は歴史の変遷は「乃ち理の当に然るべくして、人力の為すべき者に非ず」と言い、また、「物は久しければ自ら弊壊すること有り」と述べる。そうすると、一つの問題に迫られることになる。それは、歴史の変遷の中で、人は結局、歴史的変遷の方向を決定づける行動の主体なのか、もしくは歴史の客観的形勢に支配される客体なのか、という問題である。

朱子の中国史解釈の関係資料から総合的に判断するに、筆者は、朱子はやはり基本的に人には自由意志が具わっていると信じる人文主義者だったと考える。彼は固より歴史の客観的構造や力（朱子の所謂「勢」や「自然の理勢」）を重んじてはいるが[36]、しかし、人の自由意志によって歴史の「勢」は制御することができ、人のみが歴史を創り出す主体なのだと強調している。『論語或問』及び『孟子或問』の中の次の二資料は、筆者の上記の考察を支えてくれるものである。

（1）曰はく、「或ひは武王の『邇《ちか》きを泄《あなど》らず、遠きを忘れず』（『孟子』離婁下）とは、仁に非ざるなり、勢然らざるを得ざるなりと謂ふこと有るは、信なるか」と。（朱子）曰はく、「此れ世俗の利害を計較するの私心を以て、聖人を窺度する者の言なり。聖人の心、衆人に異なる所以の者は、其の大公至正にして、周流貫徹し、偏倚する所無く、天下の大、万物の多を以てすると雖も、而も之れを視ること一身に異なる無きを以てのみ。是こを以て其の人の痾養疾痛に於いて、知らざる有る無く、而して撫摩して而して之れを抑掻する所以の者は、及ばざる有る無し。(37)（後略）」と。

（2）曰はく、「是くのごとくんば、則ち其の治むるや、乃ち時事の適然にして、而して己を恭しくするの効に非ざるなり、奈何か」と。（朱子）曰はく、「其の時事の適然に因り、而して舜は又己を恭しくして以て之れに臨む、是こを以て其の益を治めて以て長久にして而して替はらざるなり。若し後世の君、無事の時に当たりて、而して聖人恭己の道を知らざれば、則ち必ず怠惰放肆、宴安鴆毒、而して其の所謂無事なる者は、乃ち禍乱多事の媒を為す所以なり」と。(38)

（1）の資料において、朱子は周の武王が慎んで政治を行ったのは、決して「勢」に迫られた已むを得ざるものでは無く、武王の心に「大公至正」の思いがあったからだと指摘する。また（2）では、舜の政治が清明だったのは、もとより時機が成熟していたからでもあるが、それ以上に重要なのは、それが舜自身の道徳的行為の成果だったからだと考えているのである。

朱子がこうした資料の中で強調するのは、歴史的発展を主宰する最も根本的な力は人にあって、人以外の社会的経済構造や自然環境には無いということである。朱子のこうした人文主義者的立場は十分に堅固なものがある。例えば、朱子は弟子との間で、関中地方の客観的形勢が周と秦の興起に有利に働いた可能性について討論した時、一再ならず「此れも亦た人の做《な》すに在り。（中略）形勝も也《ま》た須らく是れ人の相ひ副ふを要すべし」と強調している[39]。また、漢代の党錮の禍の発生原因について議論した時にも、当時、群衆を率いるに足るだけの人物を欠いていたために、小人が政治を行うことになったのだと指摘している[40]。こうした歴史についての判断の中から、我々は、朱子が人の歴史発展における主体的地位を十分強調していたのでは無いかと推論することができよう。朱子は歴史的決定論（Historical determinism）を受け入れることはできなかったのである。

三　朱子の歴史解釈の理論基礎とその問題

1　理論基礎――「理一分殊」

我々が前節で分析した朱子の歴史観には、実は一つの理論基礎がある。その理論の核心観念とは「理一分殊」である。朱子は多くの場面で「理一分殊」について述べているが、次に挙げる一段はその代表的なものである。朱子は言う。

> 世間の事には千頭万緒ありと雖も、其の実は只だ一個の道理あるのみ、「理一分殊」の謂ひなり。感通する処に到れば、自然首尾相ひ応ず。或ひは此れより発出して而して外に感じ、或ひは外より

来たりて而して我に感ず、皆一理なり(41)。

朱子の意を汲めば、彼は歴史の変化は単一の「理」によって支配されており、各種の歴史事実はこの単なる「理」の「事」上における異なる表現形式に過ぎないと考えていることになろう。歴史における「理」（朱子は時に「道」とも称している）の性質について、朱子は「答陳同甫六」の中で更に説明を加えている。

道の常存を論ずるがごときは、卻りて又初めて人の能く預る所に非ず。只だ是れ此箇は自ら是れ亘古亘今常在不滅の物にして、千五百年、人に作壊《こぼ》たるると雖も、終ひに他を殄滅《せんめつ》し得ざるのみ。漢唐の所謂賢君、何ぞ嘗て一分の気力有りて他を扶助するを得たるや(42)。

また、「答陳同甫八」では、

夫《か》の人は只だ是れ這箇《この》人のみ、道は只だ是れ這箇道のみ、豈に三代・漢・唐の別有らん。但だ儒者の学伝はらずして、而して尭・舜・禹・湯・文・武以来、転相授受の心 天下に明らかならざるを以ての故に、漢唐の君 暗合する無き能はざる時或りと雖も、而も其の全体は却りて只だ利欲の上に在るのみ。此れ其の尭・舜・三代は自ら尭・舜・三代、漢祖・唐宗は自ら漢祖・唐宗、終ひに合して而して一と為す能はざる所以なり。今若し必ずしも限隔を撤去せんと欲し、古無く今無きは、則ち深く尭・舜相ひ伝ふるの心法、湯・武之れに反るの功夫を考へ、以て準則と為して而して諸《こ》れ

を身に求むるに若くは莫し。(43)

と言い、「答陳同甫九」でも、

然れども区区たる鄙見、常に竊かに以為へらく亘古亘今は只だ是れ一体、之れに順ふ者は成り、之れに逆ふ者は敗るるは、固より古の聖賢の能く独り為す所に非ず、而して後世の所謂英雄豪傑なる者も、亦た未だ能く此の理を舎きて而して建立成就する所有るを得たる者有らざるなり。(44)

とも述べている。以上の三つの資料をまとめると、朱子の心の中の歴史における「理」（或いは「道」）にはいくつかの特質があることがわかるだろう。それは、（一）「理」は一元的であること、（二）「理」はたくさんの具体的な歴史事実の中に、様々な方式で現れることができること、（三）「理」は時間や空間を超越した、永遠に滅ぶことの無い存在であること、（四）「理」の延続と発展が、聖賢の心の覚醒と唱導とに待つものであること、（五）歴史における「理」には、規律でありながら規範でもあり、「然る所以（所以然）」でありながら「当に然るべき所（所当然）」でもあるという二重の性格を具えていること、等である。

以上の五つの中で、第五の特質が最も鍵を握っている。それは、朱子の歴史解釈の中で最も重要であるばかりで無く、他の四つの特質とも密接な関係にある。朱子の哲学思想の中で、「理」は宇宙自然的規律というだけで無く、人事行為の規範でもあり、その両者は融けあって一体である。そのため、朱子の歴史解釈はそうした「理」の哲学の支配の下で、自然と「事実判断」と「道徳判断」とを合わせて一つとするのである。なおかつ、「理」は一元的（特質一）であると共に、時空を超越した存在である（特質三）から、「理」は朱子が歴史的変遷を解釈する唯一の抽象的標準となり、一切の具体的な歴史事実の出現は、正面から、或いは反面から永遠という「理」の特質を説明したり、裏付けたりするためのものに過ぎないのである。そうすると、「理」は歴史事実を超越する一種の「理想」となるのであり、それは朱子が歴史を解釈したり、歴史を批判したりする時の「精神的支柱」なのである。

こうして見ると、朱子の歴史解釈はある程度の「非歴史的（ahistorical）」、乃至は「反歴史的（anti-historical）」性格を獲得したことになる。朱子は時として「超時間的（supra-temporal）」な道徳的立場を採用して、時間性（temporal）を有する歴史事実を解釈している。本書第一章で論じた中国伝統の歴史思惟の中での「時間」概念とそこに潜在する「超時間性」とは、朱子の歴史観の中で最も鮮明なかたちで現れるのである。朱子は歴代王朝の興廃と文化の変遷といった種々の史実に対して解釈を施しているが、その目的は単に彼の心の中にある永遠にして唯一の、規律でありながら規範でもある「理」（或いは「道」）を明らかにするためであった。朱子は『資治通鑑綱目』や『伊洛淵源録』、『八朝名臣言行録』といった史書を編纂し、『朱子語類』の中でも、門人との間で多く歴代の史事についての討論を交わしているが、歴史事実の検討そのものは決して朱子の歴史研究の目的では無く、歴史研究は道徳的命題や普遍的理則を抽出するための手段に過ぎなかったのである。したがって、朱子の史学の本質について言えば、歴史知識は道徳的目的のために奉仕するものであり、歴史学の独立的自主性はそのため明らかではなかったのである。朱子の学問世界の中で、史学の地位はとうとう経学に及び得るものではなかったということになろう。

朱子の歴史解釈における「理」が「規律」的性格と「規範」的性格とを合わせ持つという特質は、朱子の思想の他の側面と全く相い応じるものである。例えば、朱子が四〇歳の時（一一七三年）に著した「仁説」という論文の中で、「天地は物を生むを以て心と為す者なり。而して人物の生まるるも、又各の夫の天地の心を得て以て心と為す者なり。故に心の徳を語るは、其の総摂貫通して、備はらざる所無しと雖も、然れども一言して以て之れを蔽はば、則ち仁と曰ふのみ。（中略）此の心は何れの心なるや。天地に在りては、則ち坱然として物を生むの心なり、人に在りては、則ち温然として人を愛し物を利するの心なり、『四徳』を包みて而して『四端』を貫く者なり」と言っている。[45]この中で朱子は、「仁」が宇宙と人間社会の存在を貫いていると考えており、彼は明確に存在論と道徳論とを貫いて一つのものとしているのである。

また、朱子思想中の存在論と道徳論との貫通傾向を示す別の例として、『孟子』公孫丑上（第二章）中の「其為気也、配義与道、無是、餒也」[46]という一句に対する解釈を挙げたい。朱子は四八歳（一一八一年）の時に著した『孟子集注』の中で、「道」字を「天理の自ら然るなり」と解釈している。[47]しかし、朱子は『朱子語類』の中で「道とは、人事の当に然るべきの理なり」[48]、「道は則ち是れ物我の公共自然の理なり」と言うのである。[49]朱子の論述の中で、「天理の自ら然る」ことと「人事の当に然るべきの理」とは根本的に等しく互いに用いることのできるものであった。朱子が言う「物我の公共自然の理」という言葉は、更に具体的に微妙に朱子の思想における存在論と道徳論との合一傾向を示している。以上に述べた二つの例は、いずれも朱子の歴史解釈における「理」の二重性格と互いに呼応しており、それは朱子の思想に一貫する特質なのである。

２　理論上の問題

朱子の歴史解釈の理論基礎について細かくひも解いていくと、朱子が「理」を中心として提示する歴代王朝の政治と文化の興廃についての解釈の中に、以下のような二つの理論上の問題が潜んでいることを発見するだろう。

(一) 朱子の歴史解釈によれば、歴史における「理」は規律であると共に規範でもあり、かつこの唯一の「理」は永遠不滅でもあるが、そうであるならば、歴史上の政治的な暗黒時代、もしくは文化的に混濁した時代はどのように解釈されるのだろうか。換言すれば、歴史上の多くの時代の中で、「理」と「事」とは決して完全に一致するわけでは無く、小人が政治を行い、君子は虐げられて、政治は齷齪し、文化は暗闇の中に置かれるような「理」の無い事もしばしばであった。朱子はこうした歴史事実の暗黒面についてどのように解釈を加えているのだろうか。

(二) 朱子は「理」の解明と連続の責任を少数の文化英雄（尭・舜・禹・周公・孔子）の身の上に託しているが、そうであるならば、「歴史」は少数の英雄的人物の「伝記」となり、群衆が共同に創造した記録では無くなってしまう。朱子のこうした英雄史観は必然的に一つの重大な問題に突き当たることになる。それは、もし政治上の聖君賢相や文化上の碩学大儒のような歴史上の英雄的人物が、適当な時期に出現して、狂瀾を既倒に廻らすことはできないのであれば、どのように歴史がひたすら「理」に合う軌道上を進んでいることを保証するのか、ということである。

まず、一つ目の問題から論じることにしよう。朱子の史論は極めて厳格で細密であったが、中でも文献批判を重んじている。例えば、彼は『論語或問』の中で微子の史事について論じた時に、『史記』の殷本紀と周本紀、そして宋世家における微子の事跡がそれぞれ異なっており、殷本紀が比較的史実に近いだろうと指摘している。[50] 朱子はまた、『竹書紀年』の記載に拠って『史記』の魏恵王・襄王・哀王年代の誤りを訂正している。[51] さらに朱子は史料によって証すことのできない史事について、懐疑的な態度を採っている。彼は左丘明が『春秋』の伝を作成したか否かという学生の問いに対して、「未だ知るべからざるなり」と答えているし、[52]「長平に四十万人坑殺せしこと、史遷の言は信ずるに足らず。（中略）皆史の溢言なり」と考えている。[53] これらのことから、朱子歴史研究の綿密求実の一面を見出すことができるだろう。

上述の実事求是という歴史研究の態度に基づき、朱子は勿論、彼自身が定義する「理」に合わない、歴史上に発生した多くの事実を無視することはできなかった。例えば後漢（二五〜二二〇）には党錮の禍があり、北宋（九六〇〜一一二七）には王安石（介甫、一〇二一〜一〇八六）の変法運動とそれが引き起こした新旧党争があった。こうした歴史事実に対して、朱子は道徳的観点から一つの解釈を打ち出している。彼は、この「理」と「事」とが合わない史事は、皆歴史の当事者の心術が正しくないことに起因するか、もしくはその時代に正しい人や君子がいなかったからだと特に強調している。

（1）器遠（曹叔遠）に問ふ、「君挙げて漢の党錮を説くは如何」と。曰はく、「也《ま》た只だ当初此れを致す所以は、止《た》だ許多《あまた》の達官要位を将《もつ》て之れを宦官に付し、許多《あまた》の儒生を将て之れを閑散無用の地に付すに縁《よ》れり、所以《ゆゑ》に激起し得ること此くのごとしと説けり」と。曰はく、「這《こ》の時、許多の好官尚書、也た是れ宦官に付せず、也た是の儒生は、只だ是れ人を得ず。許多の節義の士は、固より是れ其の位の当に言ふべき所に非ずして、宜しく以て禍を致すに足るべし。某《それがし》常に説く、只だ是れ上面に一個の人を欠けるのみと。若し上に一個の好人有らば、這一辺の節義を用ひて、那一辺の小人を剔去し、大故は一個の好世界と成らん。只だ是れ一転の関子なり」と。[54]

（2）近世の王介甫、其の学問は高妙なるも、老・仏の間に出入して、其の政事は尭・舜・三代と衡を争はんと欲せり。然れども用ふる所の者は尽く是れ小人、天の軽薄無頼小人を聚めて一処を作し、以て遺禍を至すこと今に至れり。他《かれ》初間も也た何ぞ嘗て狄を啓き華を乱し、「獣を率ゐて人を食らふ」の意有らん。只だ是れ本原正しからず、義理明らかならざれば、其の終は必ず是れに至れるのみ。[55]

以上二つの歴史解釈の中で、朱子は党錮の禍が後漢末年に起こったのは、「只だ是れ上面に一個の人を欠」いていたからで、「若し上に一個の好人有らば」、「一個の好世界」となっただろうと考えている。朱子はまた、王安石の変法が失敗してしまったのも、小人を任用したからで、かつ王安石は「本原正しからず、義理明らか」でなかったため、「其の終は必ず是れに至」ったのだと言っている。朱子の解釈の中で、後漢末年の宦官と新興士族という二つの集団の間で繰り広げられた政治闘争は、道徳的模範の欠如が招いたものとされている。漢代の歴史上の「内朝」と「外朝」の構造的矛盾や官学教育の発展、太学生数の増加といった制度的要素は、朱子においては等閑に付されているのである。同様に、朱子の王安石変法についての解釈も、中唐以降の中国社会における経済的中心の南移や南方中国の興起、北宋以来の知識界における史学と経学の対抗、及び北宋政壇における北方出身者と南方出身者の権力闘争など、経学や社会、政治構造的要素については、朱子は全く顧みていない。したがって、朱子の歴史解釈体系は、充分に、また有効に、中国史上によく見られる「理」「事」分離の史実を説明することができず、歴史における「悪」の来源についても、充分な「解釈力（explanatory power）」を具えた論証を提出することができないということがわかるのである。

この第一の理論的欠陥と第二の問題とは密接な関係にあり、相互にその重大性を補強するものである。続いて、前述の第二の問題について分析を加えてみたい。

「どのように歴史が『理』という軌道に従って進行していることを保証するのか」という問題について、朱子の回答は必然的に、歴史上の聖賢の出現に委ねる他は無い、ということになるだろう。聖賢のみが「理」の意味を理解し、歴史的発展を制御することができるのである。朱子は次のように述べている。

夫《か》の古今の変のごときは、極まれば而ち必ず反ること、昼夜の相ひ生じ、寒暑の相ひ代はるがごとし、乃ち理の当に然るべくして、人力の為すべき者に非ざるなり。是こを以て三代は相ひ承け、相ひ因襲して而して変ふるを得ざる者有り、相ひ損益して而して常とすべからざる者有り。然れども亦た唯だ聖人のみ能く其の理の在る所を察かにして、而して因りて之れを革むと為せり、是こを以て人綱人紀は以て之れを百世に伝へて而して弊るる無きを得たり。然らずんば、則ち亦た将に其の既に極まれるに因りて而して横潰四出せんとするに、要《もと》めて以て其の勢の便とする所へ趨かんとするも、而も其の変ずる所の善悪は、則ち知るべからざる者有らん。周の衰へ、文極まりて而して弊るるがごときは、此れ変の時に当たるなり。而して聖王作《をこ》らず、能く周を変へて夏を用ひ、僿を救ふに忠を以てすること、孔子・董生・太史の言のごとき者有る莫し。是こを以て文は日益に勝ち、礼は日益に繁たりて、常人の情をして堪ふ能はざる所の者有らしむ。是こに於いて始めて則に違ひて偽を作して以て之れに赴き、久しくして而して堪えざるの甚しきに至れば、則ち遂ひに厭倦簡忽して、而して横潰四出の患有り。(56)

朱子の歴史解釈の中で、王朝政治の優劣や文化の興廃は、全く聖人が出現し、「其の理の在る所を察して而して因りて之れを革む」か否かによって決まるのである。朱子は、一切の歴史的変化は人の心のありように帰結し、特に統治者の心術が歴史的変遷の鍵であると考えている。

（前略）天下の事、其の本は一人に在りて、而して一人の身、其の主は一心に在り、故に人主の心一たび正しければ、則ち天下の事に正しからざる有るは無し。人主の心　一たび邪まなれば、則ち天下の事に邪まならざる有ること無し。(57)

と朱子は言っているが、ここには濃厚な「観念論（idealism）」的立場が現れている。外在の客観的世界は人の「心」と互いに関連・相関する（mind-correlative、もしくはmind-correlated）と考えられているのである。朱子は更に、歴史的変遷における「理」の実践は少数のエリート（特に統治者）によって保証されると強調している。故に朱子は、秦檜（会之、一〇九〇〜一一五五）の死と宋の孝宗（一一六二〜一一八九在位）の即位は、歴史上「大有為の大機会」であったと考えている。(58)

このように、朱子は歴史的変遷を人の心術という一点に帰しているのだが、そこには人文精神の深い意味が込められている。朱子が歴史人物に対して道徳判断を施すのは、彼が歴史の行為者には「自由意志（free will）」があることを肯定し、自己の行為に対して最終的な責任を負わなければならないと考えているからである。朱子は人の意志は社会経済と政治体系の制限を打ち破ることができると深く信じている。例えば、朱子は弟子と北宋の葉祖洽（一〇四六〜一一一七）の人品の低さについて議論した時、朱子の弟子は葉祖洽は科挙で第一位であって、官職にも熱心であっても、そのようになってしまったと考えているのだが、朱子はそうした結果は、葉祖洽自身に志が無かったからであり、自身の劣行に対して責任を負わなければならなかったのだ、と述べている。(59) 朱子はしばしば、動機によって歴史人物を判断し、漢の高祖の法三章や義帝のための発喪などの若干の善行に対して称賛するに価しないと述べている。なぜならば高祖はある意図をもって、そうした善行を行ったからである。(60) 朱子は基本的に、人は歴史の主人であり、社会・経済・政治的構造の奴隷では無いと考えているのである。

しかし、朱子の歴史解釈における人の「自由」に対する肯定には限界がある。朱子が肯定するのは基本的に、バーリン（Isaiah Berlin、一九〇九〜一九九七）が言う「積極的自由（Positive liberty）」であり、朱子は人に心志が起こり、「自ら主宰する」（バーリンは「Self-mastery」と呼んでいる）ことを肯定して励ますのだが、一方でバーリンの言う「消極的自由[61]（Negative liberty）」についてはそれ程重視していない。換言すれば、朱子が肯定するのは「～の自由（freedom of ～）」ということであり、「～からの自由（freedom from ～）」という問題は比較的強調されていないのである。しかしながら、我々は朱子が全く個人の「自ら主宰する」自由を保障する種々の制度的な編成を重視していなかった、とは言うことができない。事実、朱子は地方に社倉を組織し、郷約を推進している。これらはいずれも朱子の、人民の経済生活や社会生活を保障する制度的基礎に対する重視を示したものであろう。[62]

本節での分析をまとめよう。朱子が「理一分殊」の理論から出発して提出した歴史解釈体系は、少なくとも以下のいくつかの無視することのできない欠陥を抱えていた。それは、(一) 歴史発展における時間の悠久的で深い影響を及ぼす構造的要素、及び歴史の行為者以外の客観的制度が軽んじられていること、(二) 無意識の内にある種の「道徳的還元論（moral reductionism）」に陥り、社会の政治や経済の領域を、道徳領域の延伸だと見なし、なおかつ社会政治経済の運営論理が、道徳的論理によって支配されていること、そして、(三) 歴史的変遷の力を少数の道徳上の聖人や政治上の統治者に託し、大多数の一般民衆が歴史的展開の中に生み出すはたらきを軽視していることである。

以上三つの理論上の問題はいずれも、朱子が人及び人の意志には「自主性（autonomy）」が具わっていることを認め、客観的構造の干渉を受けないと考えていることに由来する。朱子の歴史解釈は、人そのものには固より「自主性」があるが、「歴史」も一旦発展すると「自主性」を具えるのであり、歴史の中の個人がその意志によって反転させ、改変できるものでは無いという事実に注意を払っていない。朱子は歴史の発展過程において形成されるだろう自主性という問題をあまりに軽んじているのである。

四　朱子の歴史解釈の現実への配慮

1　専制政治の圧力

さて、続いて朱子が中国歴代王朝の政治と文化変遷について解釈を提示する時、向き合うことになる現実とそれに対する配慮とを分析してみることにしよう。

朱子の中国史についての解釈は、専制政権の巨大な圧力の下において提示された。朱子は南宋の国勢が日に日に衰えていく時代に生まれ、外には金という強敵の脅威があり、内では権臣韓侂胄（子端、一一五一～一二〇二）が権力を掌握して、国政が次第に誤った方向へと向かっており、国家財政は破綻して、人民の税負担は日増しに重くなる一方であった。[63] 朱子の一生で政治に参与した時間は極めて限られたものであった。[64]『宋史』朱熹伝には「外に仕ふるは僅かに九考、朝に立つこと纔かに四十日なり」とある。[65] 朱子は一生の心血を教育事業に注ぎ、彼が建てた書院の数は見るべきものがあるが、白鹿洞書院はその最も著名なものであろう。[66] しかし、筆者が特に強調したいのは、朱子が専制政権という極めて大きな圧力の下で、全く畏れること無く、彼の理想の寄り所としての教育事業に従事したということである。『朱子語類』と『文集』の中には、かなりの量の政治的圧力を示す資料が残されている。例えば以下のようなものが挙げられる。

（1）自今の諸生の条対の問ふ所、宜しく湛思正論して、答問の際に於いて、審らかに意を意を加ふべし。夫の朝廷の事のごときは、則ち草茅の宜しく言ふべき所に非ずして、而して師生の相ひ与にするの誠意も、亦た当に数ば文字の間に見すべからざるなり。二三子之れを慎め。[67]

（２）問ふ、「趙忠簡行状は、他家の子弟、筆を先生に属さんと欲するに、先生許さざるは、以て疑ひを為さざるは莫し、知らず、先生の意は安くにか在る」と。（朱子）曰はく、「這般の文字の利害は、若し実ならざる有らば、朝廷或ひは来たりて取り索めん、さすれば則ち不便たり。（後略）」と。[68]

（３）先生に学徒を散じ、戸省の事を閉めて以て禍を避くるを勧むる者或りしも、先生曰はく、「禍福の来たるは、命なり」と。[69]

（４）先生曰はく、「如し某輩皆保つ能はざれば、只だ是れ倣し将去《つづ》け、事到れば則ち尽く之れに付す。人は禍を避けんと欲するも、終ひに避くる能はず」と。[70]

（５）「今の禍を辟《さ》くるの説を為す者、固より相ひ愛《お》しむことより出づるも、然れども某の壁万仞に立つるを得れば、豈に吾道の光の為にするに益あらざらんや」と。[71]

以上に引いた五つの資料は、いずれも朱子が当時の政治的圧力の下にあって危殆に瀕していたことを物語っている。朱子は弟子に「朝廷の事のごときは、則ち草茅の宜しく言ふべき所に非ず」（１）と戒める一方で、「禍福の来たるは、命なり」（３）と自らを慰め、「禍を避けんと欲するも、終ひに避くる能は（４）ざることを信じている。朱子は慎み深く、「朝廷或ひは来たりて取り索めん、さすれば則ち不便」（２）となることを免れるため、敢えて人のために「行状」を書くようなことはしなかったが、彼は自身の「壁（を）万仞に立」て、「吾道の光の為」（５）に努力を重ねるのである。慶元の党禁の際、朱子はこうした政治的圧力に対して、時には憤慨して不平を漏らし、「某又曽て上書して自ら弁ぜず、又曽て詩を作りて謗訕せず、只だ是れ朋友と古書を講習して、這の道理を説くのみ。更に做すを教へざれば、卻りて何事をか做さん」と述べている。[72]朱子の政治的圧力下における悲憤、及びそれに対する不屈の精神とが、この一文の中に躍然としていよう。朱子が歴代王朝の政治を評論し、歴代の文化的変遷を分析しようとした時、彼の眼前にはこうした歴史的情況が立ちはだかっていたのである。

2　現実への配慮

上述の専制の圧力という歴史的情況の中に身を置いて、朱子は中国史について独特の解釈を提出するのだが、そこには彼に特殊な配慮が用意されている。そうした朱子の歴史解釈の現実に対する配慮についてさらに深く検討するため、我々は彼の宋代政治に対する見方について分析を加えなければならない。

総体的に言えば、朱子の彼が生きた宋代の政治への評価は甚だ低く、かなり不満であった。朱子にとって、宋代は「上は則ち天心未だ予《よろこ》ばずして、而して饑饉は荐臻《せんしん》し、下は則ち民力已に殫《つ》きて、而して賦歛は方急、盗賊は四たび起こり、人心は動揺」[73]する暗黒時代であった。北宋の盗賊発生の原因は実は政府の政策の不当にあり、「遂ひに散じて而して盗と為るも、其の本心に非ず」[74]、南宋の政府はと言えば、「民より取ること太《はなは》だ重く」[75]、中央に権力を集中して地方の「州郡は一斉に困弱」[76]したと考えている。全体的に、宋代の政治の大病は、制度に起因するものもあれば、人に由来するものもあったが、いずれにせよ根深い病巣を持っていることには変わりないのである。

朱子が彼が生きる時代に対して内心で失望し、それによって批判的態度を抱いていたことを見たが、彼が古代の政治と文化とを美化し、「三代」を中国史の黄金時代と見なしたのには、実はそうした現実に対する配慮があったからである。一言で言えば、朱子は決して「歴史」のためでは無く、彼は「現在」のために「歴史」について考察したのであり、彼自身が美化する「三代」に彼の理想を託し、「三代」を精神的支柱として、現実批判の中から更に現実を変えようとしたのである。

しかし、朱子が打ち立てた「三代」の歴史イメージは、客観的な成立基盤を持っていたであろうか。こうした問題は更に検討を加えるに値する。

はじめに、筆者が指摘したいのは、こうした問題の提出の仕方は一つの仮説の上に立っているということである。それは、人類の歴史経験は一つの「客観的」で、生命を失って硬直した「過去」であり、歴史事実は読史者と相対する「対象的」な存在であって、歴史家による分析を待つ存在だと考えられていることである。そこでは歴史上の帝王将相や古代の聖賢や、逃げる敵を追い、馬嘶き人叫ぶ戦争の史事など、その全てが博物館の中のミイラのように、歴史家によって解剖されるのを待つ存在である。歴史家が歴史事実を解剖することは、主体の客体に対する支配的行動なのである。

こうした歴史観と朱子の歴史観とは隔絶している。朱子からすれば、歴史研究とは絶対に只単なる「客観」的事実の再構築では無い。歴史研究の目的は、価値意識の召喚と養成とにあるのである。こうした認識は、朱子の史学と経学に対する見方と深く関係するものであろう。

朱子の心の中で、経学の価値と地位とは史学に比して遥かに高いものであった。この点については、銭穆（賓四、一八九五～一九九〇）が早くに指摘しているので[77]、ここでは簡単に説明を加える。朱子は、経書は価値意識を創造し保存する所であるから、読書は史書に先立って経書を読むことで、池を満水にした後で、その水を容易に引いて田中の稲に灌漑するかのようにできると考えている[78]。朱子は、歴史の読者は必ず先に経書の中に「聖賢脩己治人の要を求め[79]」、そうすることで経書中に隠された価値標準によって、古今の史事の是非を判断することができるのである。こうした信念に基づき、朱子は「経書を看《み》ると史書を看るとは同じからず。史は是れ皮外の物事にして、緊要没《な》ければ、劄記を以て人に問ふべし。若し是れ経書に疑ひ有らば、這個は是れ已に切なる病痛なり。人の痛みを負ひて身に在り、斯の須らく忘れ去るべきを欲するも而も得べからざるがごとし。豈に之れを史を看るに比して、疑ひ有るに遇へば、則ち之れを紙に記すべけんや」と述べている[80]。朱子がこうした持論を抱くことになった最も主要な理由は、彼が歴史研究であろうと、歴史教育であろうと、史実の究明と価値の召喚の両者は不可分であり、なおかつ前者は後者を達成するための手段であると考えていたことに因るであろう。

朱子は歴史研究は純粋な知識活動では絶対に無いと考えていた。彼自身の論史考史は皆文献批判を重んじたが、彼は歴史の読者と歴史経験との間は決して機械的な関係では無く、有機的な相互浸透関係だと考えている。こうした関係の下、人は歴史によって形作られるが、他方では歴史の新たな方向を創造することもできるのである。朱子の思想において、歴史経験は絶対に博物館のようなものでは無く、図書館のようなものであった。人は広く深い歴史の海の中で悠々と育まれ、古人と手を携えて、古人と共に歩み行く。人と歴史とは「互いに主体となる」という境地に辿りついたのである。

朱子が価値意識を明らかにすることを歴史研究の最終目標としたことを理解したところで、我々は次のように合理的に推測することが可能になるであろう。朱子の心の中で、彼が高度に理想化した「三代」という歴史イメージが歴史的「実情」に「符合」するものであるか否かは、朱子にとっては決して重要な問題ではなかった。朱子はひょっとすると、それさえも議論する必要の無い問題だと考えていたかもしれない。なぜならば、「三代」という歴史経験に議論する価値があるのは、「三代」という歴史経験の中に、極めて貴重な価値理念が隠されているからで、そうした価値理念こそは彼が生きた時代の齷齪する現実を批判主導して、更には現実を高めるための利器だったのである。

こうして見ると、朱子が中国歴代王朝の政治と文化的変遷に対して提出した解釈が、「理一分殊」という理論基礎のみに支えられたものでは無く、現実に対する配慮をも含んだものであったことがわかるであろう。朱子は決して中国の歴史経験を解釈することに満足していたわけでは無く、「過去」を解釈することによって「現在」を変革しようとしていたのである。

五　結論

本章での検討から、我々は、朱子が提示した秦の統一を分水嶺とする「尚古的歴史観」は、実は彼の「理一分殊」の哲学を理論基礎とするものであった、ということを発見することができた。朱子は基本的に歴史事実を、永遠で唯一の「理」の人間社会における現れだと見なす。しかし、朱子の哲学における「理」は規律であると共に規範でもあるため、朱子の歴史解釈体系は歴史上の様々な「理」に違う史実に対して、解釈力が強く行き渡った論述を提示することは困難であった。なおかつ、朱子は少数のエリート人士のみが「理」の意味を把握することのでき、それによって歴史的発展を導くことができると信じていた。それ故、朱子の歴史観は、強烈なエリート主義（elitism）的色彩を帯びることを免れることができなかった。我々はまた、朱子の生きた時代が彼へと与えた政治的圧力という観点から、朱子の彼自身が生きた時代への見方について検討を加え、朱子が宋代の政治と文化に対して甚だ低い評価を与えていたということも見た。

朱子が「三代」という歴史を理想化し黄金の古代としたのは、主として、古今の対比を通じて、理想化された「三代」を彼が現実を批判主導するための精神的支柱とするためであったろう。

表面上、朱子の歴史観で秦漢以降の中国の政治と文化とは衰える一方だったとするのは、消極的で悲観的な論調に満ちているように思える。しかし、我々は更に深く考察を加える時、朱子の歴史解釈は表面上の消極性の中に、実は積極的な理想が託されていることを知ることになるだろう。朱子は歴代王朝の政治や人物を解釈する時、事の成敗によって是非を下し、英雄を論じてはいない。彼は道徳判断と歴史判断とを融合して、所謂「生命と理性の統一[81]」を求めようとしている。つまり、朱子が歴史解釈を行う時、道徳的理想を堅く守って歴史的現実を批判し、道徳的な「応然」を歴史解釈によって、現実中の「実然」へと転化しようと努力したのである。そして、こうした歴史観の中には、深刻で積極的な配慮が込められていた。

また、朱子の歴史観の中からは、筆者が本書第二章第二節で述べたような、理学が一〇世紀に興起して以降、史学研究へと及ぼした衝撃も部分的に看取される。朱子及び若干の理学家は、理学的観点を歴史研究の中へと持ち込み、「理」を哲学基礎とする歴史解釈を提出したのである。しかし、こうした理学家の歴史観の中には理学と史学の緊張が潜むことになり、解消し難いものとなった。

宋代は中国史学の黄金時代であり、宋人の歴史著作の数は前賢を遥かに凌ぐものであり[82]、歴史知識も非常に豊富であった。したがって宋代社会には、ある種の所謂「歴史比較の心態（Historical analogism）」が蔓延していた。[83]しかし、宋代はまた、理学が興起した時代でもあり、朱子はそうした理学を集大成した人物であった。[84]朱子の学問は堂々と雄大なもので、彼は理学と史学とを融合して、一つの歴史解釈の体系を提出しようとした。しかし本章で分析したように、朱子は「理一分殊」の理学的観点によって錯綜複雑な歴史を解釈しようとして、「理」を「事」上に置き、ある種の超時間の道徳的理想によって、時空の脈絡の中に発生する歴史事実を解釈することを主張したのである。朱子の歴史解釈の創見はこの点にあるが、その限界もこの点において認められなければならないだろう。

注

（1）筆者は本章の初稿では「退化の歴史観」としていたが、蔡振豊教授との討論を経て、「尚古的（原文：崇古的）歴史観」とすることにした。ここに謹んで蔡教授に謝意を表したい。

（2）〔宋〕黎靖徳編『朱子語類』、巻四七、「僩録」、『朱子全書』（上海：上海古籍出版社、合肥：安徽教育出版社、二〇〇二年）、第一五冊、一六二八頁。

（3）〔宋〕黎靖徳編『朱子語類』、巻一三、「卓録」、『朱子全書』、第一四冊、三九六頁。

（4）〔宋〕黎靖徳編『朱子語類』、巻一三四、「升卿録」、『朱子全書』、第一八冊、四一七八頁。

（5）〔宋〕黎靖徳編『朱子語類』、巻一三四、「升卿録」、『朱子全書』、第一八冊、四一七八頁。

（6）〔宋〕朱熹「答陳同甫六」、『朱子文集』（台北：徳富文教基金会、二〇〇〇年）、第四冊、巻三六、一四五七～一四五八頁。朱子と陳亮との往復書簡による論弁については、牟宗三『政道与治道』（台北：広文書局、一九六一年）、二五五～二六九頁や劉述先『朱子哲学思想的形成与発展』（台北：台湾学生書局、一九八二年）、三五五～三九四頁、及び Hoyt Cleveland Tillman, *Utilitarian Confucianism: Ch'en Liang's Challenge to Chu Hsi* (Cambridge, Mass.: Harvard University Press, 1982), pp. 157-165 参照。

（7）銭穆は、『語類』の価値について述べて、「『語類』は朱子五十歳以降の晩年の学問思想の精髄を集めたものであり、また問いかけに従って彼の考えが素直に表出し、活発で活き活きとしており、詳細である。（中略）朱子学を研究して、深山に宝を得ようと思うならば、『語類』の一書は、断じて忽せにしてはならない」と最も親切で味のある評価を下している。銭穆『朱子新学案（一）』、『銭賓四先生全集』（台北：聯経出版公司、一九九八年）、第一一冊、引文は二五九頁に見える。

（8）朱子本人は、『論孟或問』の価値は『集注』と比較することはできないと考えていた。彼は「答張元徳七」の中で、「論孟集注は後来改定せし処多ければ、遂ひに或問と甚だ相ひ応じず、又或問を修得する功夫無し、故に曽て伝出せず。今、且に正経上の玩味に就きては、未だ通ぜざる処有るも、集注を参考して、更に自ら思索するを佳と為すに若くは莫く、此の未定の書を恃むべからず、便ち以て是と為すなり」と述べている（『朱子文集』、第六冊、巻六二、三〇〇八頁）。朱子本人が『集注』は『或問』より勝れていると考えるのは、義理の円熟度から言ったものである。朱子は『集注』を随時改訂し、自身もまた『集注』に対して比較的満足していた。しかし、本章で検討する朱子の歴史解釈という点から言えば、『或問』中に問答によって大量の史料が残されており、朱子の歴史人物や史実に対する意見をそこに見ることができ、極めて高い史料的価値を有している。本章で朱子の歴史観を探るに当たって、『語類』の他に、大量に『或問』の資料を引用して論拠としたのは以上の理由による。

（9）〔宋〕朱熹『四書章句集注』（北京：中華書局、一九八三年）、三五八頁。

（10）〔宋〕朱熹『孟子或問』、『四書或問』（上海：上海古籍出版社、合肥：安徽教育出版社、二〇〇一年）、巻九、四六八～四六九頁。

（11）〔宋〕朱熹『孟子或問』、巻三、四三五頁。

（12）〔宋〕朱熹『大学或問』、『四書或問』（上海：上海古籍出版社、合肥：安徽教育出版社、二〇〇一年）、一二頁。

（13）〔宋〕朱熹『孟子或問』、巻三、四三五頁。

（14）〔宋〕黎靖徳編『朱子語類』、巻一三五、「若海録」、『朱子全書』、第一八冊、四一九二頁。

（15）〔宋〕黎靖徳編『朱子語類』、巻一三五、「寿昌録」、『朱子全書』、第一八冊、四一九四頁。

（16）〔宋〕朱熹『論語或問』、『四書或問』（上海：上海古籍出版社、合肥：安徽教育出版社、二〇〇一年）、巻

一三、三一一～三一二頁。
(17)〔宋〕朱熹『孟子或問』、巻一、四一九頁。
(18)〔宋〕朱熹「答林易簡」、『朱子文集』、第七冊、巻六四、三三一〇九頁。
(19)〔宋〕朱熹「答陳同甫六」、『朱子文集』、第四冊、巻三六、一四五八頁。
(20)〔宋〕朱熹『論語或問』、巻一三、三一一～三一二頁。
(21)〔宋〕黎靖徳編『朱子語類』、巻一三四、「銖録」、『朱子全書』、第一八冊、四一八九頁。
(22)〔宋〕黎靖徳編『朱子語類』、巻一三四、「義剛録」、『朱子全書』、第一八冊、四一八〇頁。現代の学者に朱子が言う秦以後の中国における「尊君卑臣」の政治的伝統について検討を加えた者がある。蕭公権と余英時の業績がそれで、帝制中国の「陽儒陰法」について、それぞれ論文を発表している。蕭公権「法家思想与専制政体」、氏著『迹園文録』（台北：聯経出版公司、一九八三年）、七五～九〇頁、及び余英時「「君尊臣卑」下的君権与相権――「反智論与中国政治伝統」余論」、氏著『歴史与思想』（台北：聯経出版公司、一九七六年）、四七～七六頁。
(23)〔宋〕黎靖徳編『朱子語類』、巻一三五、「人傑録」、『朱子全書』、第一八冊、四一九六頁。徐復観（一九〇四～一九八二）は嘗て、漢代の一人による専制体制下における知識人の精神的圧力について、素晴らしい分析を行っている。徐復観「封建政治社会的崩潰及典型専制政治的成立」、氏著『周秦漢政治社会結構之研究』（台北：台湾学生書局、一九七五年）、六三～一六二頁、並びに拙著『東亜儒学視域中的徐復観及其思想』（台北：台大出版中心、二〇〇九年）、四七～五二頁参照。
(24)〔宋〕朱熹「答陳同甫八」、『朱子文集』、第四冊、巻三六、一四六〇～一四六五頁。
(25)〔宋〕黎靖徳編『朱子語類』、巻八四、「必大録」、『朱子全書』、第一七冊、二八七六頁。
(26)〔宋〕朱熹『孟子集注』、『四書章句集注』（北京：中華書局、一九八三年）、巻九、「万章章句上」、三〇九頁。
(27)〔宋〕朱熹『中庸章句』、『四書章句集注』（北京：中華書局、一九八三年）、「序」、一五頁。
(28)〔宋〕朱熹『孟子集注』、巻三、「公孫丑章句上」、二三四頁。
(29)〔宋〕朱熹『孟子集注』、巻一〇、「万章章句下」、三一五頁。
(30)〔宋〕朱熹『中庸章句』、第一一章、二一頁。

(31)〔宋〕黎靖徳編『朱子語類』、巻一三、「卓録」、『朱子全書』、第一四冊、三九六頁。
(32)〔宋〕黎靖徳編『朱子語類』、巻一、「揚録」、『朱子全書』、第一四冊、一二一頁。
(33)〔宋〕黎靖徳編『朱子語類』、巻二四、「賀孫録」、『朱子全書』、第一四冊、八六九頁。
(34)〔宋〕朱熹「古史余論」、『朱子文集』、第七冊、巻七二、三六三九頁。
(35)〔宋〕黎靖徳編『朱子語類』、巻一三四、「夔孫録」、『朱子全書』、第一八冊、四一七八頁。
(36)〔宋〕黎靖徳編『朱子語類』、巻一三九、「義剛録」、『朱子全書』、第一八冊、四二九六頁。朱子は唐の太宗について論じて、「且つ唐太宗の聡明英特を以て、号して身は将相を兼ねたりと為すも、然れども猶必ず天下の事をして、関するに宰相に由り、審熟して便ち安くして、然る後に施行せしむ。蓋し理勢の当に然るべく、得て而して易ふべからざる者有りと謂はん」（『朱子文集』、第二冊、巻一二、四〇一頁）と言う。この所謂「理勢の当に然るべし」もまた、「自然の理勢」と同義である。朱子の歴史思想における「勢」の概念についての議論は、三浦国雄「気数と気勢――朱熹の歴史意識」、『東洋史研究』第四二巻第四号（一九八四年三月）、二九～五二頁参照。また、朱子の史学については、銭穆『朱子新学案（五）』、『銭賓四先生全集』、第一五冊、一～一三〇頁や高森良人「朱熹の歴史観」、『東方学』第七輯（一九五三年）、一～一二頁・麓保孝「朱熹の歴史論」、諸橋轍次編『朱子学入門』（東京：明徳出版社、一九七四年）、三五七～三六六頁参照。フランソワ・ジュリアン（于連、François Jullien、一九五一～二〇〇九）は中国思想中の「勢」概念について論じているが、中国思想家が主張する聖人の「勢」に対する引導作用について軽視し過ぎるきらいがある。François Jullien, *The Propensity of Things: Toward a History of Efficacy in China*, translated by Janet Lloyd (New York: Zone Books, 1995) 参照。
(37)〔宋〕朱熹『孟子或問』、巻八、四六一～四六二頁。
(38)〔宋〕朱熹『論語或問』、巻一五、三四五頁。
(39)〔宋〕黎靖徳編『朱子語類』、巻一三四、「広録、秦録」、『朱子全書』、第一八冊、四一八六頁。
(40)〔宋〕黎靖徳編『朱子語類』、巻一三五、「賀孫録」、『朱子全書』、第一八冊、四二〇六～四二〇七頁。
(41)〔宋〕黎靖徳編『朱子語類』、巻一三六、「謨録」、『朱子全書』、第一八冊、四二二二頁。朱子の「理一分殊」説については、本書附録二参照。

(42)〔宋〕朱熹「答陳同甫六」、『朱子文集』、第四冊、巻三六、一四五八頁。
(43)〔宋〕朱熹「答陳同甫八」、『朱子文集』、第四冊、巻三六、一四六四頁。
(44)〔宋〕朱熹「答陳同甫九」、『朱子文集』、第四冊、巻三六、一四六六頁。
(45)〔宋〕朱熹「仁説」、『朱子文集』、第七冊、巻六七、三三九〇～三三九一頁。「仁説」の議論については、劉述先「朱子的仁説・太極観念与道徳問題的再省察――参加国際朱子会議帰来記感」、『史学評論』第五期（一九八三年一月）、一七三～一八八頁・佐藤仁「朱子的仁説」、『史学評論』第五期（一九八三年一月）、一一五～一三一頁・Sato Hitoshi, "Chu Hsi's, Treatise on *Jen*," in Wing-tsit Chan ed., *Chu Hsi and Neo-Confucianism* (Honolulu: University of Hawaii Press, 1986), pp. 212-227・陳栄捷「論朱子的仁説」、氏著『朱学論集』（台北：台湾学生書局、一九八二年）、三七～六八頁、及び李明輝『四端与七情――関於道徳情感的比較哲学探討』（台北：台大出版中心、二〇〇五年）、八六頁等参照。
(46)〔宋〕朱熹『孟子集注』、巻三、二三一頁。
(47)〔宋〕朱熹『孟子集注』、巻三、二三一頁。
(48)〔宋〕黎靖徳編『朱子語類』、巻五二、「端蒙録」、『朱子全書』、第一五冊、一七二八頁。
(49)〔宋〕黎靖徳編『朱子語類』、巻五二、「広録」、『朱子全書』、第一五冊、一七二七頁。朱子の『孟子』公孫丑上（第二章）に対する解釈については、拙著『孟学思想史論（巻二）』（台北：中央研究院中国文哲研究所、一九九七年）、第五章、一九一～二五二頁参照。
(50)〔宋〕朱熹『論語或問』、巻一八、三八七～三八八頁。
(51)〔宋〕朱熹『孟子或問』、巻九、四六九頁。
(52)〔宋〕朱熹『論語或問』、巻五、二一〇頁。
(53)〔宋〕黎靖徳編『朱子語類』、巻一三四、「徳明録」、『朱子全書』、第一八冊、四一八四頁。
(54)〔宋〕黎靖徳編『朱子語類』、巻一三五、「賀孫録」、『朱子全書』、第一八冊、四二〇六～四二〇七頁。
(55)〔宋〕黎靖徳編『朱子語類』、巻五五、「僩録」、『朱子全書』、第一五冊、一八〇七頁。
(56)〔宋〕朱熹「古史余論」、『朱子文集』、第七冊、巻七二、三六三九頁。

(57) 〔宋〕朱熹「己酉擬上封事」、『朱子文集』、第二冊、巻一二、三九四頁。

(58) 〔宋〕黎靖徳編『朱子語類』、巻一三三、「揚録」、『朱子全書』、第一八冊、四一六二頁。

(59) 〔宋〕黎靖徳編『朱子語類』、巻一三〇、「儒用録」、『朱子全書』、第一八冊、四〇四九頁。

(60) 〔宋〕黎靖徳編『朱子語類』、巻一三五、「至録」・「祖道録」、『朱子全書』、第一八冊、四一九二～四一九三頁。

(61) Isaiah Berlin, *Four Essays on Liberty* (Oxford: Oxford University Press, 1969, 1977), pp. 121-154.

(62) この点については、張崑将教授にご教示いただいた。ここに改めて謝意を表したい。

(63) 余英時撰『朱熹的歴史世界――宋代士大夫政治文化的研究』（台北：允晨文化出版事業公司、二〇〇三年）二冊は、朱子及びその時代について最も徹底した、深く検討を加えた研究論著である。

(64) 朱子の政治参加については、Conrad M. Schirokauer, "Chu Hsi's Political Career: A Study in Ambivalence," in Arthur F. Wright and Denis Twitchett eds., *Confucian Personalities* (Stanford: Stanford University Press, 1962), pp. 162-188 参照。また、朱子の時代の社会経済状況についての議論は、Brian McKnight, "Chu Hsi and His World," in Wing-tsit Chan ed., *Chu Hsi and Neo-Confucianism* (Honolulu: University of Hawaii Press, 1986), pp. 408-436 を、朱子の伝記については、Wing-tsit Chan, "Biography of Chu Hsi," in Wing-tsit Chan ed., *Chu Hsi and Neo-Confucianism*, pp. 595-602 を参考されたい。

(65) 〔元〕脱脱『宋史』（北京：中華書局、一九七七年新校標点本）、列伝第一百八十八、朱熹、巻四二九、一二七六七頁。

(66) 朱子は南宋の孝宗淳熙六年（一一七九）十月に白鹿洞書院の再建を始め、一一八〇年三月に完成させている。〔清〕王懋竑『朱子年譜』（台北：台湾商務印書館、一九七一年）、巻二上、八一～八二頁。朱子と白鹿洞書院についての研究は、陳栄捷「朱子与書院」、氏著『朱子新探索』（台北：台湾学生書局、一九八八年）、四七八～五一八頁や、Thomas H. C. Lee, "Chu Hsi, Academies and the Tradition of Private Chiang-hsüeh," *Chinese Studies*, vol. 2, no. 1 (June, 1984), pp. 301-329 に詳しい。

(67) 〔宋〕朱熹「策試牓喩」、『朱子文集』、第八冊、巻七四、三七一二頁。

(68) 〔宋〕黎靖徳編『朱子語類』、巻一三一、「枅録」、『朱子全書』、第一八冊、四一〇一頁。

(69) 〔宋〕黎靖徳編『朱子語類』、巻一〇七、「広録」、『朱子全書』、第一七冊、三五〇一頁。

(70) 〔宋〕黎靖徳編『朱子語類』、巻一〇七、「徳明録」、『朱子全書』、第一七冊、三五〇一頁。

(71) （宋）黎靖徳編『朱子語類』、巻一〇七、「閔祖録」、『朱子全書』、第一七冊、三五〇一頁。

(72) （宋）黎靖徳編『朱子語類』、巻一〇七、「人傑録」、『朱子全書』、第一七冊、三五〇一頁。

(73) （宋）朱熹「与陳侍郎書」、『朱子文集』、第三冊、巻二四、九〇五～九〇六頁。

(74) （宋）黎靖徳編『朱子語類』、巻一三〇、「儒用録」、『朱子全書』、第一八冊、四〇八一頁。

(75) （宋）黎靖徳編『朱子語類』、巻一三三、「広録」、『朱子全書』、第一八冊、四一五一頁。

(76) （宋）黎靖徳編『朱子語類』、巻二四、「賀孫録」、『朱子全書』、第一四冊、八六九頁。

(77) 銭穆『朱子新学案（五）』、『銭賓四先生全集』、第一五冊、一二〇～一二三頁、並びに高森良人「朱子の歴史観」、『東方学』第七輯、一～一二頁参照。

(78) （宋）黎靖徳編『朱子語類』、巻一一、「広録」、『朱子全書』、第一四冊、三五三頁。

(79) （宋）朱熹「答梁文叔二」、『朱子文集』、第五冊、巻四四、一九五四頁。「答呂伯恭八」には、「蓋し学を為すの序は、己を為して而る後に以て人に及ぶべく、理に達して然る後に以て事を制すべし、故に程夫子人をして先に論・孟を読み、次に諸経に及び、然る後に史を看、其の序は乱るべからざらしむなり」とあるのもまた、同様の理念を表現したものである。『朱子文集』、第四冊、巻三五、一四〇三頁参照。

(80) （宋）黎靖徳編『朱子語類』、巻一一、「僩録」、『朱子全書』、第一四冊、三四七頁。

(81) 牟宗三『政道与治道』、二六三～二六六頁。

(82) 高国杭は嘗て、『宋史』芸文志と『隋書』経籍志に収録された史部書目の比較を行い、宋代の史書の部数が『隋書』経籍志に見える史書に比べて二倍半にも及ぶことを発見し、さらに『四庫全書総目提要』中に収録する史部の書籍全五六四部、二一九五〇巻の中で、宋人の著作が総部数の三分の一を占め、総巻数の四分の一以上にも上ることを指摘している。高国杭「宋代史学及其在中国史学史上的地位」、『中国歴史文献研究集刊』第四集（長沙：岳麓書社、一九八三年）、一二六～一三五頁、統計資料は一二七頁に見える。

(83) Robert M. Hartwell, "Historical Analogism, Public Policy and Social Science in Eleventh- and Twelfth-Century China," *American Historical Review*, vol. 76, no. 3 (1971), pp. 692-727 参照。

(84) 陳栄捷『朱子新探索』、及び Wing-tsit Chan, "Chu Hsi's Completion of Neo-Confucianism," in Études Song in Memoriam

Etienne Balazs, Editées Par Francoise Aubin, Serie II, #I (Paris: Mouton & Co. and Ecole Practique de Haute Etude, 1973); Wing-tsit Chan, *Chu Hsi: Life and Thought* (Hong Kong: The Chinese University Press, 1987); Wing-tsit Chan ed., *Chu Hsi and Neo-Confucianism* (Honolulu: University of Hawaii Press, 1986) 參照。

●第三部　中国歴史思惟の近代的転化

第七章　銭穆史学の「国史」観と儒家思想

一　はじめに

以上各章の論述では、伝統的中国史学の「時間性」が「超時間性」を含み、伝統的な歴史家は「史事」に即して「史理」を求め、儒家思想の中に浸る歴史家が携わる「歴史叙述」は、実は道徳的哲学の確立を目的としていることを明らかにしてきた。中国の歴史家は「事実判断」と「価値判断」とを統合し、歴史上の人物の自由意志を肯定するが、客観的事実を記すことで、経世乃至は救世をその史学の最高目標とするのである。以上の各項の中国史学の特質は、何れも儒教思想との間に密接な関係がある。このような悠久且つ博厚高明の史学的伝統は、二〇世紀に入って、更に強靭な生命力を見せ、二〇世紀の中国が歴史の変局の中で向き合うことになった挑戦に対応して、伝統を守りつつ新境地を開くこととなった。銭穆（賓四、一八九五～一九九〇）の史学は、そうした近代中国史学の最も優れた成果の一つである。しかし、その銭穆の史学の中にも強烈な儒家思想の要素が見て取れる。

銭穆は二〇世紀中国学術の巨頭であり、その著述は豊富で、学問範囲も四部全体に及び、先人の研究が及ばなかった点にまで言及している。特に史学の名家として、卓然たる一代の宗師であった。銭穆の生涯の著作は、いずれも中国文化の価値を発揚したものであり、余英時（一九三〇〜）は銭穆の死を哀悼して、「一生を故国の招魂となす」と述べているが、[1]この一句は銭穆の生涯をよく捉えたものだと言ってよい。

銭穆の史学世界は広大で、顕微の差無く明らかにし、ミクロ的論証とマクロ的視野を融合して研究を行っている。若年時の『劉向歆父子年譜』（一九二九）・『先秦諸子繫年』（一九三五）から、『国史大綱』（一九四〇）・『中国歴史精神』（一九四八）・『国史新論』（一九五一）・『中国歴代政治得失』（一九五二）・『中国史学発微』（一九八七）まで、一貫して中国史の特殊性を強調すると共に、中国の歴史的知識の再建を通じて当時の中国人の民族的自信を喚起することで、狂風暴雨の二〇世紀に屹立しようとしたのである。その銭穆史学の最大の特徴は、歴史を「科学的歴史（scientific history）」では無く、「民族的史詩（national epic）」と看做したことであろう。こうした「民族」史観は、彼の不朽の名著『国史大綱』の中に具体的に表現されている。

本章の主題は、銭穆史学の「国史」観を分析し、近代における伝統的史学思想の転化について探求することにある。それと同時に、銭穆史学中の儒家思想についても検討を加える。まず、その「国史」観の意義及びその歴史的背景を論じる。続いて、銭穆「国史」観の中の史学方法論とそこに浮き彫りにされた中国史の特殊性を析論し、同時代の学者徐復観（一九〇二〜一九八二）との比較を行う。また、銭穆史学の二〇世紀中国史学史上の意義について論じ、やはり同時代の傅斯年（孟真、一八九六〜一九五〇）とも比較したい。そして最後に、銭穆史学中の儒家的要素について述べることにする。

二　銭穆「国史」観の意義とその歴史的背景

銭穆の史学思想の中で「国史」という概念は重要な部分を担っている。彼の言う「国史」という概念の意義は歴史的経験を民族奮闘の史詩と看做すことにある。銭穆は「国史」研究の目的は愛国的情操を育むことにあり、また、過去をよく参考して将来を展望し、民族の未来を導くことにあった。彼の持つこうした情理の融合した「国史」観は、一九世紀以降の歴史的産物である。以下、この点について詳論してみることにしよう。

銭穆の史学世界における「国史」は、決して過ぎ去った、歴史の読者の生命と全く無関係の歴史的素材や史実を意味するものでは無い。それは、血と涙とが織り成した民族が建立、発展、挫折及び復興してきた過程なのである。このような歴史経験的歴史知識を記述するものは、一種の「民族史詩」であり、雄壮で歌えば涙を誘うものである。銭穆『国史大綱』は「引論」で冒頭から「歴史知識」と「歴史材料」の違いを峻別している。彼は、民族国家の過去全ての活動が「歴史」となるが、記録されて今まで伝承されてきたものは歴史材料としか言うことができず、今日必要な歴史知識では無い、と考えている。材料は蓄積して愈々増えるが、知識は時代の変化と共に新しくなる。銭穆は「歴史知識は時と共に変化し、現代の各種問題と密接な関係を持つべきである。歴史知識は、古を鑑とし今を知ることを貴ぶのである。歴史材料については、先人の記録したものであり、先人は後事を知らないから、その記録は必ずしもそのどれもが後人が知りたいと思うものには当たらない」と述べている。[2] 彼はこうした観点から出発して、二〇世紀の中国は世界的に最も豊富な「歴史材料」を有しているが、中国人は最も「歴史知識」の欠乏した民族だと指摘するのである。この様な状況を作り出した原因は、主に二〇世紀中国の歴史学界の病的状態にあった。銭穆は当時の中国史学の流派を評して、次のように述べている。

簡単に中国近世史学について論じると、三派に分けて叙述することができる。一つ目は伝統派（または記誦派）、二つ目は革新派（または宣伝派）、三つ目は科学派（または考訂派）である。「伝統派」は記誦を主とし、典章制度をよく諳んじ、先人の言葉や行いについて豊富な知識を持っており、また校勘輯補注をよくする。この一派は清中葉以来の、西洋勢力が中国に入る以前の古い伝統を受け継ぐ者である。その次の「革新派」は、清の末世に興り、功業に志を持ち、革新を急ぐ志士が提唱したものである。最後の「科学派」は、「科学的方法によって国家固有の学術・文化を整理する」という時勢を受けて起こった。この一派と伝統派とは、共に歴史材料方面に偏っており、方向性は比較的近い。学識では伝統派と同様に広博とはいかない部分もあるが、精密な所は伝統派を上回ることもある。二派の歴史研究は、体系的で無く、意義も無い。それは単純に一種の文献文字の学であって、現実とは懸け離れている。寧ろ「記誦」一派の方が、典章制度をよく諳んじ、先人の言葉や行いについて豊富な知識を持っており、史実に広く遍く、やや人事には近い。たとえ世を救うことは無いにしても、自己の問題には役立つであろう。「考訂派」に至っては、「科学的方法」という美名に震え、往々にして史実を分断し、局部的な狭い追求を行っている。活き活きとした人事を、死せる材料へと変えているのだ。彼らにとって歴史を研究するということは、鉱物を利用し、電力を利用するようなもので、先人のあらゆる活動について見ること無く、また、先人の文化的精神においても、漠然とその情を用いることが無いのである。彼らは実証を尚び、創造的成果を誇り、客観を号しているが、総体的な全史を意識すること無く、また、自らの民族国家の文化的成績を論じることも無い(3)。

銭穆は二〇世紀の中国史学の三大流派に対して不満を抱いている。それは当時の史学研究の殆どが現実の人生と全く無関係だったからである。銭穆は「歴史研究には、ある種の歴史家の心と歴史家の抱負が必要である。もし国家民族に関心が無く、多くの人々の長きに渡る変遷に関心が無いまま、歴史を研究するということは、鳥獣や草木を愛さずに生物学を学び、数字や図形を愛さずに幾何学や数学を学ぶようなものである。この様に歴史を学ぶと、よくて逸話や故事を語ることができる程度であり、そこには語るべき『史学精神』は無いのである」と強調する(4)。彼は歴史知識と人生の現実とは密接な関係にあり、前者は後者を向上させる動力だと考え、「歴史は即ち人生であり、進めど返ることは無く、時と共に新しくなる」と言い(5)、また、「歴史は人生の記録であり、また即ち人生のコピーでもある。人生は歴史の方然〔行方〕であり、歴史は人生の既然〔結果〕である」とも言う(6)。では、歴史知識が人生の現実と融合しなければならないのであれば、苦難の二〇世紀の中国人にはどのような通史知識が必要だったのか。銭穆は、新時代の通史には二つの条件を具えていなければならないと述べている。

一つ目は、我が国家民族が過去の文化進化の真相を、明白に人々に示し、一般の中国の過去の政治・社会・文化・思想等の変遷を知りたいと思っている者の必須知識とすることである。二つ目は、旧史の体系の中に映し出されて現れている中国の種々複雑で難解な問題をよくして、一般の現実を革新しようと思っている者が備えておくべき参考にすることである。前者は積極的に国家民族の永久の生命の源泉を求め、全ての歴史がそれによって突き動かされる精神の拠り所となっており、後者は消極的に国家民族の最近の病痛の兆候を指摘し、当面の問題を改善する方案の根拠となっている。こうした新たな通史の最重要任務は、特に国史の実態を国民に伝える前に、はっきりと我々の先人が国家民族に対して尽くした責任について理解させ、自然にそれについての感慨を想起させて、愛惜保護の気持ちを奮起させることである。(7)

銭穆がここに言う「国史」の二つの条件において、第一項は「国史」によって国民のアイデンティティを創出し、全民族に方向性を持たせると共に、国民の生活方式に理論的基礎を賦与しようとするものである。銭穆は、「歴史」は国家が不安定な時、必ず無限の力を生み出し、国家の前途を誘導し、国家発展を規範するのであり、そうでなければ、歴史は学問とはなれず、また人類も歴史的変遷が全くできないと考えている。中国はこの一〇〇年来、激しい不安定の時代を経てきたが、ただ不幸にもこの期間、中国人の中国史に対する認識は特に貧しいものであった。故に、彼は新しい時代の需要に対して、旧史の真相を追求して、それまでの中国国内の一切の問題に対して、その本源に遡り、歴史的啓示を提示しようと力を尽くしたのである。(8)銭穆の心の中の「国史」は、実は中国人全体の「文化的アイデンティティ」に共通する核心概念であった。

銭穆が言う「国史」第二の条件は、「国史」という経験を民族の未来の発展を示す指針としたものである。銭穆は晩年、二〇世紀中国の不安定な局面を振り返り、「一方では固より外患に強く影響されたものであったが、他方で実は多くは内乱に起因するものであった。対外的に苦しんだだけで無く、実は対内的にも無策であったのである。竊かに思うに、今日、我が中国人及び中国が自らを救済するための道は、新旧の知識を併用して双方が互いに補い合うこと以外に無い。そうすることで、ようやく救うことができるのである。一面、世界の新潮流への順応という点において、広く新世界の知識を吸収してこれに対応し、別の一面では、自らの歴史文化の伝統が中国人の中国人たる、中国の中国たる根本的基礎、及びそれが特別に持つ個性をして、我が身に振り返ってこれを求めさせるとき、自我の認識を持つことになるのである。そして、病によってそれに応じた薬を求め、症状に応じて処方を下すことができるのだ」と言う(9)。銭穆が継承し発揚しようとしたのは、伝統中国の「史学は乃ち経世する所以」であるという伝統であり、彼は「国史」によって国魂を呼び覚まし、当時の中国人が発奮し、自らが自分自身の行方を決定することを望んだのである。

以上、この二つの条件がもつ意義――「国史」を「文化的アイデンティティ」の指標とすること及び「国史」を未来への指針とすること――は二〇世紀の中国の危機が日々深刻化する歴史的脈絡の中で、いずれも強烈な民族主義的色彩に充ちたものであった。銭穆の「国史」によって国魂を呼び覚ますということの意義は、「集合的記憶（collective memory）」の「我が民族」と「他の民族」という区別によって、歴史知識を国民的意志と愛国的情操を強固にする道具とすることにあった。

こうした民族主義的情操を基礎とする「国史」観は、一方では、それを近代以前の中国史学が王朝を断代の基礎としていたのに比べると、確かに一代革命であったが、しかし、他方ではそれは一九世紀ヨーロッパ史学の「民族史」観と互いに呼応したものであった。

余英時が言うように、「国史（national history）」という概念は、二〇世紀初頭頃、日本を経由して中国史学界に入ったが、主として伝統的中国の「天下」観の瓦解に始まり、以来、多くの中国の歴史家が中国は現代世界の中に立ち並ぶ多くの国家の一つでしか無いことを認識するようになった。当時日本に滞在していた梁啓超（任公、一九八三～一九二九）・章炳麟（太炎、一八六九～一九三六）、劉師培（申叔、一八八四～一九一九）といった人々は皆、中国史学の「朝代史」の伝統を批判し、新たな通史の執筆に意欲的で、「国史」に新たな意義を付与したのである。特に梁啓超が「新史学」を提唱したことは、その最たるものであろう。[10]梁啓超は伝統史学の四大病原について批判している。彼が言う四大病原とは、（一）朝廷があることを知っていても、国家があることを知らないこと。（二）個人があることを知っていても、集団があることを知らないこと。（三）古跡があることを知っていても、今務があることを知らないこと。（四）事実があることを知っていても、理想があることを知らないことである。[11]その中で「朝廷があることを知っていても、国家があることを知らない」という語は、特に指標的意義を有している。二〇世紀初頭中国の歴史家は、誰もが伝統的な朝廷を中心とした「皇帝の教科書[12]」としての歴史著作に深い不満を抱いており、「国家」を主体とする新たな歴史書を書こうとしていたのである。

銭穆の『国史大綱』は正にこうした二〇世紀中国の「新史学」という潮流の下で完成した巨著であり、銭穆は狂乱の二〇世紀中国にあって、一家一姓の王朝のためで無く、国民全体が必要とする一冊の中国通史を著したのである。故に、彼は『国史大綱』の最初の頁に『国史大綱』の読者がまず持つべき信念を示している。

一、いかなる国の国民も、特に知識が一定の水準以上あると自称する国民であれば、その本国の過去の歴史について、概ね知っているべきである。
二、その本国の過去の歴史について概ね知っている者は、特にその本国の過去の歴史に対する温情と敬意とを持っていなければならない。
三、その本国の過去の歴史に対して温情と敬意とを持っている者は、少なくともその本国の過去の歴史に対して過激な虚無主義を抱くことは無い。また、少なくとも現在の我々が既に過去の歴史の最高点に立っていると感じ、自らの種々の罪悪と弱点の一切の責任を古人に押し付けるようなことはしない。
四、どの国家もその国民で上記の諸条件を具える者の比率が次第に多くなるならば、その国家は再び前に向かって発展する希望を持つだろう。[13]

これらの通史理念は「国」及び「国民」の立場から本国の歴史を回顧することを強調するものであったが、伝統史学の朝代を単位とする歴史観に対して、石破天驚の大革命であった。民国二八年（一九三九）、銭穆は『国史大綱』を著すと、すぐさま、雲南の宜良で『国史漫話』という長文を書き、国史の規模の壮大さ、時と共に進むこと、日々新しくなることや、国史の悠久と自然及び国史が分裂を「変」とし統一を「常」とすること等の特質について再三強調し、懇切にその真意を説明している。[14]

こうした「国史」を「民族史詩」とする新史学は、実は一九世紀ヨーロッパの史学思潮と呼応したものであった。フランスの歴史家ジュール・ミシュレ（Jules Michelet、一七九八～一八七四）はそうした当時のヨーロッパ史学思潮の代表的人物である。ミシュレの著作には『ローマ史』（一八三一）・『フランス史（中世）』（一八三三～一八四三、共六巻）・『フランス革命史』（一八四七～一八五三、共七巻）、『民衆』（一八四六）等がある。ミシュレは一八四六年に著した『民衆』中に、「この本は決して単なる一冊の書物では無く、私自身なのだ。だから、私の大袈裟な再確認を許していただきたいが、この書物はまたあなた（読者）でもある。（中略）どうか、この本を受け入れてくれ。我が人民よ、なぜならこの書物はあなたであり、私でもあるのだから」と述べている。[15] ミシュレのこの手紙には、全文に亘って激しい民族的心情が満ち溢れている。ミシュレが叫ぶ「フランスの情操、我が国の理念」[16]と、銭穆の愛国的情操とは東西で互いに照らし合うものだと言ってよい。

こうした「国史」を「民族史詩」とするヨーロッパ新史学は、実は一九世紀のロマン主義（Romanticism）思潮、特にロマン主義思潮の中で国家を有機体と看做す有機体論（organism）に由来するものである。ヨーロッパ近代思想史中のロマン主義者の多くは、民族もしくは民族国家は社会組織の最高形式であり、個体は国家の協力の下、最もその潜在能力を発揮することができる――そして、この時「国家」は文化的指導者となるのだ、と考えていた。ロマン主義者は「国家」を形容して、他の民族とは全く異なる（しかし、他民族と必ずしも対立しない）特殊性格を持つ大きな個体としていたが、ロマン主義の個体主義は政治の領域内で一変して民族主義となってしまうのである。ドイツの哲学者ヨハン・ゴットリープ・フィヒテ（Johann Gottlieb Fichete、一七六二～一八一四）はフランスがドイツに勝利した後、一九〇七年から翌年にかけて「ドイツ国民に告ぐ」という講演を発表、所謂「民族的個性（individuality of nations）」を強調し、民族観念が政治領域と歴史研究の中へと入ってくることになった[17]。

銭穆を代表とする二〇世紀中国史学界の「国史」観は、ヨーロッパ史学界の「民族史」観と同様に、歴史知識を民族意識を高揚して愛国情操を強化するための道具とするものであったが、両者は同じ中にも、その根本的に異なる点があった。ヨーロッパ史学の「民族史」観は一九世紀のロマン主義思潮、及びそれが発展変化した民族主義と深い関係にある。しかし、中国史学界の「国史」観は一九世紀中葉以後、西洋の帝国主義者が中国を侵略して、中国の危機が日増しに深まるという歴史背景の中で、高揚する民族主義的情緒の下、「国史」を救国の手段としたものであった。銭穆は嘗て学生に、彼自身が「歴史を研究し始めたのは九一八事変の後からであり、その目的は国家民族にまだ希望があるのかを探求するためであった」と語っている[18]。銭穆の思想の中では、「国史」創建の偉業の裏に、実は一種の狂瀾を既倒に廻らす、起死回生を期するような緊迫感があった。こうした種の保存や国の保全を目的とする民族主義は防御的民族主義であり、他国領域への侵略や他国民の奴隷化を目的とする攻撃的な近代西洋民族主義とは全く異なるものである。銭穆の「国史」観における民族主義は、現代イギリスの学者アントニー・D・スミス（Anthony D. Smith、一九三九～）が言う「歴史的民族象徴主義（Historical ethno-symbolism）」的民族主義であり[19]、それが重視するのは種族と民族主義の内在世界の構築なのである。

三　銭穆「国史」観における史学方法論

銭穆の史学における「国史」の執筆は、「主客融合」を特徴とする史学方法論を持ち、歴史研究者と歴史事実の間の情理の融合を強調する。したがって、銭穆は「国史」を著述するに当たって、特に「国史」の特殊「精神」を描写することを重視するのである。また彼は、「国史」の特殊精神は、とりわけ中国文化が本土に起源しているという点にあり、この点が西洋の歴史文化とは大きく異なると考えている。中国伝統の政治は「士人政治」であり、清末以来一般人が言うような「専制政治」では無かったし、国史は平和の中で進展しなければならないのである。以下、この二つの論点について詳細に論じてみたい。

まず、銭穆史学中に現れる一種の主客融合の意趣を具えた方法論について指摘したい。銭穆は、「国史」研究は、その本国の過去の歴史への「温情と敬意」に本づかなければならないと主張し[20]、歴史知識は時代と共に変遷し、歴史の読者が直面している種々の問題と関連影響し合わなければならないと強調していた。銭穆は「歴史知識は、古を鑑とし今を知ることを貴ぶのである。（中略）その国民が国家に対して深い愛情を持つことを望むなら、まずはその国民に国家の過去の歴史に対して深い認識を持たせる必要がある。その国民が国家の現状に対して真実の改善があることを望むなら、まずはその国民に国家の過去の歴史に対して真実の理解を示させなければならない。私が今日必要とする歴史知識、その要点はここにある」と述べている[21]。

古今が関連するという観点の下で、銭穆は歴史研究における所謂「意義」を強調して、近人の学問は皆、材料と方法を重視することを知っている。しかし学問をするには、まずは意義を持つべきことを知らねばならない。意義が異なれば、採用すべき材料とその材料の運用方法もまた、それによってまた異なるのである。即ち歴史のような学問は、材料は無窮、もし歴史を修める者に先に意義を決めさせなければ、ただ方法ばかりを重んじ、特定の一つの方法を用いて無窮の材料を支配するようになると、歴史研究は漫然として止まる所を知らないようになってしまい、更には語るべき意義も無いようになってしまうだろう。[22]

と述べている。この中で、「意義」は研究方法と材料を上回って優先されることがわかる。銭穆はまた、「（前略）まず一つの歴史研究の意義を決定し、それから更にこの一意義から研究方法を語る。（中略）歴史研究が最も注意すべきものは、歴史の背後に潜む完成した文化である。（中略）それぞれの発問は、その共通の対象文化の大きな体系の下で、各自の地位が異なり、分量も異なるわけだから、それが重視すべき材料と研究方法もまた随って異なるのだ」と言う。[23]彼は『中国歴史研究法』の中で特に、歴史研究の「意義」対して把握しているという前提下において、始めて研究方法のこだわりと史料批判の作業について語ることができると強調しているのである。銭穆『国史大綱』中での読史者の「本国の歴史に対する温情と敬意」に対する重視は、基本的に、以上に述べた「意義」という観念と密接に関係しているのである。

銭穆は自身が強調した「国史」研究中の「意義」という言葉について、明確な定義を与えていない。

しかし、我々は『国史大綱』やその他の関係著作の中から次のように推測できる。銭穆が言う「意義」とは、読史者の主体性、もしくは読史者が生きる時代の「歴史性[24]」によって、過去の歴史経験に照らして創り出される「意義」のことである。この「意義」は、司馬遷以降、中国の歴史家が「一家の言」によって「古今の変」を貫いてきた伝統と同じ系譜に連なる。銭穆が強調するのは、歴史研究と眼前にある現実との間の相関性（relevance）であり、読史者は時代の問題を懐に抱いて歴史世界へ分け入り、歴史に対して答えを求めるべきだということなのである。これが「主客融合」の研究方法であり、こうした方法で著された「国史」は、冷ややかに解剖されるのを待つミイラのようなものでは無く、生き生きとした長寿の老人のような存在で、現代の読史者は彼と対話し、彼に向かって民族の困難の原因を問い、民族の未来の前途を訊ねることができる。この方法によって著された「国史」は、必然的に「情理融合」の作品となるのである。

こうした「情理融合」の「国史」は、その民族の歴史経験の特殊性を強調する。銭穆は中国史について論じた多くの著作の中で、一貫して「国史」の特殊性を強調している。例えば、

文化と歴史の特徴については、「連綿」と言い、「持続」と言う。その連綿と持続とを思う、それ故に個性の形成を変えることができないものと看做す。その個性があって変えることができないことを思う、それ故にまた、これを生命があり、精神があると言う。一民族の文化と歴史の生命と精神は皆、その民族が生きる特殊な環境、遭遇した特殊な問題、用いる特殊な努力、獲得した特殊な成績によって、ある種の特殊機構を成す。一民族が自ら有する政治制度は、その民族の全ての文化機

構の中に包括されて、自らその歴史性を有するのである。ここに言う「歴史性」とは、正に事実上の問題が継続して変化することに依ることを言うのである。[25]

とある。銭穆がここで言う「歴史性」は、具体的で特殊な時空の脈絡の中で発展して来た民族性を具えた制度や文化を指している。銭穆は『国史大綱』中の「引論」で、「国史研究の第一の任務は、国家民族の内部において、その独特の精神の所在を獲得することにある」と特に強調し、[26]さらに一再ならず「歴史には特殊性と変異性、伝統性がある」と述べ、[27]国史の独特の精神を得ようとするには、中西文化の精神を比較し峻別して、中国民族の精神と文化とを浮き彫りにするより他に無いと考えている。それ故に、『国史大綱』はしばしば中国の史事を西洋の歴史発展に比較することで、中国の歴史精神を際立てるのである。例えば銭穆は次のような例を挙げている。政治方面では、中国にはイギリスのような大憲章や国会は無く、フランスのような人権革命も無く、故に中国近代の知識人は中国は秦以来二〇〇〇年、ずっと専制政治という暗黒の歴史を歩んできたとしていた。思想方面では、中国の歴史ではまだルネッサンス運動の新興文学のようなものが無く、またマルティン・ルター（Martin Luther、一四八三～一五四六）が起こした宗教革命のようなものも無く、多くの中国知識人が秦以来、誰もが一つの思想の下に束縛されていると考えていたと言う。また経済方面では、中国にはクリストファー・コロンブス（Christopher Columbus、一四五一～一五〇六）はおらず、それ故に中国知識人は秦朝以来二〇〇〇年、ずっと封建体制下に深く眠り、長夜は果てしなく、朝は明けないと思っていたとするのである。[28]つまり銭穆は、民国以来の革命史家が「国史の真実を求めることを怠り、敢えて他人の説を根拠とし」、「心を捧げて顰に倣」って、中国の秦以来二〇〇〇年の政治が専制政治の闇に包まれ、思想も儒学のみに限定され、経済は封建経済の下で発達してきたが変化しなかった、と誤解してきたとしているのである。それ故、銭穆の「国史」著作の主な方法は、即ち「共通点を求めること（求同）」と「相違点を求めること（求異）」にあって、その求同と求異の主要目的は歴史の「変」を見出すことにあった。「多くの相違点の中に一つの共通点を見つけることは、一つの共通点の中に多くの相違点が現れることと同じである。全史の絶え間無い変動、その中に明確に一つの行程がある。その推し進んで前へと向かうという点から言えば、それはその民族の精神であり、その民族の生命の源泉である。その到達までの道程という点から言えば、それはその民族の文化であり、その民族の文化が発展して累積した成果なのだ」[29]。求同求異を達成し、「国史」の持つ独特の民族的精神を明確にするため、銭穆は中西文化を比較するという方法を用いて、国史の特殊性を浮き彫りにするのであるが、『国史大綱』・『国史漫話』、及び銭穆の中国の歴史精神について論じた大量の著作群は、常にマクロ的な比較の視点を採用するのである。

例を挙げて言えば、銭穆は中西の歴史的発展が異なることを喩えて、「中国史は一首の詩のようであるが、西洋史は一本の演劇のよう」であり、「西洋史は幾試合かの素晴らしいハードコート上のテニスの試合のようであるが、中国史は抑揚ある琴の調べのよう」であり、また、「ローマは一室中に掛けられた大きな灯篭のように四方の壁を光で照らすが、秦漢は部屋の四方それぞれに灯篭を掛けるようなものので、光は交差し互いに写し出す。故にローマの巨灯はそれを壊せば全室が暗くなってしまうが、秦漢の灯篭は全てが壊れない限り、光が完全に絶えてしまうことは無い。したがって、ローマ民族の栄光は一時のものであったが、中国文化は長く光輝くものとなったのである」と言っている[30]。中西文化の変遷が異なることを喩えて、「西洋の形態は、破壊の最中に分立して並存するので、力による闘争に日常的に務め、競って四方へ向かって戦いを行うものである。対する東洋の形態は、全体の中で団結し、互いに協力するので、情による融合に日常的に務め、集中して中心に向かって閉じていくことになる」と述べている。[31] また、中西文化体系の構造の相違を論じては、「大概、西洋文化において比較的重要なのは宗教と科学であるが、中国文化が比較的重視するのは道徳と芸術である。宗教と科学の二部門には一つの共通点がある。それはどちらも対外的で、（中略）人の外にあるものである。道徳と芸術とは、人生方面に属しており、それは人生の本体に内在するものである」と言う。[32] 中西歴史の時代区分については、銭穆は西洋史の時代区分で中国史を語ることに対して断固として反対し、「西洋史は分けることができるが、中国史はできない。（中略）西洋史は通常、上古・中古と近代の三期に分ける。上古史はギリシャとローマ時期を指し、中古史は封建時期を指し、近代史は近代国家の興起以後を指す。しかし中国人が歴史を語る時、常に朝代によって分ける。これを断代史と称す」と述べるのである。[33] 銭穆はまた、中国西周の封建制度と西洋の封建とが異なり、中国の場合は上から下への「封建政治の統一」であったのに対し、西洋は一つの統一政権も無く、小貴族と大貴族の間に相互関係だったと考えている。[34] 中西思想家の差異を論じては、「西洋の歴史上、所謂政治思想家、彼らは自分自身が実際の政治に参加する必要は無く、往々にして著書を頼りに説を立て、その政治上の理想と抱負とを発揮さえすればよかった。例えばギリシャのプラトン（Platon、前四二七～前三四七）、例えば近代ヨーロッパのジャン＝ジャック・ルソー（Jean-Jacques Rousseau、一七一二～一七七八）、シャルル＝ルイ・ド・モンテスキュー（Charles-Louis de Montesquieu、一六八九～一七五五）等の人々は皆そうであった。中国は秦以来の歴史において、偉大な学者はそのほとんどが自分自身、政治の舞台に上り、実践的な政治家となっている」と指摘している。[35]

銭穆が発掘した「国史」の特殊性は一つにとどまるものでは無い。『国史大綱』は「国史」の特殊性に誠実に応え、その意味を明らかにしている。以下、他を代表して、三つの例を挙げることにする。

第一に、銭穆は中国文化が本土に起源すると強調しているが、彼が中国史の起源を論じる時、中国民族と中国文化の起源が本土にあり、域外から来たものでは無いことを十分強調している。例えば、「一民族文化の伝統は皆、その民族自身によって伝承してきた数世、数十世、数百世の血液が流れ込み、精肉が培養されることで、始めてその民族文化の花が開き、その民族文化の果実が結ばれるのであって、外から巧みに盗んできて得られるものでは無い」と述べている。[36] 彼ははっきりと二〇世紀初年以来流行していた「中国文化西方起源説」に反駁しているのである。[37]

銭穆が中国史の特殊性を論じる時、中国文化が本土起源であることを特に強調するのは、特定の歴史的背景があってのことであり、また特定の対象に対して発言しているのである。所謂「夫子は為にすること有りて之れを言ひしならん」（『礼記』檀弓上）である。その歴史的背景とは次のようなものである。清末以来、中国知識人の自らの民族への自信は失われてほとんど尽きかけ、「中華民族西方起源説」は広く中国知識界に受け入れられていた。「中華民族西方起源説」とは、一九世紀末にヨーロッパの多くの学者の共通認識であった。とりわけフランスの学者テリアン・ド・ラクペリ（Terrien de LaCouperie、一八四四～一八九四）が最も有名である。ラクペリは専著の中で「古代中国文化の形成過程には、西アジア古代文明に由来する要素がある」と論じ、[38] 中国文化は域外から伝わったのであり、決して自主的発展では無いと強く主張したのである。[39] ラクペリは一九世紀人類学界の「文化伝播論」の影響を深く受け、彼の書籍の中で古代中国の境外文化輸入年表を制作しさえしている。[40] ラクペリの説は一九世紀末から二〇世紀初頭にかけて、多くの中国学者が深く信じて疑わなかった。例えば劉師培は民国初年に『中国歴史教科書』を著しているが、その中で「漢族が初めて興るに、当初は〔西アジアの〕シャクティを拠点にしていた。シャクティは古籍では泰帝・秦古と記されているが、即ちシャクティの語音変化であり、その後崑崙を越え、大夏を通り、西からやって来て、占卜して中土を居住地としたのだ」と述べるのは、[41] ラクペリの説と呼応するものであろう。

劉師培の説は当時の中国知識界の一種の意見傾向を代表したものである。梁啓超が「歴史上中国民族之観察」を書いた時、「我が中国の主要民族は、即ち所謂炎帝黄帝の子孫であるが、それは果たして中国原始の住民であろうか。或いは他の地域から移植し来たものか。もし移植してきたのならば、その最初の祖国はどこであろうか。このことについては、今に至ってもまだ定論が無い。私は頗る西方起源説にもとづいて、それを仮定的前提とする」と言い、[42] 陳漢章（一八六三〜一九三八）著『中国通史』も、中国の八卦はバビロンの楔形文字だと考えている。[43] また、柳詒徵（翼謀、劬堂、一八八〇〜一九五六）も『中国文化史』を著して、第一章で「中国人種の起源」について論じるのである。[44] これらはいずれも、当時の知識人の自らの民族に対する自信喪失の状態を反映したものであろう。

このように、銭穆が『国史大綱』を著した時、中国民族と中国文化が本土起源であることを重ねて述べるのは、実は上述のような特定の背景に対して発せられたものであった。中国文化が西方起源であるのか、それとも本土起源であるのかという問題は、二〇世紀上半期の中国知識人の困惑の的であった。しかし、当時は考古学的証拠が少なかったため、議論することしかできず、一致した結論が得られなかったのである。陳星燦はこの問題を研究して、「実際には、中国文化の西方起源説と本土起源説とは学術上、同様に浅薄であり、何れも信頼できる考古学的証拠が無かった。上述の中国文化の起源をめぐる何の結論も出ない論争は、既に彼らがそうしたこじつけの方法を放棄し、実物の証拠を探し求めたことを既に明示している」と言う[45]。最近数十年来の考古学的成果の累積によって、何人かの学者が中国文化中の多少の要素が本土に起源することを強調し始めているが[46]、しかし、民国初年から抗戦時代にかけて、この問題は尚多くの人々の心の中で疑惑であり続けていた。銭穆は抗戦時期に『国史大綱』を著し、この問題についての悪弊を取り除いたのである。

第二に、銭穆は中国伝統の政治は一種の「士人政治」であって専制政治では無いと強烈に主張している。清末以来の中国知識人の大半が、伝統中国の政治が一貫して専制政治であったと主張していると、銭穆は指摘する。彼はそうした見方に対して反駁を加え、中国史の特殊性は、伝統中国の政治が「士人政治」であって専制政治では無かったことにあると考えている。『国史大綱』引論に次のように言う。

論者はまた、中国の政治制度には民権が無く、憲法が無いと疑うが、しかし、民権にはそれぞれその表現するための方法と機構とがあり、その方法に従い、その機構を保全できることが、即ち立国の大憲大法なのであって、ある形に固執してそれを求める必要は無いのである。中国は秦以来、既に一つの広土衆民の大国である以上、ヨーロッパや西洋の近代が行う民選代議士制度のようなものは、我が先民には制御することのできないものである。しかし、（中国は）誠に国家に毎年試験を行わせ、各地の優秀な平民を公平に選抜し、参政の機会を与えている。また、一つの客観的な服務成績の規定を設けて、官位進退の基準としているので、民衆の状況や意見が上に達することは、本来方法が無い訳では無かった。晩清の革命派の民権と憲法という二点によって満清政府を覆そうという宣伝活動は、もとより有効なものであった。もし、これを中国の歴史の真相だと認めていながら、秦以来、中国にはただ専制の暗闇があっただけだと言い、「民に権利が無く、国に法が無い」のは既に二〇〇〇年の長きに亘ると言うならば、それは明らかに事実無根の話となるだろう。民国以来、言われている民選代議士の新制度は、終に国情に適合していないがために、一時的に行うことができないのである。また、古来の行われてきた「科挙」と「推薦」の制度は、政府紀綱を維持するための二大骨幹であったが、それもまた専制の闇の悪名と共に滅んでしまった。それで、あらゆる政界の腐敗と混乱が、これに乗じて巻き起こり、今の今まで激しさを増してきたのだ。これこそは、国史の真相に明らかで無く、妄りに恣に破壊を繰り返し、軽々しく改革を主張した者が受けるべき報いである。(47)

銭穆は、中国史上、「民権にはそれぞれその表現するための方法と機構とがあった」と考えている。それ故、中国の歴代が全て専制だったとは言えないと言うのである。こうした考えは、一九四六年に刊行した「中国政治与中国文化」の中で更に次のように発揮されている。

（前略）今はっきりと言えるのは、中国伝統の政治は、実はある種の「士人政治」だったということである。または、「賢能政治」だと言ってもよい。なぜならば、士人とは即ち比較的、民衆中の賢能者だったからである。帝王がいること、それはその国家の統一性を意味している。また、政府は士人によって構成され、政府の民主的性格を表していよう。政府が貴族政権では無く、また軍人政権や富人政権でも無く、更には帝王一人の専制でも無ければ、こうした政治は必然的に民主政治と名づけてよいだろう。もしそれと西洋の民主政治とを区別しなければならないと言うならば、ひとまずは「東洋式民主」或いは「中国式民主」と言っても構わない(48)。

銭穆著『国史大綱』は、上述の観点によって中国史を貫き、新たな解釈を提示したものである。その第二篇では、春秋戦国時代を論じ、「民間の自由な学術の出現」について特に一章を設け（第六章）、「士気の高揚」や「貴族の養賢」各項の歴史的發展についても再三に亘って詳論している。第三篇では秦漢時代を論じているが、「士人政府の出現」（第八章第六節）や「士族の新たな地位」（第一〇章）を極めて強調し、第六篇の両宋について論じた部分でも、一章を割いて「士大夫の自覚と政治の革新運動」（第三二章）を分析論述する。第七篇では元朝の建立を「暴風雨の来臨」（第三五章）と称し、明代の歴史を論じて、伝統政治の君主独裁下における士人への蹂躙に批判を加えているが、宋元明三代の「社会自由講学の再起」に対してはかなりの紙幅を割いて論述を加えている（第四一章）。また清代の「狭義の部族政権下の士気」が抑圧を受けたこと（第四四章）に対しては哀悼の情に堪えず、「政治学術脱節後の世変」（第四四章第三節）でも深い悲しみを抱くのである。胡昌智が指摘しているように、『国史大綱』の関心対象は学術思想と政治組織であった。この二つの要素は全書を貫いており、とりわけ学術思想は政治活動及び制度沿革の決定要素だったのである。この意味で、政治は単なる学術思想の外的表現であり、学術的理想を実現するための道具でしか無かった。その上、政治はまた、学術思想の発展を推し進める学者がそれによって生存するための外的基盤であり、学者の政治活動が彼ら自身を農・工・商・軍などの職業へと流入させることを許さず、そして、政治が最後に拠り所とする学術思想という仕事に従事させ続けるのである。[49]

銭穆においてすれば、中国史の特殊性はまさしく、伝統政治が士人政治であり、政府は賢能の士人によって組織されていて、帝王が専制するものでは無かったという点にある。故に「民主政治」と称すべきだと言うのである。銭穆のこうした見解は、一生の持論となったが、その歴史知識によって「国民が国家に対して深い愛情を持つこと」を呼び起こすことの苦心と孤独な境地があったとはいえ、中国政治史に対する一種の客観的判断としては、同時代の学者の疑問を引き起こさないわけにはいかなかった。[50] 張嘉森（君勱、一八八七〜一九六九）はその専著の中で銭穆の論断に反駁を加えているし、[51] 蕭公権（一八九四〜一九八一）はより深刻で的確な批判を行っている。蕭氏はまず、「専制」には二層の意味が含まれていると指摘する。第一は、衆制の民治政体と対照したときに、大権が一人に属することを専制と言う。また第二は、法治の政府と対照したときに、大権が法律の制限を受けないことを専制と言う。この二つの意義から考えてみると、中国の秦漢から明清までの二〇〇〇年の歴史の中で、専制政治は効用上の善し悪しはそれぞれあるが、しかし本質上は始終一貫しており、その上大勢から見れば、浅いところから深く入り込み、段々とその程度を増しており、また徐々に弱点を暴露してきている。君権に対する制限という角度から見れば、中国の歴史上の君権もまた、宗教や法律・制度の制約を受けている。しかし、宗教や法律・制度が君主を束縛し、彼らを思いのままに行動できなくさせたとしても、中国史の大勢から見れば、この三種の制限の効力は事実上決して長く続いたり、大きなものでは無く、専制政体の根本を揺るがすには不足であった。歴史の大勢から見た時、蕭公権は秦漢から明清までの二〇〇〇年間の政体は、君主には賢愚があり、国家には盛衰があって、効果の上で小さな変動があったものの、その根本精神と原則とは始終一貫していると考えている。そして、専制政体は民主政体が新たに打ち立てられるに随って消滅することになったのである。[52] 辛亥革命を待って、蕭公権の論述は、立論は通達、公平且つ適切であるし、ここでは彼の論点を知ることができれば十分なので、これ以上文字を費やす必要はないだろう。

しかし、銭穆が浮き彫りにした中国史のこの特殊性は、当時の学術界の極めて大きな議論を引き起こした。中でも徐復観の持論はほとんど銭穆と真っ向から対立するものであった。徐復観は銭穆が提示した儒家の君権に対する制限には同意するものの、鋭く以下のように指摘している。

　儒家は人倫に対して責任を負うものである以上、当然、政治にも責任を負わなければならない。しかし、歴史的条件の制限によって、儒家の政治思想は、如何に洗練された理論を持っていようとも、その理論は結局統治者の立場に立ってその実現を求めるものであり、非統治者の立場に立って実現を勝ち取るという視点を欠いている。したがって、政治の主体性は終始確立することができず、未だに民本から民主へと進むことができず、それ故、統治者の毒素を軽減する作用はあっても、統治者の毒素を根本的に解決する作用は無く、反って容易に僭主に利用されてしまうことになる（後略）。[53]

徐復観と銭穆はどちらも中国の歴史文化の価値を高揚したいと思っているのだが、銭穆は比較的温和、対する徐復観は比較的鋭利、両者の論史の風格は異なるものであった。中国史上の専制政体問題について、銭穆は基本的に儒家の君権制限という点に着目して、「専制」という名詞で複雑な中国歴史経験を簡単に概括することはできないと説明するのである。余英時が、

繰り返し推究した結果、私は銭賓四（穆）が強調するのは、実は儒家の最終的な政治理論が君権を助長するものだと言うよりも、君権を制限するものだということなのだと思う。儒家理論に基づく科挙・諫議・封駁等の制度はいずれも「士」権を通じて「民」権を争うという意味を有している。（中略）銭賓四は、儒家思想の導きの下、中国の行政官史の選抜は早くから科挙制度を通じて客観的で公開された基準を打ち立て、どんな特権階級（貴族や富人）もそれを掌握することが出来ないばかりか、皇帝でさえ勝手に任命派遣する事は出来ないものであったと考えている。この意味で、彼は自然と「封建」や「専制」といった簡単すぎる論断を受け入れることが出来なかったのである。[54]

と述べているがその通りであろう。余英時の銭穆の論点についての詳細な説明は、銭穆の本意の所在をよく説明してくれている。私がここでさらに補いたいのは、銭穆が『国史大綱』の中で言う「賢能の士人政府」には三つの意義があるということである。一つ目は唐中葉以前の門第士人の政府、二つ目は唐中葉以降の科挙選抜による士人政府、そして三つ目は宋代以降に出現した在野の講学士人の政府に対する監督を指すということである。銭穆は北朝以降の門第士人政府に対して「温情と敬意」を抱き、科挙

士人政府に対しては遠回しな批判をしているが、最も重視したのは在野の講学士人の政府監督の役割であった[55]。

まず、銭穆は『国史大綱』の中で、「宗教・貴族・学術の三者は、常に相即不離」であり[56]、士人はその三者に貫かれていると指摘し、また、「後漢以来の士族門第、彼らの魏晋南北朝時代における地位は、ほとんど変相の〔形を変えた〕封建であった」と述べている[57]。銭穆は「変相の封建」と称したが、「北方の門第」の一節では南北朝の門第を総論して、

要するに、門第は当時にあって、南北を問わず、単なる悪天候の中の島々や暗黒の中に燦然と輝く灯りというようなものでは無かった。北方では胡人を同化し、南方では儒学が拡散した。これらは皆、当時の門第の功績である。無論、変相の封建勢力だけの功績とすべきでは無く、虚無荘老の清談は、偏狭の論難となった[58]。

と言う。『国史大綱』の中で、銭穆は北方の門第士人に対して肯定的態度を示し、隋唐開国時創立した制度及び開国の功臣たちが皆、北方の門第士人であり、府兵制は西魏北周の関隴（関中と甘粛東部一帯）集団の人士に由来し、租庸調法は北魏の李安世が提唱した均田制が発展したものだと指摘している。銭穆は「唐代の租庸調制と府兵制とは、古代社会を終わらせた。そして、その政府組織と科挙制とは、後代の政府を開いた」と言い[59]、また、「唐の中葉以後、中国には一つの絶大な変遷があった。それは南北経済文化の転移である。もう一つの変遷は、即ち社会上の貴族門第の緩やかな没落である」と述べてい

る。[60]実際にその通りで、もし士人政府を区分するならば、門第士人は唐中葉以前の政府の権力管理の核心を代表し、科挙士人は唐中葉以降の政府の権力運営の核心を代表しているのである。続いて銭穆は、門第の衰退後に言及して、三つの社会的新形象を挙げている。一つ目は「学術文化伝播の更なる拡大」、二つ目は「政治権解放の更なる普遍化」、三つ目は「社会階級の更なる融合」である。[61]銭穆はこの内、特に二つ目の「政治権解放の更なる普遍化」について、貴族門第消失の結果が中央では顕著な「君尊臣卑」の現象を、地方州郡では「官尊民卑」の現象を引き起こしたと説明して、「第一は政治上、貴族門第がいなくなって、一つの王室が延々と一二〇〇年続き、政府の官吏は、上は宰相から下は庶寮まで、そのほとんどが平民から勃興したため、孤立無援であった。それで、君尊臣卑の現象は益々鮮明となったのである。第二は同様の関係によって、それぞれの州郡・地方において名家大族がいなくなってしまったので、官尊民卑の現象が顕著になったのだ」と言っている。[62]このことは、銭穆が貴族門第が大一統の王朝の下で、君権を制約する機能を保有し、門第貴族の間で合従連衡の政治勢力をなし、君権に対抗することを重んじていたことをよく説明していよう。銭穆は南北朝隋唐の門第貴族の発展の道を二つに区分している。一つは世俗において家庭社会の様々な礼法、及び国家政府の典章制度を講究し、功業を立て門第を保とうとする道である。もう一つは仏教の出家や道家の長生を信仰する道である。[63]しかし、銭穆はこの二つの道が共に背後にある種の「狭義の貴族性」を帯びていると言うが、彼が重んじる門第貴族とは後者では無く、前者であった。銭穆は明代翰林院に設けられた「庶吉士」制度の政治的人材の育成について言及し、それを滅んだ門第貴族教育の政治的機能の上に投射して、「貴族門第の教育が滅んで以降、国家の学校教育が適切な効果を発揮する以前にあって、こうした翰林院が庶吉士を教育するという制度は、実は政治的人材の育成という点で、極めて重要である」と述べている。[64] 銭穆は『中国歴代政治得失』の中でもこの節について丁寧に記している。このように、銭穆は貴族門第士人の政治上の機能について、確かに「温情と敬意」を抱いているのである。

次に、銭穆は門第士人と科挙士人とを比較して論じ、特に政権開放後の科挙士人政府が生み出した「貴族門第という特権階級が次第に消え、政権官爵が徐々に公開解放されることで、官僚膨張の肥満症状を引き起こした」ことに注意を向けている。[65] 銭穆が唐・宋・明代の科挙士人の党争及び改革変法を論じる際、必ず「政権の無限に解放されると同時に、政府組織もまた無限に拡大する」という観点を持ち、冗官冗吏は科挙士人が引き起こした欠点・弊害であると考えている。故に范仲淹の変法はまず「黜陟を明らかにして、貢挙を精しく」しなければならなかったし、王安石の変法についても、銭穆はその「学校を興し、科挙制度を改革した」点に特に注意を払っている。[66] 銭穆はまた、明代の学校貢挙を称賛しているが、それが一般的になってしまうと、科挙進士は日増しに重く、学校貢挙は逆に軽んじられてくる。そうすると科挙の真意は除々に八股へと変化し、明代士人と官僚との通病——「学問の空虚化」をもたらすのである。[67] つまり銭穆は、科挙によって人材を採用することが政権と階級の開放をもたらしたと考えてはいるが、学校教育が科挙による人材採用に取って代わらなければならなかった歴史的発展とその頓挫現象に終始注視していた。それ故、科挙により生み出された士人政府に対して、終始、学校教育によって科挙による人材採用を転化しなければならないという態度を取り続けるのである。

また、銭穆は宋代以降の門第貴族衰退後の社会は、特に別の新しい力によって政府を監督し、民衆を救援する必要があったと考えている。[68] この観点は『国史大綱』第四一章の「宋明学術の主要精神」・「宋明学者の講学事業」と「宋明学者が主導した社会事業」といった三節で、十分に論じられている。こうした士人は江湖の遠くに住んでいながらも、国事と生民の福祉を憂えていた。彼らが現実政治を批判し、民間教育に努力したことを銭穆は高く評価している。

結局、銭穆は伝統中国の政治は「士人政治」であり、専制政治では無かったと考えていたが、それは中国史に対する客観的判断だっただけでは無く、また一種の中国の未来の政治の方向性に対しての期待でもあったのである。

第三に、銭穆は中国史は常に平和の中で進展を得てきたと強調する。銭穆が指摘する中国史の第三の特殊性「精神」は和平を尚ぶものであって、闘争を尚ぶものでは無かった。銭穆は、

そうであるならば、中国社会の秦以降の進歩はどこにあるのか。それもまた、経済地域の順次拡大、文化拡散の順次普及、及び政治機会の順次平等化にあるのみである。その進度の遅速は問わないが、それがこの方向へと進化してきたことは、明らかで疑うべくも無い。もしそのはっきりとした境界線を示せば、それは即ち我が言う国史は平和の中で進展してきたということであり、このことは実に我が先人たちの立国の規模に一致すると共に、我が民族文化の特徴の所在でもある。(69)

と言い、また、中国と西洋の歴史を対比して、

ローマは一つの中心からその勢力を四方へと伸ばした。ヨーロッパ・アジア・アフリカ三州の領土

は、特に一つの中心の強い力に征服され、統治されたのである。この中心があって、貴族と平民の区別もあった。しかし、この中心の上層貴族が除々に腐敗化するようになると、まるで鋭い刃でその心臓を抉る様に蛮族が侵入し、帝国全体も瓦解してしまうのである。これがローマ立国の形態である。ところが秦・漢統一政府は、決して一つの中心地点の勢力によって、四方を征服したものでは無く、実は四方の優れた力が共同参加して、一中央となったものであった。その上、この四方には階級の分別が無かった。優秀な能力は、常に社会全体の中から、自由に発現し、活発に転換する。したがって、その建国の作業はあくまで中央の建立であり、四方の征服では無かった。ローマは一室中に掛けられた大きな灯篭のように四方の壁を光で照らすが、秦漢は部屋の四方それぞれに灯篭を掛けるようなもので、光は交差し互いに写し出す。故にローマの巨灯はそれを壊せば全室が暗くなってしまうが、秦漢の灯篭は全てが壊れない限り、光が完全に絶えてしまうことは無い。したがって、ローマ民族の栄光は一時のものであったが、中国文化は長く光輝くものとなったのである。(70)

と考えている。銭穆は、中国史の特殊性を四方の力が統合したもので、一つの中心が武力によって四方を征服してできたものでは無い、ということに求めている。こうした考えは、中国の歴史に対する新たな解釈ではあったが、抗戦軍興の歴史的背景の中で、その主張は実は全民団結の意図に応じたものであったろう。

四　銭穆「国史」観の近代中国史学史における意義

さて、さらに進んで、銭穆の「国史」観が中国現代史学史上どのような意義があったのか、考察を加えてみたい。筆者は本節において次の点について指摘したいと思う。それは、銭穆の「国史」観の中で、「主客融合」を特徴とする史学方法が、二〇世紀中国史学界の「史料学派」と強烈な対照関係を成し、伝統史学の延続を代表していることである。かつ銭穆は「国史」観の中で中国史の特殊性を強調していたが、それが二〇世紀中国史学界が中国の歴史経験を普遍的法則を裏付けるために利用しようとした風潮に対抗し、また当代中国史学界のマルクス派「史観学派」とも相い抗衡するものになったということは、史学方法論上及び現実政治上、どちらにも深い意義がある。以下、上記二点について詳細に論じてみたい。

はじめに、銭穆の史学が伝統的な史学典範を発揚を代表しているということについて述べる。銭穆の史学が現す「主客融合」の方法論的傾向は、伝統的史学の二〇世紀中国における延続と発揚の代表であり、「史料学派」が主流となった二〇世紀中国史学界では、旗幟を別にして、その意義を有するものであった。

銭穆は「国史」を論ずるに当たって、知識人の歴史の進展過程における役割を特に重視し、常に学術の長短をもって政治的盛衰の指標とし、歴代大儒の講学事業に対して再三意を尽くしていたが、こうした歴史判断は、司馬遷以降の伝統的な中国史学の人文精神と相互に呼応するものであった。銭穆が「国史」研究を志したのは、「国魂」を喚起し、中国人が二〇世紀という狂乱の時代の中で根拠を歴史に置き、その足元を固めようと思ってのことであった。銭穆の著作は、中国の「史学は経世のためである」という伝統の具体的現れなのである。その史学の伝統は、歴史致知論や著作方法上、何れも「主客融合」をその特徴とするものであった。

しかしながら、銭穆の時代は史学研究が日増しに専門化していた時代である。史学研究の専門化は、一九世紀末葉のヨーロッパ史学界に始まる。一九世紀中期以降、西洋社会は安定繁栄し、そのためヨーロッパ中産階級は自らの価値と未来に対して自信を抱いていた。多くの思想家や歴史家が歴史を回顧する時、人類はある種の規律に従って、徐々に進化してきたのだと考えていた。それは単純から複雑へ、蒙昧から文明へといった直線的発達の固定した過程であった。また彼らは、歴史の真相は暴かれ得るもので、一旦暴かれてしまうと再び変えることはできないと考えており、そこで客観的な歴史研究の追求が当時の史学の主流となったのである。[71] イギリス・フランス・ドイツといった国々の歴史学界は、いずれも一九世紀末葉に史学専門の学術雑誌を創刊している。一八五九年、ドイツのハインリヒ・フォン・ジーベル（Heinrich von Sybel、一八一七～一八九五）は『歴史学報（Historiche Zeitschrift）』を刊行し、その発刊の辞に、自らが「一冊の科学的学報として、その最も重要な任務は本当の歴史研究の方法を示すこと（後略）」を期している。[72] フランスの史学専門雑誌『史学評論（Revue historique）』は、ガブリエル・モノー（Gabriel Monod、一八四四～一九一二）によって一八七六年に創刊されたが、その発刊の辞には、自らを専門の科学的歴史研究雑誌だと称している。[73] また、イギリスの史学専門雑誌『イギリス史学評論（English Historical Review）』は二〇年の計画を経て一八八六年に創刊されたが、その発刊の辞にも、歴史研究は政治と宗教の干渉から免れて、同時に歴史研究の範囲を拡大し、歴史は自ら政治史研究という狭い範囲の中に閉じこもるべきでは無く、人類の過去の全ての歴史を研究しなければならないと強調するのである。(74)こうした三つの史学専門雑誌の発刊の辞の内容からは、一九世紀末後半のヨーロッパ大陸における重要な史学刊行物の創刊が、どれも「科学的歴史学」をその原動力としていることがわかるが、それは一種の専門化という時代傾向だったと看做すことが出来る。東アジアの歴史学界では、日本の史学界が一八八九年一一月一日に『史学界雑誌』を創刊、後に『史学雑誌』とその名を変えている。また、一九一六年には『史林』が創刊されているが、これらも皆史学研究の専門化の表れである。

ヨーロッパ大陸の史学研究専門化という新潮流の中で、歴史著作を「科学的歴史学」とした歴史家は、特に科学と道徳の間の差異を重視している。例えば一九世紀フランスの歴史家フュステル・ド・クーランジュ（N. D. Fustel de Coulanges、一八三〇～一八八九）は、「歴史は同時に科学でなければならない。歴史研究の対象は（中略）人そのものである。（中略）生理学者が人体を研究し、心理学者と歴史学者は共に人の魂を研究し、人の信仰を研究し、人の思想の潮流と変遷とを研究する」と述べている。(75)こうした所謂「科学的史学」の提唱者は、歴史学と生理学・心理学等は皆人類を研究対象とする科学であり、その目標は人類の行為を冷静に観察分析することであって、世界に参与したり、世界を改善したりするものでは無いと考えていた。

その「科学的歴史学」派は、現在中国史学界においては傅斯年（一八九六～一九五〇）に代表されるだろう。傅斯年は「歴史学は歴史を著すことでは無く」、近代歴史学はただ史料学に過ぎないと考えている。傅氏の言う「史料学」とは、新たに出土した材料を特に重んじるものであった。彼はまた研究材料

と道具の拡張を強調する。「歴史語言研究所工作之旨趣」の一文で、

私たちの宗旨第一条は亭林（訳者注：顧炎武、一六一三～一六八二）・百詩（訳者注：閻若璩、一六三六～一七〇四）の遺訓を守ることである。これは私達が大権威に震え上がっているからでも、「懐古の幽情」のようなものを発するからでも無い。それは私たちが、顧亭林・閻百詩が早くに既に最も近代的な手法を用い、彼らの歴史学と言語学とがいずれも材料の分量に照らして出されたものだと考えているからに他ならない。彼らは金石刻文を探し出して史事を考証し、自らの目で地勢を見て古代の地名を詳らかにした。顧亭林は言語学の分野で、時代と地名の変遷という観念に照らして明確な研究を行っており、閻百詩は文献考証学の分野で、あのような偉大な模範的著作を完成させた。どちらもうまく新旧の材料を利用し、実際の問題を客観的に処理している。それは問題の解決が更に新たな問題を生み、問題の解決が更に多様な材料を要求するからである。（中略）この精神に本づくのは、行動が材料を拡張し、時代が道具を拡張するためで、それで唯一の正当な道を識別するのである。

宗旨第二条は拡張研究の材料である。

第三条は拡張研究の道具である。(76)

と述べている。銭穆とは対照的に、傅斯年は「国故」に反対し、歴史を「民族史詩」とすることに反対するのである。傅斯年は「もし我々が研究する材料の多くが中国にある物ならば、それは決して我々が

ただ『国』というものを研究したいからでは無く、中国にある材料が我々の手中にあって便利であるからであり、また我々の前後で既にそれらの材料に対していくらかの研究があって、以後その上に研究を積み重ねる方がいくらか便利だからである」と強調している。[77]

二〇世紀中国史学界の「科学的歴史学」派には無論その貢献があった。殷墟甲骨文や敦煌の経巻等、以前は世に知られていなかった、或いは軽視されていた文物をして、二〇世紀中国人に過去の歴史を語らせている。しかしながら、彼らが提唱する方法は、歴史家の主観的解釈に反対し、証拠がなければ不十分だと主張するのだが、それには限界がある。例えば、傅斯年は次のような三つのスローガンを示している。

一、ある伝統的、或いは人工の「仁義礼智」とその他の主観と、歴史学と言語学とが混同している人は、絶対に我々の同志では無い。

二、歴史学・言語学の建設は生物学・地質学等を同様でなければならないとする人は、我々の同志ではある。

三、我々は科学的東洋学の正統が中国にあることを求める。[78]

こうして見ると、歴史学の内容はただ文物の収集、古籍の考訂と史料収集といった項目のみとなってしまい、「証」の範囲は材料の真偽を識別するというところまで縮小されてしまうだろう。[79]「科学的歴史学」派の方法には二つの問題が潜んでいる。一つ目は、事実（fact）と価値（value）とは、朱子（一一三〇

～一二〇〇）が言うような「不離不雑」の関係であり、もし「価値」が符合しなければ、「事実」の検証を行うことは難しくなるだろうということ、二つ目は、もし歴史家が歴史事件に対して解釈を行わないならば、歴史事実中の内在意義を簡単に明らかにできないということである。まさにこの二つの方法論的問題の背景に、我々は銭穆が伝統的な中国史学の典範を延続しようとした重大な意義を垣間見ることができるのである。

次に、銭穆の史学は中国史の特殊性を列挙し、そして中国の歴史知識の自主的価値を打ち立てていた。銭穆の「国史」事業は中国史の経験的特殊性を浮き彫りにすることを重んじているが、それは二〇世紀中国史学界の「史観学派」に対して興ってきたものである。余英時が言うように、民国以来の「史観学派」は、西洋における歴史的発展の抽象的モデルによって、中国史を包み込もうと力を尽くした[80]。我々はその代表として侯外廬（一九〇三～一九八七）を挙げる事ができる。

侯外廬は一九四八年に、彼の過去十余年来の中国古代社会研究の成果を集めて修訂し、『中国古代社会史』を著しているが、彼はかねてから、自身の中国古代史研究の仕事内容は三つあると述べていた。一つ目はアジアの生産方法概念についての確定、二つ目は中国古代文献に対する考釈、三つ目は理論と史料の結合の説明に尽力することである。彼はこの仕事には独創的精神によって一つの体系を貫く必要があると述べ、その著『家族私有財産国家起源論』の中国語版を著すことでその実現を期待している。侯外廬は、「中国古代の砂のように散らばった史料を、歴史学の古代発展の法則と、一つの正確な統一的研究とすることを主張する。一般的な意義で言えば、これは新しい歴史学における古代法則の中国化であり、牽いて言えば、これは氏族・財産・国家といった諸問題の中国版の延長である」と揚言する。[81] 事実上、侯外廬の『家族私有財産国家起源論』は、確かに中国の歴史経験をマルクス（Karl Heinrich Marx、一八一八～一八八三）とエンゲルス（Friedrich Von Engels、一八二〇～一八九五）の理論のアジア的注釈とすることを目論んだものであった。この種の研究方法の下、中国史の特殊な性格はそのために日の目を見ず、全てを否定されることすらあり、そして中国の歴史経験はその主体性を喪失させられたのである。

銭穆が特に中国史の特殊性を際立たせることを重視したのは、民国以来のマルクス派「史観学派」の学者の方法が中国史の主体性を喪失してからである。その実、マルクス思想に傾倒した侯外廬以外に、梁啓超も『中国歴史研究法』の中で、「歴史とは何であろうか。それは人類社会が継続してきた活動の外見を記述し、その総合成績を比べ、その因果関係を求めて得ることで、現代一般人の活動の資鑑とするものである。専ら中国先民の活動を述べて、現代中国国民の資鑑とするもの、それが中国史である」と語り、[82] 密かに中国史の特殊性を一般の歴史から抽出される普遍性に服属させているのである。余英時が言うように、銭穆生涯の学術活動は、歴史の「普遍性」と「特殊性」、及び中国と西洋の間に大いに苦しめられるものであった。[83] しかし、彼が梁啓超や侯外廬と異なるのは、銭穆は中国の歴史経験の特殊性を堅持し、「国史」の「特殊性」を世界史の「普遍性」の下に服属させて普遍的理論の脚注とすることを拒絶したことであろう。

五　銭穆史学中の儒家思想

銭穆は史学の名家として一代の宗師となったが、その生涯の研究活動は儒学の伝統と深く関係するものであった。民国五八年（一九六九）、五年の歳月をかけて五冊の大作『朱子新学案』を完成させている。構想は広大、思惟は精緻であり、一生の学問がここに結実したものと言ってよい。さて、ここで筆者が問題にしたいのは、銭穆の史学の中にいったい如何なる儒家思想の要素、或いは傾向が窺えるのかということである。

銭穆の中国史に対する解釈の中に現れる儒家思想の要素には、少なくとも以下の二点がある。

第一に、銭穆は、史学は一種の人事の学であり、「人物の賢奸」から「世運の興衰」を論じなければならないと強調している。民国五九年（一九七〇）一月、銭穆は台南の成功大学の要請に応じて、『史学導言』をテーマとして四回の講座を行った。その冒頭で「史学はある種の人事の学である。（中略）史学を学ぶには、まず人を理解しなければならない。その次に事を知るべきである」と指摘している。[84]銭穆は「中国史の重点は、やはり人物にある。（中略）中国史で最も重要なことは人物について語ることであり[85]」、「歴史上、突如繁栄したり、また衰退したりすることはない。その盛衰は必ず『漸（緩やか）』であり、その転機は『人』にある」と主張する。[86]それ故、銭穆は、

私は歴史研究には八字のみが最も重要であると思う。一つは「世運興衰」、一つは「人物賢奸」。歴史研究はこの八字から着目すべきで、この八字から始め、またこの八字に終わるのである。[87]

と言うのである。「世運興衰」・「人物賢奸」の八字は、まさしく銭穆史学の核心であった。銭穆は人物の賢奸と転変において、歴史の中の世運の盛衰浮沈を観察し、「中国史には一つの最も偉大なところを

持っている。それは人を中心としている点である」と考えている[88]。銭穆が晩年に示した歴史研究の典範は、抗戦時に著した『国史大綱』の中に度々見えている。例えば、銭氏は後漢氏族の久喪・譲爵・推財・避聘・報仇・報恩・清節といった風俗に対して心から敬服しているが、また、後漢の士人が形式的道徳ばかりを重んじ、実際の効果を軽んじていたことから、終に世運の衰退を補う事が出来ず、宦官という悪劣な勢力を除くことが出来ず、その上、後漢の人士は私人と家庭道徳のみを重んじたため、王室の転覆の後、歴史は遂に魏へと向かう衰運を辿った、と指摘している[89]。また、北宋新旧党争を論じる時も、南北の人材の対抗、及び道徳観念と正邪という分野の脈絡の上で討論を加えている[90]。

このように、銭穆は歴史の変遷における「人」の要素を際立たせ、特に人の道徳問題を強調するのであるが、この点に鮮明な儒家思想の要素が現れていよう。本書第二章で儒家的な歴史解釈が常に「事実判断」と「価値判断」とを融合していることを指摘したが、朱子は後漢の党錮の禍の原因を解釈して、「只だ是れ上面に一個の人を欠けるのみ」と考えていた[91]。『大学』朱子校訂の第七章に「一言、事を僨《やぶ》り、一人、国を定む」とあり[92]、『中庸』第二〇章に、孔子の言葉として「文武の政は、布《し》きて方策に在り。其の人存せば、則ち其の政挙がり、其の人亡ければ、則ち其の政息《や》む」と言う[93]。銭穆の中国史についての解釈が「人」の道徳とその影響を特に重視するのは、古代儒家の歴史観と共通する所があると言ってよいだろう。

続いて第二に、銭穆は中国史の発展を解釈する時、特に知識階層の発展を重視して、それが中国の歴史発展の主要な原動力であったと考えている。この考えもまた、典型的な儒家的観点である。

早くも春秋戦国時代、中国の知識階層の形成期において、孔子と孟子とは知識人は時代の盛衰に対してより多くの責任を負担すべきだと考えていた。孔子は「士、道に志して、悪衣悪食を恥ずる者は、未だ与に議るに足らず」と言い[94]、曽子は「士は以て弘毅ならざる可からず、任重くして而して道遠し。仁以て己が任と為す、亦た重からずや。死して後已む、亦た遠からずや」と述べている[95]。孟子は更に「尚志[96]」によって同時代の知識人を鼓舞した。それは彼もまた知識人が歴史の発展する方向を導くと信じていたからである。

この儒家思想の要素が銭穆史学の中で最も表れているのは、彼が伝統的中国政治は専制政治では無く「士人政治」であると堅持した点であろう[97]。銭穆は、中国史上「士人の徳性は権位より遥かに重い」と考えている[98]。『国史大綱』、この巨冊を通じて、読者は至る所で銭穆が「士」に対してその歴史上の役割を重視している事を感じるだろう。例えば、銭穆は前漢初年の政治を論じてはそれを「士人政府の出現」とし[99]、後漢の歴史を論じては「士族の政治勢力の次第なる膨張[100]」と「後漢士族の風俗」と世運の盛衰を特に重視している。また、西晋及び南朝の社会形態を論じて「南渡の士族」を重視し[101]、北宋については「士大夫の自覚と政治革新運動」に注視しているし[102]、宋明学者の講学事業と社会事業に対してはその敬服はとどまる所を知らない[103]。諸々のこうした論点は、皆抗日軍興という歴史背景の中で、銭穆がその最後方である四川に隠居して『国史大綱』を著し、その歴史解釈の中に彼の思いを託し、「士人」の歴史上の作用を強調すると共に、知識階層の復興によって新時代の民族的復興をもたらすことに希望を寄せていたことを示すものである[104]。こうした見解は歴代儒家の歴史観と互いに応ずるもので、銭穆史学における儒学的要素をはっきりと示している。

以上、銭穆史学における儒家的要素について述べてきたが、筆者がここで更に強調したいのは、銭穆はその史学の中で特に「人」という要素を重視しており、とりわけ知識人の主導的地位を重んじているのだが、彼が言う「人」とは現代的意味での、もしくは原子論（atomism）的意味での孤独な「人」を指しているのでは無く、社会集団の一分子としての「人」を指しているということである。銭穆は『国史大綱』完稿後、全書の要義を総論した『国史漫話』という長文の中で、この点について更に説明を加えている。

春秋時代の諸侯は、もとよりギリシャの古い都市国家と似ている。（中略）然るにその内部は、卿・大夫・士・民が互いに集合し、共に一人の君主を戴き、その領域内の名山大河を祀った。諸侯は領域を代表し全体として祭祀を主導し、卿大夫・士・民は自由に私的な祭祀はできなかった。それ故、諸侯はそれぞれ一つの都市であるが、その都市の上には主が存在していて、当然、ギリシャの都市がそれぞれ独立していたのとは異なるのである。各諸侯は互いに連繋して天子を共に戴くことで一体となっていたから、当時、全体の概念とは一つの群であり、個人では無かった。このことも、ギリシャの都市が市民の自由を基本としていたことと異なる。春秋時代の各諸侯が持つ意義は、早くからギリシャの都市とは違うものであり、故に集合して一つの全体となることができた。それが秦漢の統一である。(105)

筆者は、この一段は銭穆の歴史解釈における「人」の本質を理解する上で、非常に大きな鍵を握っていると考えている。銭穆史学における「人」或いは「士人」は、知識階層のグループの中での「人」或いは「士人」なのであって、個体としての「人」或いは「士人」では無い[106]。この点、儒家思想の伝統における「人」が、上は居並ぶ祖宗に対して下は万代の子孫に対して責任を負うという、所謂「往聖の為に絶学を継ぎ、万世の為に太平を開く」という脈絡における「士」と、相通ずると言えるだろう。

六　結論

二〇世紀に中国が経験した歴史は一幕の血と涙とが織り成すものであった。一方から見れば、中国人は欧米の風雨に侵略される中で、清末以来民族の自信を心の底から喪失し尽くしていた。しかし、他方から見れば、中国人は危機の中で民族の新たな活路を探し求めていたとも言える。銭穆の『国史大綱』が完成を見たのは、抗日軍が興った民国二八年（一九三九）六月であり、まさに歴史学者張蔭麟（素癡、一九〇五～一九四二）が言う「全国民が一心一体になって流れる血と瓦礫の中で奮闘し、輝かしい希望に満ちた新たな時代を創造しようとしている[107]」最中であった。銭穆はまさしくこの大破大立の時代の中で、「国史」を著作して民族の魂を呼び覚まそうとしたのである。銭穆は後、民国七二年（一九八三）に台北素書楼でアメリカの学者ジェリー・ダナーリン（Jerry Dennerline）と接見して中国文化の特殊性について談話をしているが[108]、実に民国二八年の四川での『国史大綱』の著作から、その時まで、その持論は生涯終始一貫しており、「国史」を以て「民族の史詩」とし、中国人全体を共に享受した民族の歴史的記憶の中から奮起させ、国族の未来のために奮闘させようとした。銭穆の「国史」観は民族主義に浸透され、更には民族主義をその基調としているのである。

銭穆のこうした民族の血涙が織り成す「国史」は、特に「国史」を研究する者の「本国の歴史に対する温情と敬意」を強調するものであった。故に、この「国史」観は「主客融合」をその方法論的特徴とし、その歴史著作はとりわけ中国の歴史経験の特殊性を際立たせる。それを西洋の歴史と対照する時、銭穆は「我族」と「他族」との境界を明確に区分し、「我族」の文化的アイデンティティを強化するのである。

中国史学史の立場から言えば、銭穆の史学は中国伝統史学典範の二〇世紀中国における継承と発揚であると看做すことができる。それは傅斯年を代表とする「史料学派」と異なると同時に、マルクス派「史観学派」とも異なるものであり、二〇世紀中国の歴史学界で独自の旗を立て、中国史の「特殊性」を世界史の「普遍性」の脚注とすることに反対し、中国史知識の自主性を懸命に支えて、二〇世紀にあって苦難する中国人のために、未来への努力の方向性を指し示すものであった。即ち、銭穆の史学世界の中では、「歴史」は解剖を待つミイラのようなものでは無く、経験と知恵を所蔵する図書館だったのであり、彼は中国人が「国史」の中にその生命を浸潤し、その視野を開拓発展して、新たな希望を開くべきだと叫ぶのである。銭穆が二〇世紀の中国人のために打ち立てた主客が相互に浸透し合い、情理が融合するという歴史解釈体系は、また一個の儒家思想の伝統の中に深く浸潤した史学世界なのである。

注

（1）　余英時「一生為故国招魂——敬悼銭賓四師」、氏著『猶記風吹水上鱗——銭穆与現代中国学術』（台北：三民書局、一九九一年）、一七～三〇頁。銭穆の伝記については、羅義俊「銭穆先生伝略」、『晋陽学刊』一九八六年第四期、三六～四四頁がある。この一文の初稿は一九八二年七月六日に完成しているが、故あって発行が遅れ、一九八六年三月二五日になってようやく発行された。文中に、銭穆には「思想方法論上、明白な唯物主義的特徴或いはその傾向がある」（四四頁）と述べているが、或いはこの点が問題になったのかもしれない。その他、郭斉勇・汪栄群『銭穆評伝』（南昌：百花洲文芸出版社、一九九五年）がある。銭穆の著作について紹介したものとしては、李木妙「国史大師銭穆教授生平及其著述」、『新亜学報』第十七巻（一九九四年八月）、一～一八四頁も参考になる。それ以外に、一九九五年五月一一日～一三日に香港中文大学新亜書院が開催した「銭賓四先生百齢紀念会学術研討会」では、多くの論文が銭穆の学術について論じている。『紀念銭穆先生逝世十週年国際学術研討会論文集』（台北：台湾大学中文系、二〇〇一年）も参照されたい。

（2）銭穆『国史大綱』、「引論」、『銭賓四先生全集』（台北：聯経出版公司、一九九八年）、第二七冊、二二頁。以下、銭穆の著作からの引用は全て『全集』本に拠った。

（3）銭穆『国史大綱（上）』、二四頁。

（4）銭穆『史学導言』、『銭賓四先生全集』、第三二冊、七〇頁。

（5）銭穆『中国史学発微』、『銭賓四先生全集』、第三二冊、三一三頁。

（6）銭穆『中国史学発微』、二二一頁。

（7）銭穆『国史大綱（上）』、二九～三〇頁。

（8）銭穆『国史新論』、『銭賓四先生全集』、第二九冊、「自序」、三頁。

（9）銭穆『従中国歴史来看中国民族性及中国文化』、『銭賓四先生全集』、第四〇冊、「序二」、七頁。

（10）Ying-shih Yü, "Changing Conceptions of National History in Twentieth-Century China," in Erik Lönnroch et al. eds., *Conceptions of National History: Proceedings of Nobel Symposium 78* (Berlin and New York: Walter de Gruyter, 1994), pp. 155-174参照。

（11）梁啓超「新史学」、氏著『飲冰室文集』（台北：新興書局、一九五五年新一版）、九六～一〇五頁。梁啓超の「新史学」は、日本の歴史学者浮田和民（一八五九～一九四六）の啓発と影響を受けている。この点については、鄔国義「梁啓超新史学思想探源――代序言」、〔日〕浮田和民講述、李浩生等訳、鄔国義編校『史学通論四種合刊』（上海：華東師範大学出版社、二〇〇七年）、一～五二頁参照。李孝遷は嘗て、詳細に梁啓超の『新史学』の思想的来現について考察して、「『新史学』第二節『史学之界説』は浮田和民の『史学原論』を参考にしたもので、第三節『歴史与人種之関係』は高山林次郎の『世界文明史』に取材したものだ」と指摘している。詳しくは、李孝遷『西方史学在中国的伝播（一八八二〜一九四九）』（上海：華東師範大学出版社、二〇〇七年）、第四章、「梁啓超新史学思想之考源」、一六八頁参照。しかし、李孝遷は梁啓超が日本人の史学著作を参考にしたという事実を強調しているが、この点は決して梁啓超の中国新史学理論確立者としての地位を揺るがすものでは無い。李孝遷は尚小明が主張した『新史学』が『史学原論』の説をそのまま移植したものだという説（尚小明「論浮田和民《史学通論》与梁啓超新史学思想的関係」、『史学月刊』二〇〇三年第五期）に同意していない。また黄克武は、梁啓超の思想は儒仏の伝統思想の中に浸っており、その史学は西洋の史学観念を取り入れたものであると同時に、中国の伝統的学問と融合させたものだと指摘している。黄克武「梁啓超与中国現代史学的追尋」、『中央研究院近代史研究所集刊』第四一期（二〇〇三年九月）、一八一〜二一三頁参照。

（12）梁啓超の伝統史籍への批評の言葉である。梁啓超『中国歴史研究法』（台北：台湾中華書局、一九三六年初版、一九七〇年台七版）、三頁。

（13）銭穆『国史大綱（上）』、一九頁。

（14）銭穆『国史漫話』、『銭賓四先生全集』、第三二冊、一〜三〇頁。

（15）ミシュレが、一八四六年一月二十四日に友人エドガー・クイーン（Edgar Quine）に宛てた手紙の中の一文である。Fritz Stern ed. with introduction, *The Varieties of History: From Voltaire to the Present* (New York: Meridian Books, 1956), pp. 109-119. 引文は p. 109 に見える。

（16）同前注。

（17）この点については、Franklin L. Baumer 著、李日章訳『西方近代思想史』（台北：聯経出版公司、一九八八年）、三四〇〜三四二頁参照。

（18）引文は呉沛瀾「憶賓四師」、中國人民政治協商会議江蘇省無錫県委員会編『銭穆紀念文集』（上海：上海人民出版社、一九九二年）、五二頁に見える。

（19）Anthony D. Smith, *Nationalism: Theory, Ideology, History* (Cambridge: Polity Press, 2010), pp. 60-63 参照。

（20）銭穆『国史大綱（上）』、二二〜二三頁。

(21) 同前注。
(22) 銭穆『中国歴史研究法』、「序」、『銭賓四先生全集』、第三一冊、三頁。
(23) 銭穆『中国歴史研究法』、「序」、三～四頁。
(24) この語は、銭穆が『国史大綱（下）』、『銭賓四先生全集』、第二八冊、一〇二六頁にて用いている用語である。
(25) 銭穆『国史大綱（下）』、一〇二六～一〇二七頁。
(26) 銭穆『国史大綱』、「引論」、三二頁。
(27) 銭穆『中国歴史研究法』、二頁。
(28) 銭穆『国史大綱』、「引論」、三一～三二頁。
(29) 銭穆『国史大綱』、「引論」、三三頁。
(30) 銭穆『国史大綱』、「引論」、三五～三六頁。
(31) 銭穆『国史大綱』、「引論」、四七頁。
(32) 銭穆『従中国歴史来看中国民族性及中国文化』、一一一頁。
(33) 銭穆『中国歴史研究法』、三～四頁。
(34) 銭穆『中国歴史研究法』、二二二～二二三頁。
(35) 銭穆『中国歴史研究法』、三四～三五頁。銭穆が特に中国史の特殊性を強調したのは、当時の歴史家の意見と互いに呼応するものである。柳詒徴はその著『国史要義』の中で、「我が国の創立は、農業、家族、士大夫の文化、大一統の国家によるものである。他の民族が牧畜狩猟、海商、武士、宗教、都市によって展開して各国となり並立しているのとは大いに異なる。その本源を探求して変化とすることもまた、それぞれその独特のところがある。俄かにこれを見るとき、若し因循ならば進まず、若し陳腐ならば当たること無く、また広漠であれば要領を得ない。しかし、深くこれを観察するとき、その進境は実は多い（例えば領域の広がり、種族の融合、物産の精製、文芸の造詣など）が、その本源は一つであることがわかる。近世はそれを宋明より継承し、宋明はそれを漢唐より継承し、漢唐はそれを周秦より継承したのである。その簡から繁へ、或いは繁から簡へというのは、もとより由少数の聖哲が創出した垂要であるが、それはまた、多くの人民の手を経て選択されたものでもある。これが司馬遷が歴史を治めるときに必ずこれを天人の際に考究しようとした理由である」と述べている。柳詒徴『国史要義』（台北：台湾中華書局、一九六二年台一版）、二三八〜二三九頁。

(36) 銭穆『国史大綱（上）』、五七頁。

(37) 銭穆『国史大綱（上）』、第一章、七頁。十七世紀以後、西洋の学者が主張した「中国文化西方起源説」には以下のような異なる説がある。(一) エジプト説、(二) バビロニア説、(三) インド説、(四) 中央アジア説である。詳しくは陳星燦『中国史前考古学研究（一八九五〜一九四九）』（北京：生活・読書・新知三聯書店、一九九七年）、三〇〜三四頁参照。

(38) Terrien de LaCouperie, *Western Origin of the Early Chinese Civilization from 2300 B.C. to 200 A.D.* (Osnabruck, Ottozeller, 1966, Reprint of the edition of 1894).

(39) ラクペリの専著の副題は、"Chapters on the elements derived from the old civilizations of West Asia in the formation of the ancient Chinese culture" となっている。ラクペリは該書の第六章及び第七章において、紀元前七七五年から紀元前二二〇年の間に、アッシリアバビロニア・ペルシア・インド・エジプト及びギリシア等の地域から中国に齎された文化的要素について論じている。

(40) Terrien de LaCouperie, *op. cit.*, pp. 273-279.

(41) 劉師培『中国歴史教科書』、氏著『劉申叔先生遺書（四）』（台北：京華書局、一九七〇年）、第一冊、一頁上（総頁二四六五頁）。

(42) 梁啓超「歴史上中国民族之観察」、氏著『国史研究六篇』（台北：台湾中華書局、一九六二年台二版）、一頁。

(43) 柳詒徴『中国文化史』（揚州：江蘇広陵古籍刻印社、一九九二年拠前国立中央大学排印本影印）、一三頁上に見える。

(44) 柳詒徴『中国文化史』、第一章、一〇〜一六頁。

(45) 陳星燦『中国史前考古学研究（一八九五〜一九四九）』、三五頁。

(46) 例えば夏鼐（一九一〇〜一九八五）は曽て近数十年の考古学的成果をまとめて、「我々は考古学上の証拠に基づけば、中国は決して全く外界と隔離されたものでは無いが、中国文明はやはり中国という土地の上に生じて育まれたものである。中国文明にはその個性、その特殊な風格と特徴がある。中国の新石器時代の主要な文化の中には、既にいくらかの中国的特色のある文化的要素が具わっている。中国文明の形成過程はこうした要素の基礎上に発展してきたものである」と述べている。夏鼐『中国文明的起源』（台北：滄浪出版社、一九八六年）、第三章「中国文明的起源」。引文は一〇四頁参照。また、Ping-ti Ho, *The Cradle of the East: An Inquiry into the Indigenous Origins of Techniques and Ideas of Neolithic and Early Historic China, 5000-1000 B.C.* (Hong Kong: Chinese University of Hong Kong; Chicago: University of Chicago Press, 1975) 参照。

(47)　銭穆『国史大綱（上）』、「引論」、三七～三八頁。

(48)　銭穆『世界局勢与中国文化』、『銭賓四先生全集』、第四三冊、「中國政治与中国文化」、二四〇～二四一頁。銭穆は一九五二年に出版した『中国歴代政治得失』の中で「辛亥革命前後、革命派の宣伝によって、秦以後の政治的伝統を、『専制黒暗』四字によって一筆の下に抹殺した。したがって、伝統的政治への軽視は、伝統文化に対する誤解を更に深めたのだ」と述べている。『中国歴代政治得失』、『銭賓四先生全集』、第三一冊、「序」、七頁。また、一九八三年の「中国歴史精神」でも、一再ならず中国史における士人政府の重要性を強調している。銭穆『中国史学発微』、一一九～一五八頁参照。

(49)　胡昌智『歴史知識与社会変遷』（台北：聯経出版公司、一九八八年）、頁二四二頁。また、黄克武「銭穆的学術思想与政治見解」、『国立台湾師範大学歴史学報』第一五期（一九八七年六月）、三九三～四一二頁参照。

(50)　銭穆『国史大綱（上）』、二二頁。

(51)　張君勱『中国専制君主政制之評議』（台北：弘文館、一九八六年）。

(52)　蕭公権「中国君主政権的実質」、氏著『憲政与民主』（台北：聯経出版公司、一九八二年）、一七一～一八二頁。

(53)　徐復観「儒家精神之基本性格及其限定与新生」、氏著『儒家政治思想与民主自由人権』（台北：八十年代出版社、一九七九年）、引文は六六頁。また、徐氏には「良知的迷惘――銭穆先生的史学」という一文があり、銭穆の中国史上に専制が無かったという見解への批判を提出している。彼は、漢代は専制政府であり、銭穆が前漢の宣帝・元帝・成帝の時代を「士人政府」とすることを批判して、「宦官外戚政府」と言うべきだとするのである。また、銭穆が中国に「封建社会」があったという意見に反対していることをついて、周代こそは「封建政治と社會」であったと指摘している。この一文も『儒家政治思想与民主自由人権』、一六一～一七〇頁所収である。徐復観の中国専制政体についての分析の詳細は、拙著『東亜儒学視域中的徐復観及其思想』（台北：台大出版中心、二〇〇九年）、四八～五二頁参照。

(54) 余英時「銭穆与新儒家」、氏著『猶記風吹水上鱗』所収、引文は五〇～五一頁。

(55) その他、銭穆は『中国歴史研究法』の中で二千年来の中国「士人」変化に五つの時期があったと述べている。それは（一）春秋末の游士時期、（二）両漢の郎吏時期、（三）魏晋南北朝の九品中正時期、（四）唐代の科挙時期、（五）宋代以後の進士時期である。銭穆『中国歴史研究法』、四五～四九頁参照。

(56) 銭穆『国史大綱』、「引論」、三九頁。

(57) 銭穆『国史大綱（上）』、三三一頁。

(58) 銭穆『国史大綱（上）』、三四七頁。

(59) 銭穆『国史大綱（上）』、四七六頁。

(60) 銭穆『国史大綱（下）』、八八四頁。

(61) 銭穆『国史大綱（下）』、八八四～八八五頁。「引論」、四六頁にも同様の見解が見える。

(62) 銭穆『国史大綱（下）』、八九二頁。

(63) 銭穆『国史大綱（下）』、八九三～八九四頁。

(64) 銭穆『国史大綱（下）』、七七三頁。

(65) 銭穆『国史大綱（上）』、四八六頁。

(66) 銭穆『国史大綱（下）』、六七〇頁。

(67) 銭穆『国史大綱（下）』、七七八～七八四頁。

(68) 銭穆『国史大綱（下）』、八九三頁。

(69) 銭穆『国史大綱』、「引論」、四六頁。

(70) 銭穆『国史大綱』、「引論」、三六頁。

(71) 王晴佳『西方的歴史観念――従古希臘到現代』（台北：允晨文化公司、一九九八年）、二三〇～二三二頁参照。

(72) Fritz Stern ed., *The Varieties of History: From Voltaire to the Present*, pp. 171-172 参照。
(73) Fritz Stern ed., *op. cit.*, pp. 172-173 参照。
(74) Fritz Stern ed., *op. cit.*, pp. 175-177 参照。
(75) N. D. Fustel de Coulanges, "An Inaugual Lecture," in Fritz Stern ed., *op. cit.*, p. 179.
(76) 傅斯年「歴史語言研究所工作之旨趣」、氏著『傅孟真先生全集（四）』（台北：国立台湾大学、一九五二年）、一六九～一七〇頁。他に王汎森『傅斯年：中国近代歴史与政治中的個体生命』（台北：聯経出版公司、二〇一三年）、九一～一〇二頁参照。
(77) 傅斯年「歴史語言研究所工作之旨趣」、一六九～一七〇頁。
(78) 傅斯年「歴史語言研究所工作之旨趣」、一六九～一七〇頁。
(79) 傅斯年「『史料与史学』発刊詞」、氏著『傅孟真先生全集（四）』、二七六頁参照。傅氏は「自然科学によって歴史語言の学を扱え」と提唱している。董作賓「歴史語言研究所在学術上的貢献――為紀念創弁人終身所長傅斯年先生而作」、『大陸雑誌』第二巻第一期（一九五一年一月）、『大陸雑誌史学叢書』（台北：大陸雑誌社、一九六〇～一九七五年）、第一輯第一冊、六九～七四頁。引文は六九頁に見える。こうした歴史学と自然科学等と同様に扱う見方は、二〇世紀の中国歴史学界では大変流行し、一般的に二〇世紀の中国史学を論じる時には、多くがこれを「史料学派」と呼び、「史観学派」と区別している。周予同「五十年来中国之新史学」、杜維運・陳錦忠編『中国史学史論文選集三』（台北：華世出版社、一九八〇年）、三七一～三七三頁、及び余英時「中国史学的現階段――反省与展望」、『史学評論』創刊号（一九七九年）、一～二四頁、氏著『史学与伝統』（台北：時報文化出版事業公司、一九八二年）、一～二九頁参照。筆者が本章に言う「科学的歴史学」派は即ち二〇世紀中国史学界の「史料学派」を指して言ったものである。「史料学派」の二〇世紀下半期台湾史学界における発展については、王晴佳『台湾史学五十年（一九五〇～二〇〇〇）』、三～四二頁参照。
(80) 余英時『史学与伝統』、一〇頁。
(81) 侯外廬『中国古代社会史』（上海：中国学術研究所、一九四八年）、「自序」。
(82) 梁啓超『中国歴史研究法』、一頁。

(83) Ying-shih Yü, "Changing Conceptions of National History in Twentieth- Century China," p. 174.
(84) 銭穆『史学導言』、『銭賓四先生全集』、第三二冊、五八頁。
(85) 銭穆『史学導言』、六五頁。
(86) 銭穆『史学導言』、六九頁。フランスの歴史学者マルク・ブロック（Marc Bloch、一八八六～一九四四）は、史学とは「時間中の人の科学」である（本書第一章注七参照）と述べているが、銭穆の説と互いに発明し合う所がある。
(87) 銭穆『史学導言』、六八頁。
(88) 銭穆『史学導言』、九九頁。
(89) 銭穆『国史大綱（上）』、第三編第一〇章、二〇九～二一四頁。
(90) 銭穆『国史大綱（下）』、第三三章、六五一～六七六頁。
(91)〔宋〕黎靖徳編『朱子語類』、巻一三五、「賀孫録」、『朱子全書』（上海：上海古籍出版社、合肥：安徽教育出版社、二〇〇二年）、第一八冊、四二〇六～四二〇七頁。
(92)〔宋〕朱熹『大学章句』、『四書章句集注』（北京：中華書局、一九八三年）、九頁。
(93)〔宋〕朱熹『中庸章句』、『四書章句集注』、二八頁。
(94)〔宋〕朱熹『論語集注』、『四書章句集注』、巻二、七一頁。
(95)〔宋〕朱熹『論語集注』、巻四、一〇四頁。
(96)〔宋〕朱熹『孟子集注』、『四書章句集注』、巻一三、三五九頁。
(97) 銭穆『世界局勢与中国文化』、『銭賓四先生全集』、第四三冊、二四〇～二四一頁、及び『国史大綱（上）』、三七～三八頁。
(98) 銭穆『中国歴史精神』、引文は一二一頁に見える。
(99) 銭穆『国史大綱（上）』、第八章第六節、一六六～一六七頁。
(100) 銭穆『国史大綱（上）』、第一〇章第一節、一八九～一九一頁。
(101) 銭穆『国史大綱（上）』、第一九章第四節、三五七～三六二頁。

(102) 銭穆『国史大綱（下）』、第三二章、六二三〜六五〇頁。
(103) 銭穆『国史大綱（下）』、八八四〜九一四頁。
(104) 銭穆史学中の知識階層への重視という側面を継承して発展させたものこそ、余英時『中国知識階層史論（古代篇）』（台北：聯経出版公司、一九八〇年）である。
(105) 銭穆『国史漫話』、引文は二五〜二六頁に見える。
(106) こうした銭穆史学における全体論的意義下の「士人政治」という論断は容易に次のような疑義をひき起すものである。例えば、甘懐真は「銭穆史学は全体としての時代精神を論証しようとして、それを儒家的精神であるとした。この精神が歴史の原動力として、連綿として絶えなかったのは、絶えず士大夫がこの精神の載体となったからである。（中略）こうした歴史観は、その行為や解釈、存在状態、個別士人同士の関係を含む個体的存在としての士人を解釈することができない。つまり、この儒教国家という全体観は個体としての士人を解釈する権限をもっていないのである。個体としての士人の存在状態等はなお史料を取り出して検証されなければならない」と述べている。甘懐真「再思考士族研究的下一歩——従統治階級観点出発」、甘懐真編『身分・文化与権力——士族研究新探』（台北：台大出版中心、二〇一二年）、引文は一七頁に見える。
(107) 張蔭麟「中国史綱上冊自序」、氏著『張蔭麟文集』（台北：中華叢書委員会、一九五六年）、引文は四四五頁に見える。
(108) Jerry Dennerline, *Qian Mu and the World of Seven Mansions* (New Haven: Yale University Press, 1989). 本書では、中国語版鄧爾麟著、藍樺訳『銭穆与七房橋世界』（北京：社会科学文献出版社、一九九五年）、七〜八頁及び一一七〜一一八頁を参照した。

結論　儒家思想と伝統中国の歴史思惟における人文精神

本書の主題は儒家思想と中国歴史思惟の影響関係であり、各章での論述はいずれも、程度の差こそあれ、儒家思想の伝統が深い歴史的意識を具えており、中国の歴史思惟の伝統には明確な儒家思想の元素が存在することを指摘した。両者が交わり影さす所に、中国の人文精神の光が輝いているのである。以上の各章での論述を基礎として、我々は次のような結論的な見方を提出することができよう。

第一に、儒家文化の雰囲気の中に浸潤している中国の歴史思惟は、「人」がそれぞれの歴史事件を織り成す鍵であるということを特に強調しているため、中国の歴史家は歴史人物の描写に力を入れるということである。太史公司馬遷（前一四五～前八六）は『春秋』の「善を善とし悪を悪とし、賢を賢とし不肖を賤しむ」という歴史書述作の原則をとりわけ重視した。『史記』の中で最も精彩に富むのは七十列伝であるが、本紀・世家・列伝等はそれぞれ異なる文体の書き方によって補助的説明を行っているものの、主な内容はやはり歴史の中の個人の挙止と模範とすべき風格とを描き出しているのである。徐復観は、太史公が巧妙な筆法で歴史の真実を再現し、鍵となる資料から歴史人物の特質を描いていると指摘しているが[1]、まさしくその通りである。

中国の歴史家とは相対的に、西洋の歴史家は歴史事件を描き出すことに重点を置く。例えば西洋の「歴史学の父」ヘロドトス（Herodotus、前四八四～前四二九）はペルシア戦争（Persian War、前四九〇～四八〇）の経緯を述べて、その戦争を東西政治生活方法の衝突という脈絡の上に置いて考察を加えているし、ポリュビオス（Polybius、前二〇三?～前一二〇）『歴史』は、ローマがどのように都市国家から世界的大帝国へと拡大してエーゲ海をローマ帝国の内湖としたのかを叙述している。こうした事件前後の因果関係を重視する線的な叙述方法、及び歴史的発展を強調する「集団的要素（collective agency）」の影響は[2]、中国の歴史著作とは極めて鮮烈な対比関係を構成するのである。

第二は、儒家思想と中国の歴史思惟とが、いずれも歴史の中の「人」の自由意志を肯定していることである。中国の歴史家が歴史の因果関係を解釈して、多く人物の心を重んじ、事件の発生は主として歴史行為者の心の持ちようと意志とに左右されるとしている。この点は、ちょうど第一の特徴と相互に関係するものであろう。『左伝』宣公二年（前六〇七）の董狐が記した「趙盾、其の君を弑せり」はその最も顕著な例であろう。孔子は董狐の歴史記述を「古の良史」と称えている[3]。現代的観点から見れば、董狐の記述と孔子の批評はある種の「価値判断（value judgement）」に属するものであって、「事実判断（factural judgement）」では無い。しかし彼らは、趙盾が要職にその身を置きながらも、事件発生後君主弑殺の犯人を討伐しなかったことは、完全に彼自身の意志によるものであり、故にこの一国の君主が殺害されたという事件に対して最終的な道徳的責任を負わなければならないと考えているのである。西洋の歴史著作における歴史解釈は中国伝統史学とは異なっている。例えばヘロドトスは、ペルシア戦争が不可避だったのは、ギリシア民主政治とペルシア専制政治との衝突に淵源していたからだと考えているし、トゥキディデス（Thucydides、前四六〇～前四〇〇）はスパルタとアテネの二大都市間の戦争の起因を分析して、それを双方の貿易経済の利益の衝突に帰している。このように、西洋の歴史家は大抵、「人」以外の政治構造や経済生活様式といった要素の歴史の中での働きに特に注意を払うのである。したがって、二十世紀の中国の歴史学者銭穆は嘗て、中国史学は「世運の興衰」と「人物の賢奸」との間に出入すると述べたが[4]、その中でもまた、「世運の興衰」は「人物の賢奸」の脈絡の下で考えられなければならなかった。ここにも、中国の歴史家の歴史行為者の自由意志重視の態度がはっきりと現れているのである。勿論、ここでは補足説明を加えなければならない。上述の対比は、中国史学が歴史行為者の自由意志を特に重視しているという特質をはっきりさせるためのものであって、決して西洋の歴史著作が完全に人という要素を無視しているということでは無い。事実、西洋の著作が重視する政治構造や経済活動は、全て人の参与を前提としている。この意味では、我々も西洋の史学が全く人の歴史的変遷における地位を注意していないとは言うことはできないのである。

伝統中国の歴史家は人の自由意志を肯定していたので、彼らは歴史記述の中で歴史人物に対して褒貶を加える。孔子以後、中国の歴史家は「善を善とし悪を悪とし、賢を賢とし不肖を賤しむ」を歴史著述の原則とするのである。伝統中国の正史は、歴史人物をカテゴライズして忠臣・奸臣・佞幸・烈女等に分類し、歴代皇帝の死後、その一生の功過を検討して「文」・「武」・「仁」・「厲」といった諡号を贈ることになる。中国の伝統的歴史家が彼らの歴史著述の中で姦を誅殺し死者に諛ることに腐心するのは、隠徳の幽かな光を輝かすようなものである。もし、ユダヤやキリストの宗教文化においては、神が行う「最後の審判」が人の生涯の功罪を審判するものであるならば、中国の文化はまさしく「歴史の審判」によって人の一生の功過得失を定めるものだと言えよう。中国史学の述作には、紀伝体・編年体・紀事本末体といった区別があるが、歴史人物を中心とする紀伝体があくまでも主要な地位に置かれていた所以である。

中国の歴史思惟と儒家思想はいずれも、歴史的経験（とりわけ歴史における聖賢の事績）の読者への感化が、読者の心を掻き立て、主体的に歴史の動向を導くことを重視する。南宋の葉適が古代の統治者を代々数え挙げて、「其の人は皆一身を以て天下の勢と為す」と言い、[5]朱子に至っては更に、古今の変化の中で「唯だ聖人のみ能く其の理の在る所を察らかにして而して因りて之れを革む」と強調しているのは、[6]どちらも上述の命題の異なる表現方法である。

儒家思想は歴史を読むということを修身の道としたが、こうした状況下にあって、中国史学中の「史を以て鑑と為す」という思想は発達した。ところで、ここで方法論の問題が派生してくる。それは、読者の側から言えば、「人」はどのようにすれば「歴史」の「召喚（calling）」を受けることができ、「歴史」研究の中から悟りの境地を開くことができるのか、また、著者の側から言えば、歴史著作の目的とはいずこにあるのか、ということである。

こうした問題は我々を中国の歴史思惟と儒家思想の第三の共通点に触れさせることになる。それは、両者がどちらも淑世・経世、乃至は救世を学術研究の目的としていることである。儒家の伝統は先秦の孔門以降、ひたすら経世をその本懐としてきた。陸九淵（象山、一一三九〜一一九三）は「儒者は無声、無臭、無方、無体に至ると雖も、皆経世を主とす」と述べている。[7]また、中国の歴史学はより一貫して経世を目標としており、中国の歴史家は世界解釈に尽力するのみならず、さらに世界を変えようとしたのである。したがって、中国史における時代の変乱が大きくなればなるほど、憂患が多くなればなるほど、歴史学は往々にして発達したのである。例えば、一七世紀中葉の明清交代期、顧炎武（一六一三～一六八二）の所謂「天崩地解」[8]の時代の動揺の中で、歴史学は規格外の隆盛を見せている。それとは相対的に、史学精神の衰退は通常、時代の人文精神の衰落の指標でもあった。司馬遷は『史記』太史公自序に、孔子が『春秋』を作ったのは「二百四十二年の中を是非して、以て天下の儀表と為す」ためであったという董仲舒（前一七九～前一〇四頃）の言葉を引いているし[9]、北宋の史学家司馬光（一〇一九～一〇八六）は『資治通鑑』進書表にて、『資治通鑑』について「専ら国家の盛衰を取関し、生民の休戚を繫ぎ、善は法と為すべく、悪は戒と為すべく、編年の一書を為せり」と言っているが[10]、これらは皆伝統史学の経世傾向を示したものである。章学誠（一七三八～一八〇一）は『文史通義』の中で「史学の経世する所以は、固より空言して著述するに非ざるなり」と強調し[11]、整輯排比（史纂）の文献は史学と称するに足りないと考えているのである。また、伝統中国の歴史家は本当の歴史学は人事と密接でなかればならないと考えており、二〇世紀の銭穆に至ってもなお、「史学はただ一種の人事の学である」と主張している[12]。そうであるから、中国史学の史論の伝統は長い歴史を持ち、『左伝』の「君子曰」や『史記』の「太史公曰」、『漢書』の「論賛」、『三国志』の「評」から、『資治通鑑』の「臣光曰」に至るまで、いずれも伝統中国の歴史家が歴史事実や歴史人物を道徳的脈絡の中に置いて評価を下したことを明らかにしていよう[13]。古代ギリシアの歴史の父ヘロドトスは嘗て、彼が書いた『歴史』の初稿を朗読することで賞金を得ていたが、中国の歴史家はそれとは対照的に、厳粛な著述態度を有していたと言える。

伝統中国の歴史家と儒家思想とが経世をその歴史著述の目的としていたことにより、彼らが作り出す「集合的記憶[14]（collective memory）」は政治権力の糾纏から免れることはできなかった。伝統中国の歴史家は帝国の官員も兼ねていた。司馬遷とその父の官職は「太史公」であったし、唐代に官修史学の制度が打ち立てられてからは、中国の歴史家はより帝国の権力構造の中の一分子であり、「共同体の中の個体」として、前の王朝の歴史を編纂してきたのである。彼らが歴史著述を行う際、最も重要な思考上での判断とは、「正朔」や「年号」といった王朝の「正統」に関する問題であった。彼らの歴史記述は当時の権力構造の支配を受けるばかりでは無く、同時に事実を書き記すという核心価値をも保持したままで無くてはならなかった。したがって、どのようにそうした二つの関係の間でダイナミズムの平衡を維持するのか。それこそが、伝統中国の歴史家が向かい合わなければならない重大な挑戦だったのである。

第四に、伝統中国の歴史家と儒者とは、「価値」という脈絡の中で「事実」を堅持し、そして「事実」の意味を読み解くことを強調していることを挙げる。中国歴代の史官は、事実を書き記す直書という伝統を保ち、彼らの心の中の歴史の真実を守ることができた。『左伝』は前五四八年の斉で発生した事件を記録している。それは、太史が「崔杼、其の君を弑せり」と書いた時、崔杼はこれを殺したが、その弟がまた同じように記して殺され、それでもまた、そのまた弟が再び同様に書き、さしもの崔杼も終に歴史の改竄を諦めざるを得なくなった、というものであった。唐の太宗（六二六〜六四九）は嘗て史官が皇帝の毎日の言行を記録する『起居注』を読もうとして、史官褚遂良（五九六〜六五八）によって固く拒絶されているが、それも直書の伝統を保障するためであった。中国の史家は経世を目的としていたため、真理の守護者を自任していた。故に「価値判断」と「事実判断」とが融合した歴史著述の伝統が発展し、劉勰（四六五〜？）『文心雕龍』が「褒は一字を見《しめ》して、貴きこと軒冕《けんべん》を踰ゆ。貶は片言に在りて、誅すること斧鉞より深し」と述べているように[15]、特に歴史人物に対する褒貶を重んじることになるのである。

勿論、伝統中国の歴史家は、一九八〇年代以降のポストモダン主義者が主張した歴史の「真実性」への挑戦を意識していたわけでは無い。司馬遷は友人任安に寄せた手紙の中で彼自身の史学への志を披歴している。

天下の放失せる旧聞を網羅し、之れを行事に考へ、其の成敗興壊の理を稽《かんが》ふ。凡て百三十篇、亦た以て天人の際を究め、古今の変に通じ、一家の言を成さんと欲す[16]。

司馬遷は史料収集が完全であれば、アクトン卿（John Dalberg-Acton、一八三四〜一九〇二）が言うような「決定版の歴史（definitive history）」を著すことができると信じていたかのようである。司馬遷はおそらく、ポストモダン主義の歴史家たちの歴史テクストを文学的創作の一種だと看做す立場には賛同しなかったであろう。

中国の伝統史学がその人文精神を明らかにすることができたのは、実は「変を垂れて以て常を顕し、事を述べて以て理を求む」という基本設定の上に打ち立てられていたことによるが、そうした設定と儒家思想との関係は表裏を成すものであった。伝統中国の歴史家は歴史の中に永遠の道が隠されており、歴史叙述はまさしくそうした道を抽出するために存在するのだと考えていた。例えば、太史公司馬遷は、伯夷と叔斉の悲劇が「天道に親無く、常に善人に与《くみ》す[17]」という価値に対する信仰を否定していることについて思考して、彼自身の人生問題についての困惑を反省し、並びにそうした特殊な個別の事象の分析を通じて、人なる存在等の永遠の価値の問題について普遍的解答を得ることを願っている。このような設定は、中国の歴史家の目に映る真理が静態的で動態的で無いことを示しているが、それらは人事の中に存在し、特殊な事件の中に寄せられて、歴史家による発見を待っているのである。中国史学のこうした設定は、常に歴史をして「永遠の真理」を抽出するための一種の手段とさせ、中国史学はそのために「非歴史的（ahistorical）」傾向を具えることになる。特に宋代以降、この傾向はより顕著になっていくのである。

一一世紀以降、理学が興り、中国史学も深くそうした儒学の影響を受けた。歴史家は歴史叙述を通して道徳的哲学的命題を抽出し、歴史中の人文精神を明らかにした。彼らの歴史叙述は、本質的に現代ドイツの歴史学者ヨルン・リューゼン（Jörn Rüsen）が述べる「例証的叙述[18]（exemplary narrative）」に近いものがある。儒学の伝統はまた読史による修身、そして修己による安人・安百姓を強調する。故に伝統中国の歴史叙述中の例証的叙述は特に発達を遂げてきたのである。こうした「例証的叙述」が伝統的（traditional）・演繹的（evolutionary）・批判的（critical）な叙述方式と異なるのは、例証的歴史叙述の中の「時間」が、自然時間（natural time）を人文的時間（humanistic time）へと転化し、具体的な歴史事実や個別の事件の中から普遍的で抽象的な行為規則を抽出して、行為規則の普遍必然性を述べることにある。章学誠は「事を述べて而して理は以て昭らかとなり、理を言ひて而して事は以て範たれり」と述べたが[19]、正しくその通りである。中国の歴史著述中の「理」と「事」とは、不可分であると同時に、相互に緊張関係にある。したがって、どのように「理」と「事」とのバランスを取って融合させるのかという問題は、終始、中国歴史思惟の大きな挑戦であり続けてきた。本書の各章で論証したように、儒家文化の雰囲気の中に浸潤した中国歴史思惟の中で、価値理念の「普遍性（universality）」は深く「特殊性（particularity）」の中に根差しており、「抽象的」な「天道」や「理」もまた、「具体的」な史実の中から抽出される。伝統中国の歴史理論の創見はまさにこの点にこそ求められるのであり、その限界もまた、この点にあるのである。

注

（1）徐復観『両漢思想史（巻三）』（台北：台湾学生書局、一九七九年）四〇八～四九二頁。
（2）Peter Burke, "Western Historical Thinking in a Global Perspective: 10 Theses," in Jörn Rüsen ed., *Western Historical Thinking: An Intercultural Debate* (New York, Oxford: Berghahn Books, 2002), pp. 15-30 参照。
（3）楊伯峻『春秋左伝注』（台北：源流文化事業有限公司、一九八二年）、上冊、六六二～六六三頁。
（4）銭穆『史学導言』、『銭賓四先生全集』（台北：聯経出版公司、一九九八年）、第三二冊、六八頁。また、本書第七章及び拙著 Chun-chieh Huang, *Humanism in East Asian Confucian Contexts* (Bielefeld: Transcript Verlag, 2010), chapter 5, pp. 81-96 参照。
（5）〔宋〕葉適「治勢」、『水心先生文集』（台北：台湾商務印書館、一九六五年四部叢刊初編縮本）、巻四、五三頁上～同下。
（6）〔宋〕朱熹「古史余論」、『朱子文集』（台北：徳富文教基金会、二〇〇〇年）、第七冊、巻七二、三六三九頁。
（7）〔宋〕陸象山「与王順伯」、『陸九淵集』（台北：里仁書局、一九八一年）、巻二、一七頁。
（8）〔清〕顧炎武「正始」、『原抄本日知録』（台北：明倫出版社、一九七〇年）、巻一七、三七八頁。
（9）〔漢〕司馬遷「太史公自序」、『史記』（台北：芸文印書館、一九五六年拠清乾隆武英殿刊本景印）、巻一三〇、一三五二頁。

（10）〔宋〕司馬光撰、〔元〕胡三省注、章鈺校記「進書表」、『新校資治通鑑注』（台北：世界書局、一九七六年）、九六〇七頁。

（11）〔清〕章学誠「浙東学術」、葉瑛校注『文史通義校注』（北京：中華書局、一九九四年）、巻五、五二四頁。

（12）銭穆『史学導言』、『銭賓四先生全集』、第三二冊、五八頁。

（13）本書第二章参照。

（14）Maurice Halbwachs, tr. and with an introduction by Leuis A. Coses, *On Collective Memory* (Chicago: University of Chicago Press, 1992).

（15）〔梁〕劉勰著、〔清〕黄叔琳校「史伝」、『文心雕龍注』（台北：台湾開明書局、一九七五年台十三版）、巻四、一頁。

（16）〔漢〕司馬遷「報任安書」、〔漢〕班固『漢書』（台北：芸文印書館、一九五六年拠清光緒庚子長沙王氏校刊本影印）、巻六二、一二五七頁下。

（17）〔漢〕司馬遷「伯夷列伝」、『史記』、巻六一、八五二頁。

（18）Jörn Rüsen, "Historical Narration: Foundation, Types, Reason," *History and Theory*, XXVI:4 (1987), pp. 87-97.

（19）〔清〕章学誠「原道下」、葉瑛校注『文史通義校注』、巻二、一三九頁。

附録一　中国歴史思惟の特徴

一　はじめに

中国文化は悠久の歴史を持ち、その歴史意識の深さは世界的に知られている。中国人と中国の社会生活とは歴史の教導と啓示の下にあるのである。王朝統治の合法的基礎を固めるため、歴代の中華帝国の開国の皇帝たちは、きまって歴史の中にその根拠を求めてきた。また、同様の思考に基づいて、中国人は歴史の中に政治革命と文化革命のための正当性を見つけ出そうとするのである。

本文の目的は、中国歴史思惟の特徴について検討を加えることにある。本文の第二節では歴史学の中国文化における重要性について析論し、続く第三節では中国歴史思惟における時間観念、そして第四節では中国歴史思惟における二つの特徴について述べ、第五節では結論を示すことにする。

二　歴史学の中国における重要性

紀元前八四一年の昔から、中国人の歴史記録は途絶えることは無かった。その時から、中国人は過去の理想を指導目標として現実を評価し規画しようとし、今を観ては古を思い、古を鑑として今を知り、そして、現実の情勢を分析観察して打ち立てた理想を指導指針として過去を評価する。歴史批判は、中国文化の中で絶対的な厳格性を有しているのである。伝統中国の歴史家の情熱は、歴史の真実を探し求め、それを保存することに注がれたが、そうした真実を保存するという目的を果たすために、中国の歴史家は統治者に歴史の歪曲を迫られても、自己の生命をも惜しまず犠牲にしている。例えば、紀元前五四八年（魯の襄公二五年）、斉の国の史官は「崔杼、其の君を弑す」と記した。当の崔杼は激怒して史官を殺してしまうのだが、続いてその弟が史官となっても同じように記載し、また同様に処分される。また別の弟が史官を継いでも、再び同じことが繰り返され、四番目の弟が史官となった時には、崔杼は終に歴史的事実の改竄を諦めてしまうのである。[1] 中国では、史官は良心の化身であり、たとえその生命を犠牲にすることになったとしても、歴史的真相を記録し保存しなければならないのである。故に伝統中国の史官の記述は極めて厳格である。『文心雕龍』の中で、文学批評家の劉勰（四五六?～五二〇?）が「褒は一字を見《しめ》して、貴きこと軒冕《けんべん》を踰ゆ。貶は片言に在りて、誅すること斧鉞より深し」[2] と述べているが、正しくその通りであった。

伝統中国の歴史において、世運の興廃は常に人物の賢奸に左右されてきた。それ故、二〇世紀中国の偉大な歴史学者銭穆（一八九五〜一九九〇）撰『国史大綱』は、国史によって国魂を呼び覚まそうと、「中国史の主とするところは、やはり人物にある。（中略）中国の歴史で最も重要なのは人を語ることにあるのだ」(3)と強調するのである。

つまり、中国文化の中で、歴史は過去の個人の生活経験の結晶だと見られているのである。ここで言う「個人の」とは、一人の人間の生命の意義が、その人が身を置く歴史によって発見され、解釈され、そして形作られるということを意味している。中国の文化的背景の下、人の生命の価値とは歴史によって決まるのである。

歴史は中性的で、過去に起こったことの表れであるかのように見えることから、中国の歴史家は皆、歴史とは自分自身をより理解させてくれ、また自分自身の未来を設計してくれるものだと信じていた。そうであるからこそ、歴史によって我々は、普遍的意味を具えた生活規律について深く考えることができるのである。我々が本来有している浅慮な信念と歴史事実とが符合しない時、歴史はより我々に本来の信念の深さを考え直すように迫る。太史公司馬遷（前一四五？〜前八七？）は史実について研究し、価値信念の普遍的有効性について深い疑惑を覚えている。彼は『史記』伯夷列伝の中で「太史公曰」として、次のように語っている。

或るひと曰はく、「天道は親しむ無く、常に善人に与《くみ》す」と。伯夷・叔斉のごときは、善人と謂ふべき者か、非《いな》や。仁を積み行を絜《きよ》くすること此くのごときも而も餓死せり。且つ七十子の徒、仲尼は独り顔淵を薦《すす》めて好学と為す。然れども回や屡《しばし》ば空しく、糟糠すら厭かず、而して卒ひに蚤夭《そうよう》せり。天の善人に報施するは、其れ何如ぞや。盗跖は日に不辜を殺し、人の肉を肝《なます》にし、暴戻恣睢《ぼうれいしき》、党を聚むること数千人、天下に横行するも、竟ひに寿を以て終へり。是れ何の徳に遵へるや。此れ其の尤も大いに彰明較著《しょうめいこうちょ》なる者なり。近世に至り、操行不軌にして、専ら忌諱を犯し、而して身を終ふるまで逸楽にして、富は厚く世を累《かさ》ぬるも絶えず、或るものは地を択びて而して之れを蹈み、時ありて然る後に言を出だし、行ひは径《みち》に由らず、公正に非ざれば憤りを発せざるも、而も禍災に遇ふ者のごときは、数ふるに勝《た》ふべからざるなり。余は甚だ焉れに惑ふ、儻《ある》ひは所謂天道、是か非か。(4)

司馬遷が感慨を漏らしているように、我々もまた歴史が示す所謂「天道」に深い困惑を覚える。我々の正義感に対する歴史の軽蔑的態度は、我々の揺るがない価値判断への挑戦なのである。善人と悪人に対する歴史の審判結果を読む時、彼らの結末がどうであれ、彼らが我々の「善」に対する期待と一致しなかったとしても、事実、我々は依然として邪悪な人を仇のように憎み、聖賢の境地に対して憧憬の念を抱くだろう。それは決していかなる生命の報応法則も証明するものでは無いが、真摯誠実な方法によって我々の深い道徳的信念を実証するものではある。

特に注意するに値するのは、中国の歴史家は、悪人が成功をおさめるということについて強烈な怒りを抱き、それが我々をして、あらためて聖賢の高潔な人格と悪人の内在価値の欠陥とを再確認させるのだが、そのこと自体は当事者の結末と直接には関わらない、と信じていることである。ここで重要なのは、歴史人物の結末を通して、悪人が成功し、善い人は不幸にして夭折するという不公と不義に対する我々の正義感を奮い立たせることなのである。

換言すれば、それは否定的消極的に、積極的な「道」と「理」等の普遍的理法と人類の行為規範に肯定を獲得させるものである。我々は本能的に個人的利益のためだけに盗跖のような生活を送る人を軽蔑するだろうし、敵方に密告者があり、彼らが我々に与えてくれる便宜のために無理をして褒賞を与えるとしても、我々は彼を嫌悪するだろう。余英時が「最初から、中国が打ち立てた超経験的世界の『道』と相互に関係する実際の日常生活世界とは、枢軸時代を経てつきぬけた他の古代文明とは異なる」[5]と指摘したように、つまり、中国人とはこのように「善を采り悪を貶め」[6]て、価値観を打ち立ててきた。こうした価値観は内在的・普遍的で、発生した実際の結果を転移的価値観としないのである。[7]

中国の歴史思惟の中で、こうした心からの感情は明確な体系的解釈を獲得した後、それ以前の時代とその時の実際的状況における解釈の中に応用される。こうした方式を通して、所謂「解釈学的循環」は具体的に歴史的思惟の過程の中に現れることになる。我々は歴史中の正義を有する普遍的原則としての「道」を獲得し、それを特殊な歴史的環境の中へと応用するのである。しかし、そのことはまた、我々の「道」の観念を豊かなものにもする。こうして、歴史理解の循環は完成するのである。以下、こうした様相がどのように行われるのか見てみることにしよう。

まず、「史義」は「史実」の中から敷衍して得られるということについて、孟子（前三七一?～前二八九?）は次のように述べている。

王者の迹熄《や》みて而して詩亡び、詩亡びて然る後に春秋作る。晋の乗、楚の檮杌、魯の春秋、一なり。

其の事は則ち斉桓・晋文、其の文は則ち史なり。孔子曰はく、「其の義は則ち丘竊かに之れを取れり」と。（『孟子』離婁下、第二一章）[8]

孔子（前五五一～前四七九）の時代から、中国の歴史家は歴史の中から行為規範を発掘しようと試みてきた。特に一〇世紀以降は、それが更に事実になる。例えば、司馬光（一〇一九～一〇八六）は『稽古録』の中で、「人君の道に一有り、其の徳に三有り、其の才に五有り。（中略）上は生民の初めより、下は天地の末に逮《およ》ぶまで、国家を有《たも》つ者は、変化すること万端なりと雖も、是れを外にせず」[9]と述べ、新儒家の哲学者朱熹（一一三〇～一二〇〇）は更に強力に体系化し、「理」の概念を提出して、それによって事物の運行の規律や人の行為を規定する規範を表している。中国では、哲学的言論は、往々にして歴史叙述を通して行われるのである。

次に、歴史を観察することで、「理」と「道」とは具体的な普遍的規範となり、歴史家の過去やその時代の統治者に対する評価、警告、更には忠告の標準ともなる。朱子は気勢を張って、

千五百年の間、正坐すること此くのごとし、所以に只だ是れ架漏牽補、時日を過ぐのみ。其の間或ひは小康無きにあらずと雖も、而も尭・舜・三王・周公・孔子伝ふる所の道は、未だ嘗て一日も天地の間に行はるるを得ざるなり。[10]

と述べている。朱子は、世間の事物はそれぞれ異なるものの、全ては一に帰すことができると考えてい

る。つまり「理一分殊」[11]である。朱子からすれば、「理」は歴史に由来し、また過去とその時代に対する歴史的評価の標準となるものであった。そして、その標準は、活きた歴史の中の、苦難に満ちた人々の涙や、労働者の毎日の苦労、忠臣孝子の奉仕、酷吏の悪行及び貞女の貞節などに基づくものであった。この規律と法則とはいずれも牢固として歴史事実の中に根ざし、普遍的に人とそれぞれの朝代の行為規範とされてきたのである。このように中国では、学術領域の主流となったのは史学であり、策略研究でも史学が基礎となっている。立法には歴史記録を参考にしなければならなかったのである。したがって、伝統中国では、歴史の作成とは政治的判断と道徳的判断なのである[12]。

中国の歴史家は事の変化を黙々と観察し、その中からいくらか描写的でありながら規範的な普遍的原則を抽出するのだが、その目的はそうした原則を過去とその時代の歴史規範や評価に応用するためである。こうした循環は「解釈学的循環」と言ってよいだろう。それは我々の具体的で普遍的な「歴史思惟」へと凝結する。それは一方では一人一人の行為挙動を導き、また他方では世界の万物の運行をも導くのである。史学の中国文化における重要性はここに既に明らかであろう。

三　中国歴史思惟の中の時間観念

前節では、史学が中国において重要な意義をもつことを論じたが、このことは中国歴史思惟の中の時間概念とも密接な関係にある。中国の精神は歴史の中に浸透しているのである。中国では、一人前の人になるということは、一人の歴史感覚を具えた人になるということを意味している。つまり中国文化の中では、一人前の人間になるためには、歴史の中の人として思考し行動することが求められるのである。したがって、我々が中国文化とその特殊性を理解するには、中国の歴史と歴史思惟の特質をしっかり理解することが最も肝要である。

中国人の心の中で、歴史は、流れゆく時間の中で様々な活動に従事する我々という存在を描き出す。「流れゆく」は方向を含むから、時間の中の存在を把握することは、ある種の方向感覚を定めることを意味する。この時間の方向は過去から現在、そして未来へと流れゆく。我々の行為には、はっきりと過去から現在、さらに未来へという方向感覚があるのである。

こうした明確な方向感覚は我々に生活の希望と目標とを賦与する。中国人の時間観念は特に敏感で、こうした時間観念を具えることで生活の目標を持つことになるのである。紀元前六世紀の孔子は「逝《ゆ》く者は斯《か》くのごときか、昼夜を舎《お》かず」（『論語』子罕、第一六章）[13]と、所謂「川上の嘆」を漏らしているが、もし時間的方向感覚を失うことになったら、生活そのものから放逐されてしまい、従うべき所を喪失し、ことばにならない程の失望と孤独を味わうことになるのである。唐代（六一八〜九〇七）の陳子昂（六六一〜七〇二）は「前に古人を見ず、後にも来者を見ず。念ふ天地の悠悠たる、独り愴然として涕《なみだ》下る」[14]と歌っている。

したがって、中国の伝統の中で、歴史概念こそは生活の経糸と緯糸なのであり、それは社会の安定と繁栄のためのものであると同時に、社会が統治と政治運営を行うための重要な指標でもある。具体的に言えば、毎度の王朝交代の際、往々にして夥しい流血を伴うが、そうした新政権の歴史的合法性は特に注意を引く問題である。秦はどうして天下を失ったのか。漢はなぜ天下を得ることになったのか。こうした問題は漢朝（前二〇六〜後二二〇）成立の初め、しばしば討論の俎上に上っている[15]。それと同時に、秦朝が「天命」を失い、漢朝が「天命」を得て正統性を獲得した具体的原因について、朝廷内外で、新政権がどのように最も有効な統治を行い、天下を管理するための具体的政策を制定するかという点からも、激しい議論が交わされているのである。

こうした論争と思考の中で、歴史はとても重要な具体的指標であった。歴史は漢朝が暴秦にとってかわったことの合法性を証明し[16]、新たに打ち立てられた漢朝の有効な統治原理を通して指し示される統治の合法性に対しても、人々は歴史の中に証拠を求めるのである。歴史は統治者の頭上に高く掲げられて統治の様子を見守る目のように、随時、統治者に対して自身の宣誓と約束とを守り、有効な統治原理を強めるように促す。唐代以降、こうした統治者を監視し警告する歴史的責任は、専門的に皇帝の日常生活を記録する『起居注』の作者史官に委ねられるようになる。史官たちは確固たる信念と煩雑を厭わぬ態度によって、そうした毎日の評注作業を続けた。彼らは、たとえ自身の生命が危険にさらされようとも、皇帝の干渉を拒絶し、直書することにこだわり、自己の職責に動揺することは無かった。中国文化における人とは、こうした深い歴史への浸潤の中に置かれているのである。

ここまで論じてきたことをまとめると、次のように言えるだろう。中国文化圏の中では、社会・人民・文化と政治、その全てが歴史である。中国の人民と文化とに触れることは、彼らの歴史に触れることなのである。歴史は中国人の情趣と雰囲気とを構成している。つまり事実上、中国という存在は「歴史」の中にある。中国の人民・政治と文化こそは中国の歴史なのである。中国とは我々が最も明白に、人が徹頭徹尾「歴史人」であるということがわかる場所である。ここで言う「歴史人（homo historiens）」とは、蜘蛛が織り成す縦横に世界に交錯する網目のように、中国人が歴史を創造すると共に、歴史によって創り出されていることを表す。二〇世紀の中国では、銭穆の著作中に、こうした強烈な歴史意識の最も力強い表明を垣間見ることができるだろう。銭穆は、細かな歴史的知識の研究によって史学の精神が見失われようとしているが、この精神こそが歴史的知識と実際の生活との内在的なつながりであり、我々の文明の変化・成長と発生の精神であると固く信じているのである。(17)

四　中国歴史思惟の二つの特徴的側面

さて、より詳細に中国の歴史意識の特性について分析してみるとしよう。伝統中国の歴史思惟の中で、歴史的知識は人々が生活での出来事に対して行う類比的思惟と具体的思惟の中で形成される。以下、この伝統中国の歴史思惟における二つの特徴について明らかにしてみたい。

中国人は、歴史が類比的思惟を通して形成され、また、類比的思惟によって存在していると信じている。「類比」は具体的詳細から離れた抽象的論理では無い。具体的、体系的、不確定で総合的な代替物として、類比的思惟は根拠も無く、妄りにいろいろと考えるものでは無く、論理も無く孤立的事件をばらばらに報道するものでも無い。類比思惟には二つの特徴がある。一つは隠喩的思惟であり、もう一つは「偏によって全を例える（pars pro toto）」思惟である。

まず、一方の類比的思惟はある種の隠喩的思惟である。前漢の劉向（前七七～前六）は『説苑』の中で有名な論理学者であった恵施（前三八〇～前三〇五）の「辟《たと》ふとは、他物を挙げて而して以て之れを明らかにするなり」という語を引いている。[18]『易経』繋辞伝に「近きは諸《こ》れを身に取り、遠きは諸れを物を取る」[19]とあるが、類比思想とはこうした方法によって遥か遠くの、未知の物事を理解し、評価するものなのである。

中国人は代表的な歴史的事例から通則を抽出し、実際の事物を、真実という「縄」上の「結び目」と見なす。こうした対照性は一種の「範例」とは異なる用法をはっきりと示すであろう。つまり、短い物語を隠喩とするのである。いつの時代であろうと、中国の思想家は、普遍的な原則を提出したり、道徳的法則を定めようとする時、常に具体的な歴史事例や経験の中へと舞い戻る。この点において、孟子は代表的な思想家である。孟子は舜・傅説・膠鬲・管仲・孫叔敖・百里奚など、かなりの数の著名人の歴史的事例を引いて、「故に天の将に大任を是の人に降さんとするや、必ず先に其の心志を苦しめ、其の筋骨を労し、其の体膚を餓えしめ、其の身を空乏にし、行ひ其の為す所に払乱せしむ。心を動かし性に忍び、其の能はざる所を曽益せしむる所以なり」[20]（『孟子』告子下、第一五章）と述べている。西洋では、範例はそれによって抽象的論題の説明をしたり、あっても無くてもよい装飾品であるが、中国では正反対で、特定の範例が抽出された後では、概念は成り立ち難い。例えば、荘子（前三九九～前二九五）が提示した「両行」の考えは、それに意味を付与する猿の話が無くては理解し難いものとなる。この物語の中で、猿の飼い主は餌の分量について「朝三、暮四」にしてくれないかと提案するのだが、猿は鼻で笑って相手にしない。そこで、猿の賛同を得るため、飼い主は「朝四、暮三」とする。こうすることで双方が得をする、つまり、猿の方は希望を叶え、自分の方も初期目的を失うことが無い、というのである。[21]こうした具体的な物語が、真実の縄の上に不可欠な、結び目としての非抽象的観念をよく明らかにするのである。

したがって、隠喩とは中国歴史思惟の精髄なのだが、それは西洋ではあってても無くてもよい装飾品のようなものである。少し時代遅れかもしれないが、一つの隠喩によって二つの文化背景下の用法の違いを描写してみると、次のように言えるだろう。西洋での隠喩は装飾として帽子の上に挿してある羽毛に例えることができるが、中国の歴史思惟の中での隠喩とは、矢羽であって、矢の不可欠の一部分である。もし、羽が無くなってしまえば、矢は的を射抜くことなどできないのである。

続いて、中国の類比思惟は往々にして「偏（一部）」によって「全」を説明するものである（takes a part for the whole）。例えば、「パン」によって一般の「食物」を代表させ、「国旗」によって「全ての民族」を代表させるようなものである。歴史家もまた、古代や現代の一つの事件・一つの観点を選び出し、それらを根拠にし、またそれらを通して、事物の全体を描き出す。彼らは一つの観点から出発して、過去の事実に対して肯定したり、異議を提出したりする。司馬遷が『史記』の中で、「天道は親しむ無く、常に善人に与《くみ》す」という観念から出発して、伯夷と叔斉が首陽山に餓死してしまうという結末に対して深く哀惜の念を示しているのは、その例の一つである。

また、西洋人は往々にして弁論を「対抗」と見なし、「勝つ」か「負ける」かの論争だとするが[22]、こうした態度は、中国史上にしばしば発生した促成対話の争論、もしくは隠喩を運用して行われた勧告や説得とは大きく異なるものである。一般的に、中国の歴史家は本能的に一つの観念を選択し、その観念から出発して全体的な事実を理解することができる。同様に、西洋の思惟モデルの中では、彼らの理解は不可避的に、ある観念を強化すること（対抗的な争論）で、事実の一部分に限定されることになる。そここでは類比思想のはたらき（促成的で勧告説得的な争論）は軽視されているかのように見えるだろう。中国の歴史思惟における類比思惟の、もう一つの特徴は連貫していることである。思惟は一貫して思考活動を行う。我々が一貫して思惟活動を行う時、我々の歴史的イメージが形成される。我々が過去の一日一日を再現し、再演し、再述することで、我々の生活の物語と歴史的イメージもまた、それによって形成されるのである。

中国の歴史家にとっては、歴史の再構築とは、価値観念の脈絡の中で歴史的事実を描き出すことを意味しており、それはまた、歴史を鑑戒とすることでもある。時にはこの目的のために、歴史の一部分を「虚構」し、道徳的判断という目的に合わせることさえある。しかし、輝かしい時代にあっても、はたまた、暗黒の時代にあっても、伝統中国の史官の誰もが独立の精神を持っていることに疑いの余地は無い。人々は、その時の記録者が過去の史官のように良心を抱き、現代や未来の読者が自己の思考を形成し、彼らが居た時代と環境に本づいて歴史を鑑とすることができるように、歴史の真相を伝えてくれることを期待しているのである。

五　結論

筆者は本文の中で、中国の伝統的世界観と生活哲学の中で、歴史が中心的位置を占めていることを指摘した。中国人は徹底的な「歴史人」であり、彼らの歴史的認知の中には豊かな時間観念がある。流れゆく時間を背景として、事実・事件や人物は歴史的な研究と評価の対象である。中国の歴史意識の核心は、「道」と「理」の概念にあるが、こうした概念を借りて、中国の歴史家は歴史事実を通して評価を下すのである。筆者は、こうした概念について考慮した結果、中国の歴史思惟が一種の道徳的思惟だと言えるのではないかと考えている。倫理学は中国の歴史思惟における基礎であり、「道」と「理」といった概念の核心であった。「道」と「理」はまた、原則や規範・経験における歴史事実によって構成されている。こうした倫理的な学術を基礎として、中国歴史思惟の中で、歴史家は一方ではこの力ある手段によって、いかなる歴史人物をも批判することができるのだが、また他方では、その力は両刃の剣であり、歴史家の歴史上の邪悪な人物や事件に対する解釈力を弱めることにもなるのである。

また、中国の歴史思惟は過去と現在との間を行き来する機織機の杼《ひ》（シャトル）のように、その双方を強化する。過去の経験は決して過ぎ去ることは無く、歴史的経験も博物館の中のミイラのようなものでは無い。それは人と対話することのできる図書館のようなものであり、現代の読者はそれを通して、歴史の中の人物と創造性のある対話を行うことができるのだ。その時、そうした対話を可能にするものこそ、「類比思惟」と「具体思惟」という二種類の、中国歴史思惟を構成する特徴的要素なのである。

＊本付録はもと英文学術雑誌『歴史と理論（*History and Theory*）』第四六巻第二期（二〇〇七年五月）の特集「中国と西洋の歴史思維」の主題論文である。中国社会科学院の姜芃教授によって中国語版初稿が作成され、原作者の大幅な修訂を経て本書の付録とした。

注

(1) 楊伯峻『春秋左伝注』（台北：源流文化事業有限公司、一九八二年）、下冊、襄公二五年、一〇九九頁。

(2) 〔梁〕劉勰「史伝」、〔清〕黄叔琳校『文心雕龍注』（台北：台湾開明書局、一九七五年台一三版）、第四冊、一頁。

(3) 銭穆『史学導言』、『銭賓四先生全集』（台北、聯経出版公司、一九九八年）、第三二冊所収、引文は六五頁。銭穆は生涯をかけて中国史の特殊性を明らかにすることに努めたが、銭穆の歴史学における民族主義的意義は、十九世紀フランスの歴史学者ジュール・ミシュレ（Jules Michelet、一七九八～一八七四）が *The People*（1864）(translated by P. McKay)（Urbana: University of Illinois Press, 1973）の導言にて述べた言葉を想起させる。ミシュレは「本書はある書籍であることを超越している。それは私自身であり、同時にあなたであるからだ。そうなのだ、それは私自身であり、あなたでもあると敢えて断言したい。我々のあらゆる、様々な著作は同じ生命の源から湧き出でたものであり、それこそはフランスのコンプレックス、そして我々祖国という観念なのである」と述べている。*The Varieties of History: From Voltaire to the Present*, ed. Fritz Stern (New York: Meridian Books, 1956), p109 参照。二〇世紀の中国における、歴史は「民族の史詩」であるという議論については、Ying-shih Yü（余英時）, "Changing Conceptions of National History in Twentieth- Century China," in *Conceptions of National History: Proceedings Nobel Symposium* 78, ed. Erik Lönnroch, Karl Molin, and Ragnar Björk (Berlin and New York: Walter de Gruyter, 1994), pp.155-174 参照。

(4) 〔漢〕司馬遷『史記』（台北：芸文印書館、一九五六年拠清乾隆武英殿刊本景印）、巻六一、八五二頁。

(5) "Address of Yü Ying-shih on the occasion of receiving the John W. Kluge Prize at the Library of Congress, December 5, 2006," http://www.loc.gov/loc/kluge/docs/yu_kluge.pdf, accessed January 23, 2007.

(6) これは司馬遷が『史記』太史公自序の中で董仲舒（前一七九頃～前一〇四頃）の言葉を引いたものである。〔漢〕司馬遷『史記』、巻一三〇、一三五三頁。司馬遷自身がこうした心の遍歴を辿ることになったのは、彼と李陵との間に決して交流があったわけでは無いが、皇帝（漢の武帝）に対して李陵の国家に対する忠誠を担保したものの、李陵は遂に匈奴に敗れて投降してしまったため、宮刑に遭ってしまったことによる。この事件が司馬遷をして『史記』を完成させることを決心させたのだが、異なる脈絡下における中国版のピエール・アベラール（Pierre

Abélard、一〇七九～一一四二）『惨禍史（*Historia Calamitatum*）』だと言ってよいだろう。

（7）既に消えてしまった歴史を回顧した後、司馬遷は彼の言外の意を漏らしている。即ち「此の人は皆意に有所鬱結する所有らば、其の道に通ずるを得ざるなり、故に往事を述べて、来者を思ふ」と。『史記』太史公自序、巻一三〇、「太史公自序」、一三五三頁。

（8）〔宋〕朱熹『孟子集注』、『四書章句集注』（北京：中華書局、一九八三年）、巻八、二九五頁。

（9）〔宋〕司馬光『稽古録』（北京：中国友誼出版公司、一九八七年）、六四九頁及び六五一頁。

（10）朱熹「答陳同甫六」、『朱子文集』（台北：徳富文教基金会、二〇〇〇年）、第四冊、巻三六、一四五八頁。

（11）〔宋〕黎靖徳編『朱子語類』、巻一三六、「謨録」、『朱子全書』（上海：上海古籍出版社、合肥：安徽教育出版社、二〇〇二年）、第一八冊、四二二二頁。

（12）Ying-shih Yü（余英時）, "Reflection on Chinese Historical Thinking," in *Western Historical Thinking: An Intercultural Debate*, ed. Jörn Rüsen (New York and Oxford: Berghahn Books, 2002), pp. 152-172, especially p. 161.

（13）〔宋〕朱熹『論語集注』、巻五、一一三頁。

（14）〔唐〕陳子昂「登幽州台歌」、『全唐詩』（北京：中華書局、一九九二年）、第三冊、九〇二頁。

（15）〔漢〕司馬遷『史記』、巻九七、「酈生陸賈列伝」、一〇九五頁。

（16）Chun-chieh Huang, "The Ch'in Unification (221 B.C.) in Chinese Historiography," in Q. Edward Wang and Georg G. Iggers eds., *Turning Points in Historiography: A Cross-cultural Perspective* (Rochester: University of Rochester Press, 2002), pp. 31-44参照。

（17）銭穆『国史大綱（上）』、『銭賓四先生全集』、第二七冊、二九～三〇頁。

（18）〔漢〕劉向『説苑』（台北：台湾商務印書館、一九六五年影印四部叢刊初編縮本）、巻一一、五一頁。

（19）高亨『周易大全今注』（済南：斉魯書社、一九七九年）、巻五、五五九頁。

（20）〔宋〕朱熹『孟子集注』、巻一二、三四八頁。

（21）〔清〕郭慶藩『荘子集釈』（台北：河洛図書出版社、一九七四年）、「斉物論」、七〇頁。

（22）Cf. George Lakoff and Mark Johnson, *Metaphors We Live By* (Chicago: University of Chicago Press, 1980), pp. 3-13.

附録二　グローバル化時代における朱子「理一分殊」説の新たな意義と挑戦

一　はじめに

工業革命以後次第に成長し、第二次世界大戦を経て逞しくなったグローバル化の潮流は、二一世紀に入ってから加速的に発展し、新たな時代の歴史の主流になっている。グローバル化時代の発展的傾向は甚だしく、知識そのものが生産資材の「知識経済」となったことも、新たな趨勢の一つであろう。グローバル化時代のもう一つの主流となっている趨勢は、現代イギリスの社会学者アンソニー・ギデンズ（Anthony Giddens、一九三八～）が指摘しているように、グローバル化が世界各地域間における相互関連性（inter-connectedness）を大幅にひきあげた生活様式を創造していることである[1]。世界各地の「相互関連性」が日増しに強くなることによって、世界各地の人材・物資や資金の流通が更にスムーズになることは当然であるが、しかし、それは各地の文化的伝統や政治経済の利益が衝突する可能性もまた大きくなることを意味している。二〇〇一年のアメリカ同時多発テロ事件及びアメリカが世界各地で繰り広げている反テロ行動は、いずれもグローバル化時代における文明の衝突の可能性について予告したものである。

二一世紀のグローバル化時代の新たな挑戦に応じるために、我々は伝統の大きな流れの中に足を踏み入れながら、そこから新たな時代のインスピレーションをくみとることができるのではないだろうか。儒家思想の伝統の中で、南宋の大儒朱子（晦庵、一一三〇〜一二〇〇）の「理一分殊」説は二一世紀にあって新たな意義を持つものであるが、グローバル化の時代の各地域が互いに影響し合うという新たな脈絡の中で、多くの新たな挑戦に向かいあっている。本文では朱子学の思考にしたがってグローバル化の発展に関する問題について検討を加え、合わせて「理一分殊」説の新たな時代における意義とその転化の可能性について述べてみたい。

二　朱子学中の「理一」と「分殊」の関係——附：「理」の危険性について

1　「理一」と「分殊」

「理一分殊」は朱子学の核心概念である。朱子は、

世間の事には千頭万緒ありと雖も、其の実は只だ一個の道理あるのみ、「理一分殊」の謂ひなり。感通する処に到れば、自然首尾相ひ応ず。或ひは此れより発出して而して外に感じ、或ひは外より来たりて而して我に感ず、皆一理なり。[2]

と言う。しかし、「理一」と「分殊」は決して対抗の関係では無く、「理一」は「分殊」としての万事万物の中に偏在しているのである。朱子はまた、

蓋し乾の父たる、坤の母たる、所謂理一なる者なり。然れども乾坤なる者は、天下の父母なり。父母なる者は、一身の父母なれば、則ち其の分けて得ずして而して殊ならざるなり。故に「民を同胞と為し、物を吾与と為す」と以へる者は、自ら其の天下の父母なる者 之れを言ふ、所謂理一なる者なり。然れども之れを「民」と謂へば、則ち真に以て吾の同胞と為すに非ず、之れを「物」と謂へば、則ち真に以て我の同類と為すに非ず、此れ自ら其の一身の父母なる者之れを言ふ、所謂分殊なる者なり。（中略）其の所謂理一なる者は、分殊の中を貫きて、而して未だ始めより相ひ離れざるのみ。(3)

朱子の「理一分殊」論の中で、「理一」と「分殊」は決して分離したものでは無く、「理一」は「分殊」の中に融け込んでいる。つまり、具体的で特殊な「事」の中からのみ、抽象的で普遍的な「理」を観察し、抽出することができるということになる。つまり、「普遍性」は「特殊性」の中に存在しているのである。

朱子はそのあらゆる著述や言論の中で、しばしば「理一」と「分殊」とが相即不離であることを述べている。例えば、彼は『中庸或問』の中で、

天下の理は、未だ嘗て一ならざるも、而も其の分を語れば、則ち未だ嘗て殊ならず、此れ自然の勢

なり。蓋し人は天地の間に生じて、天地の気を稟《う》くれば、其の体は即ち天地の体、其の心は即ち天地の心なり。理を以て而して言へば、是れ豈に二物有らんや。（中略）若し其の分を以て之れを言へば、則ち天の為す所は、固より人の及ぶ所に非ず。而して人の為す所も、又天地の及ばざる所の者有るも、其の事は固より同じからざるなり。(4)

と述べている。朱子はこの中で、「理一」と「分殊」の必然性のために、一つの宇宙論的基礎を打ち立てている。朱子は、社会秩序は宇宙秩序に基づいて生成発展する、それが「理一」であるが、その「理一」の具体的表現方式は多元多様で、お互いに異なる、それが「分殊」だ、と考えているのである。

さて、朱子の思想における「理一」と「分殊」の関係、及びその方法論の問題について、さらに説明を加えるために、孔子の「吾道一以貫之」という言葉に対する朱子の解釈から見ていくことにしよう。朱子は『論語』里仁（第一五章）に見える「吾道一以貫之」について、次のような解釈を提出している。

己を尽くす、之れを忠と謂ひ、己を推す、之れを恕と謂ふ。而已矣とは、竭尽して而して余すこと無きの辞なり。夫子の一理は渾然として而して泛応曲当、譬ふれば則ち天地の至誠の息むこと無くして、而して万物各く其の所を得るがごときなり。此れよりの外、固より余法無く、而して亦た推に待つ無し。曽子は此れを見る有るも而も之れを言ひ難し、故に学者の尽己・推己の目を借りて以て之れを著明らかにし、人の暁り易きを欲するなり。蓋し至誠にして息む無しとは、道の体なり、万殊の一本なる所以なり。万物各の其の所を得とは、道の用なり、一本の万殊なる所以なり。此を以て之れを観れば、一以て之れを貫くは之れ実に見るべし。或ひは「中心を忠と為し、心のごときを恕と為す」と曰ふ。義に於いて亦た通ず。(5)

朱子のこの解釈の中で最も注目するに値するのは、「蓋し至誠にして息む無しとは、道の体なり、万殊の一本なる所以なり。万物各の其の所を得とは、道の用なり、一本の万殊なる所以なり」という句である。(6)朱子は「体」と「用」の関係を「一本」と「万殊」の相即不離の関係として説明するのだが、こうした解釈は一三世紀以降の東アジア思想界へ大きな影響力を持ち、後世の解釈をほとんど導くことになった。南宋の真徳秀（景元・希元・景希・文忠、一一七八～一二三五）は「一以て之れを貫くは、只だ是れ万事一理のみ」(7)と言い、明代の薛瑄（徳温、一三八九～一四六四）も「万物は各の一理を具へ、万理は同じく一原より出づ、故に一以て之れを貫けり」(8)と述べているが、いずれも朱子の「理一分殊」説による孔学解釈の敷衍であり、朱子の解釈が後学に与えた影響の大きさを物語っており、朝鮮時代（一三九二～一九一〇）の朝鮮儒者はそうした朱子学の解釈典範の中により深く浸ることになった。

方法論の観点から見ると、朱子の「理一」と「分殊」に対する解釈は、実はある種の方法論の個体論的思惟傾向を密かに有している。『朱子語類』巻二七及び巻四五にて「吾道一以貫之」を解釈する時、方法論の個体論的傾向が充分に発揮されている。朱子は「貫は、散銭のごとし。一は、是れ索子なり。曽子は尽く許多の散銭を暁り得たるも、只だ是れ這の索子無し、夫子は便ち這の索子を他に与ふ」(9)と言う。朱子は銅銭と縄によって喩えているのだが、必ず先に多くの銅銭を積まなくてはならないと主張する。なぜならば、「貫く」ことができないからである。朱子は更に解釈を加えて次のように述べている。

而して今只管懸想《ひたすらけそう》して「一貫」を説道《い》ふも、卻て貫個とは甚麼《なに》かを知らず。聖人は直だ是れ事事に理会して得、「古を好むこと敏にして以て之れを求む」と云へるがごとく、驀直《まくじき》恁地に去《い》きて它《それ》を貫きて得たるにあらず。（中略）近く永嘉に一両相識有り、只管去きて制度を考ふるも、卻て都《みな》曽て個の根本を理会せざるを見る。一旦利害に臨むに、那個《それ》は都未だ用ふる処有らず、卻て都事を済《な》さず。呂伯恭（祖謙）は向来、人に教へて亦た「論語は皆虚言、実事を論ずるにしかず」と云ひ、便ち去きて史を考せんことを要む。陸子静のごときも又只だ個の虚静を説きて、「全て許多の事無し。顔子は学ぶ会《あた》はず、『中庸を択び、一善を得れば則ち拳拳として失ふ勿し』。善は則ち一なり、何を用て更に択ばん。『子路の聞くこと有り、未だ之れを能く行はざれば、唯だ聞く有らんを恐る』。一聞の外に、何を用て再び聞かん」と云ふは、便ち都な禅家の説話と一般とならん。聖人の道理は、都な恁地《かく》あらず、直だ是れ周徧なるのみ。(10)

朱子はこの中で、一方では永嘉学派の諸君子の史論が制度を考察するのみで、人心等の根本問題を軽視していることを批判して、煩瑣だと言う。他方では陸九淵（象山、子静、一一三九～一一九三）が「虚静」のみを説き、分殊の理をわかっていないと批判するのである。

また、朱子「理一分殊」説の全体的特質から見ると、朱子もまた、ある程度の「知識主義」的思想傾向を有しており、彼の「理一分殊」と「格物窮理」等の学説とは互いに呼応している。朱子は「聖人は未だ嘗て理一を言はず、多く只だ分殊を言へるのみ。蓋し能く分殊中の事事物物、頭頭項項に於いて、其の当に然るべきを理会して得、然れども後方に理本の一貫なるを知る。万殊に各の一理有るを知らずして、而して徒らに理の一なるを言はば、理一は何れの処に在るかを知らず[11]」と言う。彼は「分殊」の中にこそ「理一」の手がかりを求めることができると強調しているのである。正しく朱子が言う、「普遍の理」としての「太極」は、実は「分殊の理」としての「両儀」や「四象」、「八卦」の中にあるようなものなのである。[12]

２　朱子学における「理」の危険性

朱子「理一分殊」説の「理」についての細かい論述についてさらに探ってみると、朱子の思想における「理」を次のような特徴があるものとすることができる。はじめに、「理」は抽象的で一元的な概念であることとである。二つ目は、「理」はたくさんの具体的事実の中から異なる方法によって立ち現れてくること、三つ目は、「理」は時間と空間とを超越した存在であり、永遠に滅びないことである。四つ目は、「理」の連続或いは発展が聖賢の心の覚醒と唱導によること、最後は、具体的な歴史の変遷の中で染み出してきた「理」は二重の性格をもっているということである。つまり、「理」は規律であると同時に規範でもあり、「然る所以」であると共に「当に然るべき所」なのである。朱子学における「理」は道徳学や倫理学であると同時に、宇宙論の範疇にも属しており、その両者は一つに融合しているのである。[13]

「理」の発生過程と本質状態から見ると、朱子学中の抽象的で普遍的な「理一」は具体的で特殊な「分殊」の中に生起するものであるが、一旦「理」が聖人によって「事」の中から抽出、もしくは朱子が言うように「流れ出て来[14]」てしまうと、「理」は独立性と自主性とを獲得し、二度と「事」の制約を受けることは無く、「多」の上の「一」(the one over the many)となる。したがって、「多」に対して支配力と制裁力を持つことになるのである。

三 グローバル化時代の朱子「理一分殊」説の新たな啓示と挑戦

1 新たな啓示

二一世紀のグローバル化時代という観点から見ると、朱子「理一分殊」説が我々に与えてくれる最も重要で新たな啓示は、抽象的で普遍的な規範は、具体的で特殊な状況の中に自然と生まれてこなければならないということである。ここでは「グローバル化」の本質から説き起こすことにしよう。本文のはじめに論じたように、グローバル化発展の趨勢は世界各地間の「相互関連性」を強め、ニューヨークの株価市場の変化は連帯的に東京や台北、上海の株価市場へと影響を及ぼす。また、グローバル化の発展は表面的な一体感を創出する。しかし、「地球村」というスローガンと明るい見通しの下で、巨大な圧迫と支配とがそこには潜んでいる。グローバル化の発展はその中心に位置する国家をして、辺境の国家に対して、より遠慮の無い搾取と制御を行わせることになる。グローバル化の中心に位置する国家は、国際連合のような国際的な政治組織や、世界貿易機関(WTO)のような経済組織、世界銀行や国際通貨基金(IMF)のような金融機構、また、最先端の宇宙科学技術や生命科学といった知識をも掌握し、グローバル化の「中心」としての国家の影響力をより及ばぬ所が無いようにするのである。

グローバル化の趨勢が加速した後、国際間であれ、国内であれ、所得の分配の不平等の問題もより深刻になっている。経済学者の研究によると、一九八〇年代以降、グローバル化によってもたらされる不平等は日増しに深刻になっており、世界各国の寿命と教育面における不平等は緩和されているように見えるが、それは実際には仮象に過ぎないようである。[15]「グローバル化」は既に厳然としてグローバル化発展の「中心」国家が「辺境」国家を制約する根拠となっているのである。

「グローバル化」の趨勢のここまでの発展が、強者や多数の弱者・少数を凌ぐための道具となっている理由は多くあるが、最も重要な原因は、「グローバル化」の言論が世界各国の具体的な影響関係の脈絡の上から抽出される抽象理念や支配力を有するメカニズムとなっているからであり、それは世界各国が相互に影響し合う具体的な脈絡の中で、時間の経過と共に進化し、修正されるような論述では無いからである。

こうした「グローバル化」の趨勢が創り出す国際間や各国国内での不平等現象について、朱子学の「理一分殊」説が新たな時代への啓示を与えてくれる。朱子は「所謂理一とは、分殊の中を貫きて、而して未だ始めより相ひ離れざるのみ[16]」と強調しているが、この言葉は我々に次のような啓示を示すものであろう。それは、ある種の理念或いはメカニズムとしての「グローバル化」とは、各国の相互関係の中にのみ存在すべきだということである。換言すれば、抽象的概念としての「グローバル化」は、具体的な国際関係の中にのみ存在することができ、そうであるからこそ随時調整や進化が可能で、国際上の強権として弱国を抑圧したり、国内の資産階級が農工階級を圧迫したりする理由となることから免れることができるのである。

2　新たな挑戦

しかしながら、二一世紀の今日の時局から見ると、「グローバル化」が既に各国の具体的な国際関係から抽出された、支配力を持つ言論とメカニズムとなっており、グローバル化された「中心」国家によって壟断されていることは明らかである。「グローバル化」はかなりの程度で、「アメリカ化」と同じ意味を持つ。早くも一九九七年に、本部をアメリカに構える世界的大企業のリーダー層でアメリカ国籍を有していないのは、わずか二パーセントであるという事実が指摘されている。(17) こうした状態は二一世紀になった今日でも、決して大きな変化を見せていない。

それは正しく朱子の「理一分殊」説における「理」の危険性のようなものである。「グローバル化」の言論は、かつて朱子の「理一」がいったん「分殊」の中から切り離された後、独立性を獲得して、強者によって壟断され、「辺境」の国家と民衆を圧迫する道具になってしまったのと同じ道をたどっている。一八世紀の戴震（東原、一七二四～一七七七）は、「理」学が統治者によって利用されて殺人の道具と化してしまっていることを痛烈に批判しているが、それによく似ている。

（前略）今の人を治むる者は、古賢聖の民の情を体し、民の欲を遂ぐに視ぶるに、多く鄙細隠曲に出で、諸意を措かず、怪と為すに足らず。而して其の責むるに理を以てするに及ぶや、曠世の高節を挙げて、義を著らかにして而して之れを罪するに難からず。尊者は理を以て卑を責め、長者は理を以て幼を責め、貴者は理を以て賎を責め、失せりと雖も、之れを順と謂へり。卑者・幼者・賎者は理を以て之れを争ひ、得たりと雖も、之れを逆と謂へり。是に於いて下の人は天下の情を同じくし、天下の欲を同じくする所を以て之れを上に達する能はず。上は理を以て其の下を責めて、而して下に在るの罪は、人人は勝げて指数せず。人は法に死して、猶之れを憐む者有るも、理に死しては、其れ誰か之れを憐まん。[18]

二三〇年前の戴震が言う「今の人を治むる者」が「理」によって人を殺すという状況は、二一世紀の今日、グローバル化の「中心」にいる国家が、「グローバル化」という「理」によって「辺境」国家をコントロールするという状況によく似ている。朱子の言葉を借りれば、「グローバル化」という「理一」は、既に世界各国の「分殊」という具体的状況の中から剥離して、世界の政経秩序の権力掌握者の掌中の道具と化してしまっていると言える。「グローバル化」の危険性と朱子の学説中の「理」の危険性は相似関係にあるのである。

二一世紀の「理」としての「グローバル化」の価値理念の危険性についてさらに考えるために、我々は再び朱子「理一分殊」説における「理」と「心」の関係を振り返ってみることにしよう。朱子はひたすら「格物致知」による過程を経て、人の「心」は有効に万物及び宇宙の「理」を掌握し、理解することができ、さらには彼が「大学格物補伝」に言う「力を用ふることの久しきに至りて、而して一旦焉れに豁然貫通すれば、則ち衆物の表裡精粗は到らざるは無く、而して吾心の全体大用も明らかならざるは無し」[19]という境地に到達することができると強調している。

朱子が強調した、人の「心」によって万物の「理」を掌握するというような思想遺産は、朝鮮時代

（一三九二～一九一一）の朝鮮思想界への影響は極めて大きなものがあり、二つの命題を生んでいる。[20] 朝鮮の儒者が朱子学の中から整理し導き出した一つ目の命題は、「吾心の理」によって「万物の理」は貫かれているということである。朱子は『朱子語類』の中で「心裡は尽く這《こ》の万理を包む[21]」、「一心に万理を具ふ[22]」、「心は万理を包み、万理は一心に具はる[23]」といった説を提出していたが、一八世紀朝鮮の儒者金謹行（字敬甫、号庸斎藤、一七一二～卒年未詳）は次のように述べている。

子曰はく、「参や、吾が道は一以て之れを貫く」とは、一とは、理なり。貫とは、心の事なり。理は吾が心に在り、吾が心の理を以て、万物の理を貫くなり。[24]

金謹行は孔子の「一以て之れを貫く」を「理は吾が心に在り、吾が心の理を以て、万物の理を貫く」と解釈しているのだが、ここで言う「理は吾が心に在り」という言葉は、朱子の「窮理」の学に対して、より「内転」を進めたものであることを示している。

朝鮮儒者が朱子学から派生させた二つ目の命題は、「一本」と「万殊」とはいずれも心に本づくことを強調したことである。一七世紀朝鮮の儒者朴知誠（字仁之、号潜冶、一五七三～一六三五）は、

孔子は「吾が道は一以て之れを貫く」と曰ひ、朱子は「人の学を為すは、心と理とのみ」と曰へり。「心」は即ち「一本」なり。「理」は即ち「万殊」なり。古聖人の垂教の説は、一と万とに非ざるは無きのみ。小学に従事して而して此の心を端荘静一の中に存する者は、一より上がりて工を做すな

り。格致に従事して而して衆理の妙を窮める者は、万より上がりて工を做すなり。（中略）一よりして而して万、万よりして而して一、復た一よりして而して万たるは、乃ち聖人の学なり。一本万殊は、両儀の象なり。知上行上に皆此の両端有り。知覚不昧の心に在るを「知上の一本」と曰ひ、事物の理を明灯するを「知上の万殊」と曰ひ、一心の渾然として中に在るを「行上の一本」と曰ひ、躬行践履の事物に在るを「行上の万殊」と曰ふ。所謂忠恕是れなり。[25]

と言う。この朴知誠の解釈の特殊である所は、朱子の「一本」と「万殊」とを、「知上の一本」と「知上の万殊」、及び「行上の一本」と「行上の万殊」と更に細分化して、「心」の作用に帰結させていることであろう。金謹行はまた、朝鮮儒者の「一本」と「万殊」とを「心」上に帰結させるという解釈的立場を発揮して、

道の総て一心に在る者を以て之れを万事に貫くは、則ち散殊の道と為す。道の万事に散在する者を以て之れを一心に本づくるは、則ち総会の道と為す。[26]

金謹行は「心」が「散殊の道」と「総会の道」とを統一すると考えているのだが、確かに朱子の解釈をより一層進めた感がある。

朝鮮の朱子学者の論述の中から、我々は朱子の「理一分殊」説における「理」が、もし全く人（特に聖人）の「心」の解釈と理解とに帰結しているならば、「理」の解釈の任意性を免れることが困難であり、

なおかつ「理」の客観性を失わせ、少数の人々によって容易に掌握支配されることになるということがわかる。二一世紀の「グローバル化」の解釈権が強権国家に支配されることは、ある意味、朱子と宋儒の「理」が一八世紀中国の被統治階級によって掌握されたこととよく類似しているのである。

朱子「理一分殊」説中の「理」が壟断されるという危険性は、朱子学説における「理」の同源性によって更に高まる。『朱子語類』巻一八に、弟子が「万物各の一理を具へて、而して万理は同じく一原より出づ」という問題に関して教えを請うたところ、朱子は次のように答えたとある。

> 万物は皆此の理有りて、理は皆同じく一原より出づ。但だ居る所の位同じからざれば、則ち其の理の用も一ならず。君となりては須らく仁、臣となりては須らく敬、子となりては須らく孝、父となりては須らく慈なるがごとし。物物各の此の理を具へて、而して物物は各の其の用を異にす、然れども一理の流行するに非ざるは莫きなり。[27]

朱子は「理」の同源性を強調してはいる（「理は皆同じく一原より出づ」）が、同時に実際の作用の位相において、それぞれの事物の「理の用」は互いに異なる特殊の理があり、かつ、それぞれの具体的事物もまた普遍的「一理」を共有していることを強調しているのである。

朱子の理論からグローバル化時代の世界情勢を見てみると、それぞれ異なる文明や国家の分殊の「理」同士が激しく衝突しているのみならず、「理」の解釈権もまた、グローバル化の「中心」に位置する国家に壟断されており、「グローバル化」の発展は人類の前途に巨大な影を落としていると言ってよい。

では、どのようにすれば朱子の「理一分殊」説の中から新たな意義を見出し、二一世紀の「グローバル化」の新たな挑戦に応じることができるのだろうか。二一世紀のグローバル化の発展によって、世界の各文明・各国家間の「相互関連性」は日増しに増加し、それぞれ異なる歴史的文化的背景に由来する「理」もまた、互いに激しく衝突している。したがって、もし朱子の「理一」が一人もしくは少数の人々の「心」によってのみ解釈したり、掌握できるものならば、新たな時代の挑戦には適応することはできず、新たな解釈を創出しなければならないだろう。

四　結論――多様な「理」の中での同異共存

ここまで述べてきたように、我々は朱子の「理一分殊」説を通して、二一世紀のグローバル化時代における、諸国家の「理」の相互衝突や共存について分析し、「理」がグローバル化の「中心」国家によってコントロールされて、「辺境」国家を圧迫する道具となっているということを述べた。我々は、朱子「理一分殊」説における「理」が多数の分殊である「事」の中を貫き、またその中に浸潤していることを指摘した。しかし、危ぶむべきは、いったん「理」が「事」の中から「流れ出で来」た後、「理」は独立性を獲得し、「脱コンテクスト化」されて少数の人や強権によって、かえって分殊である「事」を圧迫することになり易いということである。したがって、本来は「多」の中の「一」であるものが、「多」の上の「一」へと転化してしまうのである。

こうした角度から見ると、二一世紀のグローバル化時代の中で、「理一」は多くの分殊して共存する「理」へと転化してこそ、異なる文化伝統が文明間で対話する新たな時代の要求に適応することができるのである。かつ、我々もまた、朱子学の中の「理一」が潜在的に持っている従属原則（Principle of Subordination）――文化の中の数多くの主体（例えば社会的、経済的主体）が均しく単一の主体（例えば政治的主体）の支配に服従すること――を、次第に「並立原則」（Principle of Coordination）――文化の中の数多くの主体が並立及び競争の状態にあること――へと転化しなければならないのである。[28]

二一世紀、それぞれの文化的伝統が内包する多元的な「理」が互いに対話するという新たな時代にあって、同異共存は必然的な道である。伝統的な中華文化では「同」が重視され、「異」は軽視される。古代の儒家は「同」の価値を大変強調していた。孟子は舜の美徳について語る中で、「大舜は有た大なり。善く人と同じくし、己を舍《す》てて人に従ふ（後略）[29]」（『孟子』公孫丑上、第八章）と言い、「尭・舜は人と同じくするのみ[30]」（『孟子』離婁下、第三十二章）とも述べている。余英時（一九三〇～）が指摘しているように、中国思想史上、「同」が一つの価値意識として常に強調されていたところに、漢末になって、「異」が価値意識として重んじられるようになったのは、漢末の儒学の衰微、新道家の勃興、「個人」の再発見等の発展と関係するものであろう。[31] したがって、二一世紀の大中華文化圏、及びその世界との影響関係について言えば、どのように「同」を求めて「異」を存する価値観を開発するのか、どのように宋儒陳亮（同甫、一一四三～一一九四）の言う「道は形気の表より出づるに非ずして而して常に事物の間に行われる[32]」ようにするのか、どのように明の羅欽順（字允升、号整庵、一四六五～一五一七）の言った「其の理の一は、常に分殊の中に在り[33]」という原則を実践するのか。これらはいずれも真摯に考察すべき問題となるのである。

注

（1）Anthony Giddens, *Beyond Left and Right: The Future of Radical Politics* (Cambridge: Polity Press, 1994), pp. 4-5.

（2）〔宋〕黎靖徳編『朱子語類』、巻一三六、「謨録」、『朱子全書』（上海・合肥：上海古籍出版社・安徽教育出版社、二〇〇二年）、第一八冊、四二三二頁。

（3）〔宋〕朱熹「与郭沖晦二」、『朱子文集』（台北：徳富文教基金会、二〇〇〇年）、第四冊、巻三七、一五一七～一五一八頁。「理一」と「分殊」関係の討論については、市川安司「朱晦庵の理一分殊解」、氏著『朱子哲学論考』（東京：汲古書院、一九八五年）、六九～八六頁に詳しい。

（4）〔宋〕朱熹『中庸或問』、『朱子全書』、第六冊、五九五～五九六頁。

（5）〔宋〕朱熹『論語集注』、『四書章句集注』（北京：中華書局、一九八三年）、巻二、七二頁。

（6）〔宋〕朱熹『論語集注』、巻二、七二頁。

（7）〔宋〕真徳秀撰、劉承輯『論語集編』（台北：台湾商務印書館、一九八三年景印文淵閣四庫全書本）、巻二、二一〇頁。

（8）〔明〕薛瑄『読書録』（台北：台湾商務印書館、一九八三年景印文淵閣四庫全書本）、巻六、一一頁。

（9）〔宋〕黎靖徳編『朱子語類』、巻二七、「節録」、『朱子全書』、第一五冊、九七〇頁。

（10）〔宋〕黎靖徳編『朱子語類』、巻四五、「夔孫録」、『朱子全書』、第一五冊、一五八四～一五八五頁。朱子はまた、「所謂一貫は、須らく是れ箇の散銭を聚むること多かるべし、然る後に這の索も亦た得易し。若し許多の銭を積みて得ざれば、空しく一条の索有るのみにして、甚麼を来たりて穿たんか。吾が儒も且に去きて銭を積むべし。若し江西の学者も都な一銭も無く、只だ一条の索有るのみならば、甚麼を来たりて穿つを知らん」（巻二七、九八三頁）とも述べているが、同じ意味である。

（11）〔宋〕黎靖徳編『朱子語類』、巻二七、「銖録」、『朱子全書』、第一五冊、九七五頁。

（12）朱子は「太極は便ち是れ一なり、両儀を生ずるを得るに到る時、這の太極は便ち両儀の中に在り。四象を生ずるの時、這の太極は便ち四象の中に在り。八卦を生ずるの時、這の太極は便ち八卦の中に在り」と言う。〔宋〕黎靖徳編『朱子語類』、巻二七、「道夫録」、『朱子全書』、第一五冊、九六七頁。

(13) 本書第六章、及び Chun-chieh Huang, "Imperial Rulership in Cultural History: Chu Hsi's Interpretation," in Frederick Brandauer and Chun-chieh Huang eds., *Imperial Rulership and Cultural Change in Traditional China* (Seattle: University of Washington Press, 1994), pp. 188-205 参照。

(14) 〔宋〕黎靖徳編『朱子語類』、巻九八、「義剛録」、『朱子全書』、第一七冊、三三二〇頁。林子武が「亀山語録に『西銘に「理一にして而して分殊」とあり。其の理の一なるを知る、仁たる所以なり。其の分殊たるを知る、義たる所以なり』と曰へり」と尋ねたところ、朱子は「仁は、只だ是れ流れ出で来れる、便ち是れ仁なり、各の自ら一箇の物事を成す、便ち是れ義なり。仁は只だ是れ那の流行する処、義は是れ当に做すべきに合する所なり」と答えている。

(15) Bob Sutcliffe, "World Inequality and Globalization," *Oxford Review of Economic Policy*, vol. 20, no. 1 (2004), pp. 15-37.

(16) 〔宋〕朱熹「与郭沖晦二」、『朱子文集』、第四冊、巻三七、一五一八頁。

(17) Peter Beinart, "An Illusion for Our Time," *The New Republic* (October 20, 1997), pp. 20-24 参照。

(18) 〔清〕戴震『孟子字義疏証』、『戴震全集』（北京：清華大学出版社、一九九一年）、巻上、「理」、一六一頁。

(19) 〔宋〕朱熹『大学章句』、『四書章句集注』、七頁。

(20) 黄俊傑『徳川日本論語詮釈史論』（台北：台大出版中心、二〇〇六年）、第七章、二四九～二五四頁。

(21) 〔宋〕黎靖徳編『朱子語類』、巻二七、「僩録」、『朱子全書』、第一五冊、九七四頁。

(22) 〔宋〕黎靖徳編『朱子語類』、巻九、「季札録」、『朱子全書』、第一四冊、三〇六頁。

(23) 〔宋〕黎靖徳編『朱子語類』、巻九、「陽録」、『朱子全書』、第一四冊、三〇六頁。

(24) 金謹行『論語箚疑』、氏著『順菴先生文集』、巻一一、『韓国経学資料集成』（ソウル：成均館大学校大東文化研究院、一九八八年）、一二三、論語六、五七五頁。

(25) 朴知誠『箚録――論語』、氏著『潜冶集』、巻一〇、『韓国経学資料集成』、一八、論語一、二三三一～二三三四頁。

(26) 金謹行『論語箚疑』、五七六頁。

(27) 〔宋〕黎靖徳編『朱子語類』、巻一八、「僩録」、『朱子全書』、第一四冊、六〇六頁。

(28) 「従属原則」と「並立原則」とは、牟宗三（一九〇九～一九九五）先生が創出した言葉である。牟宗三『中国文

化的省察』（台北：聯経出版公司、一九八三年）、六八頁参照。
(29)〔宋〕朱熹『孟子集注』、『四書章句集注』、巻三、二三九頁。
(30)〔宋〕朱熹『孟子集注』、『四書章句集注』、巻八、三〇〇頁。
(31) Ying-shih Yü, "Individualism and the Neo-Taoist Movement in Wei-chin China," in Donald Munro ed., *Individualism and Holism: Studies in Confucian and Taoist Values* (Ann Arbor: The University of Michigan, 1985), pp. 121-156. 中国語版は、李彤訳「魏晋時期的個人主義和新道家運動」、余英時著、程嫩生・羅群等訳『人文与理性的中国』（台北：聯経出版公司、二〇〇八年）、二三一～五八頁。
(32)〔宋〕陳亮「勉彊行道大有功」、『龍川文集』（北京：中華書局、一九八五年新一版）、巻九、九二頁。
(33)〔明〕羅欽順『困知記』（北京：中華書局、一九九〇年点校本）、巻上、七頁。

監訳者あとがき

本書は、二〇一四年一一月に「東亜儒学研究叢書」の第二〇冊目として、台湾の国立台湾大学出版中心より出版された黄俊傑『儒家思想與中國歴史思維』の全文翻訳である。

著者の黄俊傑氏は、本人が本書序文に記すように、台湾南部の高雄市出身である。一九六九年に国立台湾大学歴史学系学士、一九七三年に同修士を取得し、アメリカへ留学。一九八三年にワシントン大学歴史系の博士を取得している。本書が台湾や中国のみならず、欧米や日本における研究成果にまで広く目配りしているのは、こうした学歴によるところが大きいだろう。博士取得後も、台湾大学で教鞭を執る傍ら、シンガポール教育部儒家倫理小組顧問（一九八五）やアメリカのワシントン大学（一九八六～一九八七）、台湾の東呉大学（二〇〇五）、中国の山東大学（二〇〇八～二〇一一）や中国人民大学（二〇一〇～）、そして日本の関西大学（二〇〇九）など多くの国内外高等教育機関で客座教授・講座教授を歴任、現在（二〇一六）は台湾大学講座教授・同大学人文社会高等研究院院長・東亜儒学研究中心主任・中華民国教育部国家講座・中央研究院中国文哲研究所合聘研究員といった職位を兼任されている。

その著作は論文や編著なども含めると膨大な量に及ぶ。単著だけでも最初の『春秋戰國時代尚賢政治的理論與實際』（台北：問学、一九七七年）から数えて、これまで四〇冊前後の著作が刊行されている。また、その内容も豊富かつ多様で、著者本人の主要研究領域は「東アジア儒学」・「通識（一般教養）教育」と「戦後台湾史」であるが、それ以外にも『古代希臘城邦與民主政治』（台北：台湾学生書局、一九八一年）といった著作を含むなど、西洋史・西洋思想にも大変造詣が深く、その片鱗は本書でも随所で垣間見ることができる。また数々の著作が海外でも高い評価を受け、各国で翻訳書が出版されている。わが日本に限って言えば、次のような著書が既に邦訳されており、比較的容易に入手・閲覧することが可能であるので、関心のある人士は是非手にとって瞥見いただきたい。

（1）白井進訳『台湾意識と台湾文化』（東京：東方書店、二〇〇八年）、原著『臺灣意識與臺灣文化』（台北：国立台湾大学出版中心、二〇〇六年、二〇〇七年二刷）。
（2）藤井倫明訳『東アジアの儒学――経典とその解釈』（東京：ぺりかん社、二〇一〇年）、原著『東亞儒學――經典與詮釋的辨證』（台北：国立台湾大学出版中心、二〇〇七年）。
（3）藤井倫明・水口幹記訳『東アジア思想交流史――中国・日本・台湾を中心として』（東京：岩波書店、二〇一三年）、原著『東亞文化交流中的儒家經典與理念――互動・轉化與融合』（台北：国立台湾大学出版中心、二〇一〇年）。
（4）拙訳『徳川日本の論語解釈』（東京、ぺりかん社、二〇一四年）、原著『徳川日本《論語》詮釋史論』（台北：国立台湾大学出版中心、二〇〇六年）。

邦訳されている著書だけ見てみても、著者の該博な知識と広範な研究領域とが一目瞭然であろう。

さて、本書『儒家思想と中国歴史思惟』は、著者にとって五冊目の邦訳作品だということになるが、ここで簡単にその内容について紹介してみたい。

まず序論「儒家人文精神の伝統と中国史学（原題：儒家人文精神傳統與中國史學）」では、中国史学に関する研究論著を大きく、㈠中国史学の通史的作品、㈡中国史学の特定の時代或いは特定の問題を扱ったもの、㈢歴史家或いはその史学名著を主題とするもの、の三種類に分類して回顧した結果、史学とその他の学術的伝統との関係について検討を加えたものは少なかったと考える。そこで著者が着目するのが、中国における歴史思惟と儒家思想との関係である。

「人の完全可能性」への信念を核心とする儒家の人文精神は、身心一如・自他円融・天人合一・歴史意識という四方面によく表れているが、特に歴史意識が最も重要な位置を占めていると著者は考えている。また、儒家の人文的伝統における歴史意識は、㈠儒家における「人」とは「歴史的人物」であり、「自由意志」を具える主体であること、㈡「自我」の上昇と転化の鍵は歴史上の模範的人物を学ぶことにあること、そして㈢歴史の推移過程において「文」と「質」とが交代するという歴史観、この三方面に表れていると指摘する。

では、中国の歴史思惟に見られる儒家的要素にはどのようなものがあるのか。著者は、㈠古によって今を批判し、古を今に用いようとする点、㈡特殊事例から普遍性を導き出す点、㈢「事実判断」と「価値判断」とを融合している点、の三つを挙げている。このように、中国の歴史思惟と儒家思想とは極めて複雑で緊密な関係にあるが、そうであるが故に、中国史学における「価値」と「事実」、「普遍性」と「特殊性」とは常に緊張関係にあるとも述べている。

続いて第一部は「中国歴史思惟の核心とその現れ（中國歴史思維的核心及其呈現）」と題されており、第一章「中国伝統歴史思想に見られる『時間』概念とその特質（中國傳統歴史思想中的時間概念及其特質）」と第二章「中国歴史著作中の史論の作用とその理論について（中國歴史寫作中史論的作用及其理論問題）」とから成る。

第一章ではまず、中国文化と儒家思想とが具体的意義に溢れた「時間」に因循して変化することを極めて重視し、その「時間」の動向を把握することで「超時間」的道徳理則を抽出してきたと指摘する。したがって、中国の歴史思惟は「時間」と「超時間」の間で往復を繰り返すことになる。この点、著者は現代における「時間」が不可逆的であるのとは異なり、中国の歴史思惟における「時間」は「過去」と「現在」との間を往来し、現代人により豊かな生命を提供することになると考えている。また、現代生活では「個人的時間」は「社会的時間」の制限を受けるが、伝統的中国文化の中の「時間」と「超時間」との関係同様、「個人」と「社会」との関係も決して対抗的ではなく相互浸透的関係にあるとし、伝統中国的歴史思惟の現代社会における可能性を示唆するのである。

続いて第二章では、最初に伝統中国の歴史著作における「事」と「理」の関係について論じ、北宋以前の中国歴史著作における史「理」は史「事」の中に託されていたが、北宋以降、理学の発展に伴って儒家的価値観が次第に歴史的思考に影響を及ぼすようになると、史「理」は史「事」を凌駕するようになったとする。そして、中国における史論が持つ三つの作用――（一）「特殊性」から「普遍性」へ、

(二)以「今」釈「古」、「古」為「今」鑑、(三)「事実判断」と「道徳判断」の融合について詳論している。

第二部「儒家思想と中国歴史思惟の展開(儒家思想與中國歴史思維的展開)」は、第三章から第六章までの四章から成る。

第三章「中国古代における儒家の歴史的思惟の方法とその運用(中國古代儒家歴史思維的方法及其運用)」では、古代の儒家が展開した歴史的思惟の方式とその運用方法とを分析する。著者はまず、古代儒家の歴史思惟における「時間」概念について分析を行い、(一)「過去」と「現在」間における往復性、(二)「今」は「古」によって形成されると同時に、「古」に新たな意味を与えることができる、という二つの特質を指摘する。続いて、著者は古代儒家の歴史的思惟方法を(一)「古」によって「今」を諭す「比式思惟方法」と(二)史実に即して史義を求める「興式思惟方法」の二つに帰納している。本章ではさらに、古代儒家の歴史的思惟方法の展開過程によく見られる四つの主要概念――(一)「三代」、(二)「道」、(三)「人文化成」、(四)「聖王」についても検討が加えられている。また、儒家が「反事実的思考」を通じて、回顧的思惟活動と展望的思惟活動とを融合させ、「価値」と「事実」とを結びつけるとも指摘し、儒家の価値理念中に浸潤する伝統中国の歴史学が批判意識を具えたものだったと論じている。

第四章は「儒家言論中の歴史叙述と普遍的理法(儒家論述中的歴史敘述與普遍理則)」と題され、儒家の言説において、具体的な歴史事実についての叙述と抽象的な普遍的理法の証明とが密接に絡み合って相互に浸透性を有しているがために、その中に見られる「普遍性」が実はある種の「具体的普遍性」となっていることを論証している。儒家の論述における歴史上の黄金時代や典範的人格の叙述は、いずれも普遍的理法や抽象的命題を打ち立てることを目的としたものであったから、儒家思想の中に浸潤している歴史学は、実質的には道徳学であり政治学であった。こうした特質の下、儒家の歴史叙述は普遍的理法を立証する手段となったのである。著者は、儒家思想の伝統の中では、「普遍性」は「具体的普遍性」であり、「経」と「史」とは分かつことができず、「一貫」を「多識」の中に求めることでのみ、儒家の歴史論における「抽象性の具体性への寄寓」及び「特殊性に即して普遍性を論じる」という特質を理解することができると指摘している。つまり、伝統中国の歴史思惟の中では、「事実判断」の中から「道徳判断」を抽出し、「歴史叙述」と「普遍理則」とが融合されているのである。

第五章「儒家的歴史叙述の特質——朱子の歴史叙述における聖王典範（儒家歷史敘述的特質——朱子歷史敘述中的聖王典範）」、及び第六章「儒家的歴史解釈の理論基礎——朱子の中国史解釈（儒家的歷史解釋的理論基礎——朱子對中國歷史的解釋）」は共に朱子が主題である。まず第五章では、前章までで明らかとなった、中国文化における「具体的思惟方法」の一表現たる、儒者の「歴史に即して哲学を論じる」という思惟方法について、宋儒——とりわけ朱子の「聖王」に対する歴史叙述を事例としながら、さらに詳細に検討を加えている。著者は宋儒、そして朱子の思想の中に、「歴史叙述によって哲学的命題を導く」という思惟方式を見出し、それが先秦以来の「具体的思惟方式」の伝統を踏襲して発展させたものだと考え、それが現代歴史学において言われる「例証的叙述」に近いものだと指摘している。

続いて第六章では、朱子の中国史についての解釈が、彼自身の哲学体系の内在的要求に根差して行われていることを論じる。朱子は秦を分水嶺とする「尚古的歴史観」を有していたが、それは「理一分殊」の哲学を理論基礎とするものであった。朱子は規律でもあり規範でもある「理」によって、「過去」を解釈することで「現在」を変革しようとしたのである。しかし、「理」が「事」の上に置かれてしまったことで、「理」に違う史実に対しては強い解釈を提示することができなくなり、理学と史学との間に解消し難い緊張が潜むことになったのである（朱子の理一分殊についての著者の考えは、本書付録二「グローバル化時代における朱子「理一分殊」説の新たな意義と挑戦（全球化時代朱子「理一分殊」説的新意義與新挑戰）」が比較的わかりやすい）。

そして、第三部は「中国歴史思惟の近代的転化（中國歷史思維的現代轉化）」として、第七章「銭穆史学の「国史」観と儒家思想（銭穆史學中的「國史」觀與儒家思想）」が含まれているが、本章では二〇世紀の学者銭穆の史学著作を中心として、伝統中国の歴史思惟の近代的転回と銭穆史学中に現れる儒家的価値観について論じている。まず、銭穆の「国史」観の意義とその歴史的背景について触れ、それが波乱の時代の中で民族主義を基調とするものであった点を指摘し、彼の史学が「主客融合」を方法論的特徴とし、中国史の特殊性を強調して西洋のそれと対比することで、中国の文化的アイデンティティを強化していることを論じる。そうした銭穆の史学は著者にとって、中国伝統史学典範の二〇世紀中国における継承と発揚として映っている。換言すれば、銭穆の主客や情理が融合するという歴史解釈体系もまた、儒家思想の中に深く浸潤した史学世界を呈しているのである。

最後に結論「儒家思想と伝統中国の歴史思惟における人文精神（儒家思想與傳統中國歷史思維中的人文精神）」として、以下のような本書の論点を提示している。（一）儒家文化と密接不離の関係にある中国の歴史思惟は、「人」がそれぞれの歴史事件を織り成す鍵であることを特に強調しているため、中国の歴史家は歴史人物の描写に力を入れているということ、（二）儒家思想と中国の歴史思惟とが、いずれも歴史の中の「人」の自由意志を肯定していること、(三)儒家思想も中国の歴史思惟、その両者は共に経世を学術研究の目的としていること、(四)伝統中国の歴史家と儒家とは、「価値」という脈絡の中で、「事実」を堅持してその意味を読み解いていること。その上で、中国の伝統史学は常に歴史をして「永遠の真理」を抽出するための一種の手段とさせ、そのために「非歴史的」傾向を具えるようになり、この傾向は理学の勃興以降、より顕著なものになっていったと述べる。また著者は、こうした中で歴史家は歴史叙述を通して道徳的哲学的命題を抽出し、歴史中の人文精神を明らかにしたのだが、彼らの歴史叙述はドイツの歴史家ヨルン・リューゼンが言う「例証的叙述」に近いと指摘する。したがって、中国の歴史叙述の中での「理」と「事」とは不可分の関係であると同時に、相互に緊張関係に置かれており、この両者間でいかにバランスをとって融合させるのかという問題は、終始、中国歴史思惟の大きな挑戦であったことになる。著者は、伝統中国の歴史理論の創見と限界とをこの点に認めているのである(付録一「中国歴史思惟の特徴(中國歴史思惟的特徴)」を併せて参考にされると、読者には便利であろう)。

以上、各章の内容について簡単に述べた。それぞれの初出については次の通り。

序論　書き下ろし。
第一章　黄俊傑編『伝統中華文化与現代価値的激盪与調融(二)』(台北：喜瑪拉雅研究発展基金会、二〇〇二年)、三一～一八八頁。
第二章　書き下ろし。

第三章　『中国文哲研究集刊』第三期（一九九三年三月）、三六一～三九〇頁。
第四章　『台大歴史学報』第二五期（二〇〇〇年六月）、一～二四頁。
第五章　東呉大学歴史学系編『史学与文献』（台北：台湾学生書局、一九九八年）、一～二六頁。
第六章　鍾彩鈞編『国際朱子学会議論文集』（台北：中央研究院中国文哲研究所、一九九三年）、下冊、一〇八三～一一一四頁。
第七章　『台大歴史学報』第二六期（二〇〇〇年一二月）、一～三七頁。
結論　書き下ろし。
附論一　Chun-chieh Huang, "The Defining Character of Chinese Historical Thinking," *History and Theory*, Vol. 46, No. 2 (May, 2007), pp. 180-188.
附論二　『廈門大学国学研究院集刊』第一輯（北京：中華書局、二〇〇八年）、一一八～一二六頁。

本書が著者長年の思索が結実したものであることが了解されることだろう。世界各国の研究業績を渉猟した著者自身が序論で述べていたように、儒家思想と伝統中国の歴史学との関係について総合的に論じた論著はそれほど多くはない。そうした中で、本書が有する意義は非常に大きなものがあると言ってよい。

ところで読者が本書を読んで、特に印象深く思われるのは、本書中に幾度となく用いられている「博物館におけるミイラ」と「図書館における書籍」の対比ではなかろうか。あまりに頻繁に用いられているので、初訳段階で部分的に割愛しようとも考えたが敢えて原書のまま残すことにした。そこに著者の思いが強く託されていると考えたからである。著者にとって、博物館のミイラとは解剖されるのを待つのみの存在に過ぎず、そこには解剖者による一方向的な（「支配的な」）解釈が行われるだけである。それとは対照的に、図書館の書籍は読者が解釈や閲覧の対象とするのみならず、書籍もまた読者に働きかけてくる（これを著者は「召喚」と呼んでいる）。つまり、そこには双方向的な関係が生じるのである。著者によれば、中国伝統の歴史思惟に現れるのは、そうした双方向的関係なのであって、決して一方向的解釈のみなのではない。読者にとっての「歴史」とは単なる解釈の対象ではなく、対話の相手なのである。その意味で、歴史は「死」んではいない。「生」きているのである。あるいは、歴史は「過去」と「現在」とが交錯する中で、自由意志を持つ「人」と「人」とが織りなす対話そのものだ、と言ってもよいのかもしれない。自由意志によって決断を下してきた「過去」の「人」と対話することで、知恵や教訓を獲得し、「現在」さらには「未来」を切り開くのである。

こうした本書に垣間見える著者の考えは、人文学を軽視する昨今の風潮に対して示唆的な内容を含むものではあるまいか。歴史を学ぶことは、明日の「わたし＝あなた」を切り開くために不可欠の要素のはずである。しかし現在、世界いずれの地域でも歴史学を含む人文学が厳しい局面を迎えていることは、ここで贅言する必要はあるまい。そうした中で我々は、よりよき明日を築くための「対話者」を失おう（奪われよう）としているのではないか。我々には「自由意志」があるはずだ。「歴史」という、未来を切り開くための知識に溢れた「対話者」を失って生きていくのか、それとも彼とともに新たな「歴史」の一頁を刻んでいくのか。本書は「人」として選択しなければならない我々に、勇気を与えてくれる一書ではなかろうか。

最後に、本翻訳を作成するに当たって、ご協力いただいた関係各氏に御礼申し上げたい。池田辰彰教授・前川正名教授には共訳をご快諾いただき感謝の念に堪えない。二氏の協力無しには本翻訳の完成はなかったであろう。また、風響社の石井雅社長からは本書の拙い訳業に対して懇切丁寧にご教示いただいた。ここに改めて謝意を表したい。

本書が多くの読者を「召喚」して止まないことを期して。

二〇一六年八月一五日

於豊後竹田識

工藤　卓司

タ

ナ・ハ

マ

ラ

書名

ヤ・ラ

タ

ナ

ハ

マ

サ

人名

ナ

ハ

サ

索引

事項

監訳者紹介

工藤卓司（くどう　たくし）

1979年、大分県生まれ。

広島大学文学部人文学科卒、同大学大学院文学研究科博士課程前期、及び同研究科博士課程後期修了。博士（文学）。台湾・国立台湾大学中国文学系、中央研究院中国文哲研究所、国立清華大学中国文学系等で博士後研究、国立台湾師範大学文学院、福岡教育大学教育学部、及び奈良教育大学教育学部での非常勤講師を経て、現在は台湾・致理科技大学応用日語系助理教授。専門は中国思想、経学、日本漢学。著書に『近百年来日本学者《三礼》之研究』（台北：万巻楼、2016）、翻訳書としては黄俊傑著『徳川日本の論語解釈』（東京：ぺりかん社、2014）がある。

（自序、序論、第四章、第五章、第六章、第七章、結論、附録一、附録二）

訳者紹介

池田辰彰（いけだ　たつあき）

1962年、福岡県生まれ。

慶応義塾大学商学部卒、関西大学大学院文学研究科博士課程修了。博士（文学）。台日経済貿易発展基金会、中央放送局記者を経て、現在は台湾・玄奘大学応用外国語学科学科長。台湾大学人文社会高等研究院訪問学者（2013）。主要論文として「日本統治時代前期宜蘭における経済発展」（『南島史学』83号）、「台湾総督府が登用した台湾人」（『南島史学』八二号）など、訳著としては陳昭瑛著『台湾と伝統文化――郷土愛と抵抗の思想史』（東京：風響社、2015）、中華民国国史館数位典蔵系列『蔣経国総統』、『争鋒：蔣中正的革命風雲』、『驟変1949：関鍵年代的陳誠』がある。

（第一章、第二章）

前川正名（まえがわ　まさな）

1975年、福井県生まれ。

大東文化大学中国文学科卒、大阪大学文学研究科博士前期課程、及び同研究科博士後期課程修了。博士（文学）。大阪大学助手、台湾首府大学（旧・致遠管理学院）助理教授を経て、現在は台湾・国立高雄餐旅大学助理教授。専門は中国哲学史、及び日本漢文学。主な著作に、『橋本左内　その漢詩と生涯』（台北：致良出版社、2016）、「台湾の大学における日本漢字教育の一側面　日本語学科の漢字大会を中心として」（『新しい漢字漢文教育』60号）、「鳳山区紅毛港新廟群調査」（『中国研究集刊』61号）がある。

（第三章）

著者紹介
黄俊傑
(Huang, Chun-chieh／こう　しゅんけつ)
1946年、台湾・高雄県生まれ。国立台湾大学歴史系卒業、同大学大学院歴史学研究所修士、ワシントン大学(シアトル)大学院歴史学部博士。
現在、中華民国教育部国家講座教授、国立台湾大学講座教授、同大学人文社会高等研究院院長、「東アジア儒学」研究プロジェクトプロジェクトマネージャー、中央研究院中国文哲研究所合聘研究員。
専攻は東アジア儒学、戦後台湾史など。
主著として『台湾意識と台湾文化——台湾におけるアイデンティティーの歴史的変遷』(臼井進訳、東方書店)、『東アジアの儒学——経典とその解釈』(藤井倫明訳、ぺりかん社)、『東アジア思想交流史——中国・日本・台湾を中心として』(藤井倫明・水口幹記訳、岩波書店)、『徳川日本の論語解釈』(工藤卓司訳、ぺりかん社)などがある。

儒家思想と中国歴史思惟

2016年12月10日　印刷
2016年12月20日　発行

著　者　黄　俊　傑
発行者　石井　雅

発行所　株式会社　風響社

東京都北区田端4-14-9(〒114-0014)
03(3828)9249　振替00110-0-553554
印刷　モリモト印刷

ISBN 978-4-89489-234-7 C1022